Wulf Goette

Detlef Kleindiek

Eigenkapitalersatzrecht in der Praxis

RWS-Skript 317

Eigenkapitalersatzrecht in der Praxis

5., neu bearbeitete Auflage

2007

von

Vors. Richter am BGH Prof. Dr. Wulf Goette, Karlsruhe

Prof. Dr. Detlef Kleindiek, Bielefeld

RWS Verlag Kommunikationsforum GmbH · Köln

Die Deutsche Bibliothek – CIP-Einheitsaufnahme

Goette, Wulf:
Eigenkapitalersatzrecht in der Praxis / von Wulf Goette;
Detlef Kleindiek. – 5., neu bearb. Aufl. – Köln: RWS Verlag
Kommunikationsforum, 2007
  (RWS-Skript ; 317)
  ISBN 978-3-8145-3317-9

© 2007 RWS Verlag Kommunikationsforum GmbH
Postfach 27 01 25, 50508 Köln
E-Mail: info@rws-verlag.de, Internet: http://www.rws-verlag.de

Alle Rechte vorbehalten. Ohne ausdrückliche Genehmigung des Verlages ist es auch nicht gestattet, das Werk oder Teile daraus in irgendeiner Form (durch Fotokopie, Mikrofilm oder ein anderes Verfahren) zu vervielfältigen.

Druck und Verarbeitung: Hundt Druck GmbH, Köln

Vorwort zur fünften Auflage

Das hiermit in der fünften Auflage vorgelegte RWS-Skript „Eigenkapitalersatzrecht in der Praxis" erscheint am Vorabend der Reform des GmbH-Rechts. Im Zuge des geplanten „Gesetzes zur Modernisierung des GmbH-Rechts und zur Bekämpfung von Missbräuchen (MoMiG)" kündigen sich tiefgreifende Änderungen des Eigenkapitalersatzrechts an: Die Verfasser des Referentenentwurfs des MoMiG planen, einer modernistischen, die Bedeutung dieser in Jahrzehnten gewachsenen Rechtsfigur negierenden Stimmung im Schrifttum folgend, das Eigenkapitalersatzrecht (hinsichtlich der sog. „Rechtsprechungsregeln" bemerkenswerterweise in Gestalt eines „Nichtanwendungsgesetzes") abzuschaffen. Gleichwohl sollen Restbestände (Kleinbeteiligungs- und Sanierungsprivileg) systemwidrig in das Insolvenzrecht transplantiert werden.

Ob dieser Ansatz, nach dem Gesellschafterforderungen nicht mehr nach den bisherigen Voraussetzungen in funktionales Eigenkapital umqualifiziert werden, trägt, oder ob nicht die typischen opportunistischen Verhaltensweisen mancher Gesellschafter, wie sie zur Entwicklung des Eigenkapitalersatzrechts geführt haben, im Interesse gerade der kleinen, ungesicherten Gesellschaftsgläubiger Reaktionen der Gerichte herausfordern, bleibt abzuwarten. Offen ist auch, ob der Gesetzgeber das keineswegs ausgegreifte und im Schrifttum umstrittene Konzept des Referentenentwurfs des MoMiG – in diesem Skript in seinen Leitlinien skizziert – übernehmen und welche Änderungen er gegebenenfalls vornehmen wird. Der Regierungsentwurf des MoMiG ist für das Frühjahr 2007 angekündigt.

Wie auch immer die Reform ausfallen wird: Jedenfalls in der gerichtlichen Praxis – und ebenso in der Insolvenzpraxis – wird das gegenwärtige, weithin richterrechtlich geprägte Recht noch über Jahre hinweg seine Bedeutung behalten. Für die bis zum Inkrafttreten des Reformgesetzes eröffneten Insolvenzverfahren soll das bis dahin geltende Recht weiterhin anzuwenden sein. Über die Grundstrukturen, die Entwicklungstendenzen und den aktuellen Stand jenes Rechts schnell und zuverlässig zu informieren, bleibt das Ziel des „Eigenkapitalersatzrechts in der Praxis". Wegen der vertieften Information muss – wie bisher – auf die ausführlichen Handbücher und die bekannten Kommentare zum GmbH-Gesetz verwiesen werden, unter denen schon der Aktualität wegen die Bearbeitung von *Habersack* (in: Ulmer/Winter/Habersack, GmbHG) und besonders das soeben erschienene umfassende Werk von *Löwisch* (Eigenkapitalersatzrecht) besondere Erwähnung verdienen.

Der Text des Skripts ist unter Einarbeitung der höchstrichterlichen Judikatur (Stand: 27. Februar 2007) eingehend überarbeitet, ergänzt und fortgeschrieben worden. Die Zählung der Randziffern wurde durchgängig bereinigt.

Ettlingen und Bielefeld, im Februar 2007　　　　　　　　Wulf Goette
　　　　　　　　　　　　　　　　　　　　　　　　Detlef Kleindiek

Vorwort zur vierten Auflage

Der Text ist unter Einarbeitung der höchstrichterlichen Judikatur (Stand Mitte Januar 2005) eingehend überarbeitet, ergänzt und fortgeschrieben worden.

Ettlingen und Bielefeld, im Januar 2005   Wulf Goette
Detlef Kleindiek

Vorwort zur dritten Auflage

Das hiermit in der dritten Auflage vorgelegte, seminarbegleitende Skript „Eigenkapitalersatzrecht in der Praxis" ist von Professor *Hommelhoff* und Professor *Goette* konzipiert und in seinen beiden ersten Auflagen bearbeitet worden. Es sah sich von Anfang an dem Bedürfnis nach knapper, praxisgerechter Information verpflichtet und trat damit an die Seite des von Dr. *von Gerkan* und *Hommelhoff* im selben Verlag herausgegebenen, umfassend angelegten „Handbuchs des Kapitalersatzrechts".

Mit dieser Auflage scheidet der Autor *Hommelhoff* aus der Verantwortung für das Skript aus; neue Aufgaben und die damit verbundenen Arbeitsbelastungen verwehren ihm die Möglichkeit, das Werk fortzusetzen. Er weiß es bei *Goette* und Professor *Kleindiek*, der dem Autorenteam beigetreten ist, in besten Händen. Mit herzlichem Dank an die Leser und Seminarbesucher und mit guten Wünschen für beide Autoren zieht sich *Hommelhoff* deshalb zurück – in der festen Überzeugung, dass dieses Skript seine Leser auch künftig aufs Beste über den Eigenkapitalersatz und seine Entwicklungen informieren wird.

Wie im Vorwort zur ersten Auflage näher ausgeführt, bleibt es bei dem Ziel des „Eigenkapitalersatzrechts in der Praxis", den mit den praktischen Fragen dieses in Jahrzehnten entwickelten, weithin richterrechtlich geprägten und nicht immer leicht durchschaubaren Rechtsgebiets befassten Leser schnell und zuverlässig über die Grundstrukturen, die Entwicklungslinien und den derzeit erreichten Stand zu informieren. Dem trägt die Einarbeitung der inzwischen ergangenen höchstrichterlichen Judikatur (Stand April 2003) ebenso Rechnung wie die eingehende Überarbeitung und Fortschreibung des gesamten Textes. Auf eine nähere Dokumentation der im Schrifttum geführten Diskussion und eine Auseinandersetzung mit ihr konnte demgegenüber weiterhin verzichtet werden, da kürzlich das „Handbuch des Kapitalersatzrechts" in zweiter Auflage erschienen ist. Auf dieses Werk – wie auf die Kommentierung des Eigenkapitalersatzrechts im GmbHG-Kommentar von *Lutter/Hommelhoff* – wird jeder Leser zurückgreifen, der sich weiterführend informieren will.

Heidelberg, Ettlingen und Bielefeld, im April 2003 Peter Hommelhoff
Wulf Goette
Detlef Kleindiek

Vorwort zur zweiten Auflage

Der Text ist unter Einarbeitung der höchstrichterlichen Judikatur (Stand Anfang Mai 2001) eingehend überarbeitet, teilweise ergänzt und fortgeschrieben worden.

Heidelberg und Ettlingen, im Mai 2001   Peter Hommelhoff
                                          Wulf Goette

Vorwort zur ersten Auflage

Im Laufe der Jahre hatte das von Dr. *von Gerkan* und Professor *Hommelhoff* gestaltete RWS-Skript „Kapitalersatz im Gesellschafts- und Insolvenzrecht" eine solche Breite und Differenzierung angenommen, daß es nur noch bedingt geeignet war, das RWS-Seminar zum Eigenkapitalersatzrecht zu begleiten. Hierzu hatten die Rechtsprechung mit ihrem machtvoll strömenden Fallmaterial ebenso beigetragen wie die intensive Behandlung und Erörterung der dogmatischen Strukturen im Schrifttum; hinzugetreten sind bis in die jüngste Zeit – nicht immer geglückte – Einzelreglungen des Gesetzgebers.

Deshalb haben sich der Verlag und die bisherigen Autoren zusammen mit Professor *Goette* im vergangenen Jahr entschlossen, ein neues Gesamtkonzept zu entwickeln: Das bisherige Seminarskript wird zu einem umfassend angelegten Handbuch, das das Eigenkapitalersatzrecht unter allen dogmatischen und praktischen Aspekten vertiefend beleuchtet, unter Beteiligung weiterer Autoren ausgebaut, während *Hommelhoff* und *Goette*, die nach Ausscheiden *von Gerkans* sich nun die Verantwortung für das RWS-Praktikerseminar teilen, ein neu konzipiertes, dem Bedürfnis nach schneller Information besonders verpflichtetes RWS-Skript „Eigenkapitalersatzrecht in der Praxis" vorlegen. Nach dem Erscheinen des von *von Gerkan* und *Hommelhoff* herausgegebenen „Handbuchs des Kapitalersatzrechts" Anfang 2000 ist mit dem vorliegenden RWS-Skript dieses neue Konzept umgesetzt.

„Eigenkapitalersatzrecht in der Praxis" hat zwar auch neueste Äußerungen aus dem Schrifttum eingearbeitet, es kann aber mit Rücksicht auf das vorliegende Handbuch und die jüngst erschienene aktuelle Kommentierung des Eigenkapitalersatzrechts in der 15. Auflage des *Lutter/Hommelhoff* auf eine eigenständige Auseinandersetzung mit dem Schrifttum und die zugehörigen Nachweise verzichten. Es erschien vielmehr ausreichend, dem an weitergehender Information interessierten Leser gezielte Hinweise auf die mit zahlreichen weiterführenden Nachweisen versehenen Erörterungen in den beiden genannten Werken zu geben. Im Mittelpunkt des Skripts steht, wie es diesem im wesentlichen richterrechtlich entwickelten und geprägten Spezialgebiet entspricht, die Darstellung der – vor allem neuesten, möglichst oft in den wesentlichen Aussagen wörtlich wiedergegebenen – Rechtsprechung des Bundesgerichtshofs. Das RWS-Skript will in gedrängter, angesichts der teilweise beklagten Unübersichtlichkeit der Materie, aber in gut durchschaubarer Form nicht nur die tragenden Grundstrukturen deutlich werden lassen, sondern gerade dem praktisch mit diesem Gebiet befaßten Leser in Art einer Momentaufnahme aufzeigen, was nach dem aktuellen Stand „gilt". Die Verfasser glauben, auf diese Weise am ehesten den Erfordernissen eines seminarbegleitenden Skripts gerecht zu werden.

Heidelberg und Ettlingen, im Mai 2000   Peter Hommelhoff
                                          Wulf Goette

Inhaltsverzeichnis

	Rz.	Seite
Literaturverzeichnis		XVII

I. Grundlagen ... 1 ... 1
1. Grundsatz: Finanzierungsfreiheit ... 2 ... 1
2. Abgrenzung zu anderen Haftungsinstrumenten ... 5 ... 2
3. Legitimation der Umqualifizierung ... 7 ... 3
4. Rechtsprechungs- und Novellenregeln ... 10 ... 4
5. Grundbegriffe zur Finanzierungssituation ... 11 ... 5
6. EU-Auslandsgesellschaften ... 18 ... 7
7. GmbH-Reform ... 19 ... 8

II. Krisensituation ... 22 ... 11
1. Übersicht ... 22 ... 11
2. Zahlungsunfähigkeit oder Überschuldung ... 28 ... 12
3. Kredit- oder Überlassungsunwürdigkeit ... 47 ... 31
4. Bilanzielle Fragen ... 58 ... 43

III. Zeitpunkt ... 59 ... 45
1. Übersicht ... 59 ... 45
2. Anfänglicher Eigenkapitalersatzcharakter ... 62 ... 46
3. Spätere Umqualifizierung, insbesondere Stehenlassen ... 65 ... 48

IV. Gegenstand ... 77 ... 59
1. Übersicht ... 77 ... 59
2. Darlehen ... 82 ... 60
3. Sanierungsdarlehen ... 85 ... 63
4. Kreditsicherheiten ... 95 ... 68
5. Gebrauchsüberlassung ... 102 ... 73
6. Andere Gegenstände ... 108 ... 78

V. Exkurs: Finanzplankredit ... 114 ... 83
1. Erfasste Gesellschafterleistungen ... 115 ... 83
2. Quasi-Kapital und Eigenkapitalersatz: Unterschiede in den Rechtsfolgen ... 117 ... 84
3. Tatbestand des Quasi-Kapitals ... 121 ... 85

		Rz.	Seite
VI.	**Persönlicher Geltungsbereich**	123	87
1.	Übersicht	123	87
2.	Grundsatz: Gesellschafter	127	88
3.	Ausnahme: Freistellung von Kleinbeteiligten	134	92
4.	Erweiterung des Anwendungsbereichs: Erstreckung der Regeln auf Dritte	140	95
VII.	**Rechtsfolgen**	153	103
1.	Übersicht	153	103
2.	Außerhalb der Insolvenz	158	104
3.	In der Insolvenz	178	119
VIII.	**Rechtsformspezifisches Schutzrecht**	182	123
1.	Übersicht	182	123
2.	GmbH	184	123
3.	GmbH & Co. KG	185	124
4.	GmbH & Still	190	127
5.	AG	192	128
6.	KG und Genossenschaft	194	129
Entscheidungsregister			131
Stichwortverzeichnis			141

Literaturverzeichnis

Bezzenberger, T.
Kapitalersetzende Gesellschafterdarlehen im Recht der GmbH, in: Festschrift Bezzenberger, 2000, S. 23

Bork
Insolvenzanfechtung des „Stehenlassens", in: Festschrift Uhlenbruck, 2000, S. 279

Brandes
Die Behandlung von Nutzungsüberlassungen im Rahmen einer Betriebsaufspaltung unter Gesichtspunkten des Kapitalersatzes und der Kapitalerhaltung, ZGR 1989, 244

Eidenmüller (Hrsg.)
Ausländische Kapitalgesellschaften im deutschen Recht, 2004

Fastrich
Ketzerisches zur sogenannten Finanzierungsverantwortung, in: Festschrift Zöllner, 1998, S. 143

Fischer, M.
Die Verlagerung des Gläubigerschutzes vom Gesellschafts- in das Insolvenzrecht nach „Inspire Art", ZIP 2004, 1477

Fleischer
Der Finanzplankredit im Gesamtgefüge der einlagengleichen Gesellschafterleistungen, DStR 1999, 1774

v. Gerkan/Hommelhoff
Handbuch des Kapitalersatzrechts, 2. Aufl., 2002

Gesellschaftsrechtliche Vereinigung (Hrsg.)
Gesellschaftsrecht in der Diskussion 1999, 2000

Gesellschaftsrechtliche Vereinigung (Hrsg.)
GmbH-Reform in der Diskussion, 2006

Goette
Die GmbH, 2. Aufl., 2002

Goette
Einige Aspekte des Eigenkapitalersatzrechts aus richterlicher Sicht, ZHR 162 (1998), 223

Goette
Die Rechtsfolgen eigenkapitalersetzender Nutzungsüberlassung, DStR 1994, 1658

Haas
MoMiG, Kapitalersatzrecht und Überschuldungsbilanz, NZI 2006, Heft 10, S. VII

Habersack
Das MoMiG ante portas – Nachlese zum 66. DJT, ZHR 170 (2006), 607

Hirte/Bücker (Hrsg.)
Grenzüberschreitende Gesellschaften, 2. Aufl., 2006

Huber, U./Habersack
GmbH-Reform: Zwölf Thesen zu einer möglichen Reform des Rechts der kapitalersetzenden Gesellschafterdarlehen, BB 2006, 1

Kleindiek
Eigenkapital und Sanierungsprivileg, in: Festschrift Hüttemann, 2006, S. 173

Kleindiek
Krisenvermeidung in der GmbH: Gesetzliches Mindestkapital, Kapitalschutz und Eigenkapitalersatz, ZGR 2006, 335

Kleindiek
Eigenkapitalersatz und gesetzestypische Personengesellschaften, in: Festschrift Lutter, 2000, S. 871

Knobbe-Keuk
Die Verpachtung von Anlagevermögen des Gesellschafters an die GmbH und § 32a GmbH-Gesetz, BB 1984, 1

Löwisch
Eigenkapitalersatzrecht, 2007

Lutter (Hrsg.)
Europäische Auslandsgesellschaften in Deutschland, 2005

Lutter/Hommelhoff
GmbHG, Kommentar, 16. Aufl., 2004

Mülbert
Neuordnung des Kapitalrechts, WM 2006, 1977

Müller, H.-F.
Insolvenz ausländischer Kapitalgesellschaften mit inländischem Verwaltungssitz, NZG 2003, 414

Noack
Reform des deutschen Kapitalgesellschaftsrechts: Das Gesetz zur Modernisierung des GmbH-Rechts und zur Bekämpfung von Missbräuchen, DB 2006, 1475

Pentz
Sanierungsprivileg und Zurechnung. Zugleich Besprechung BGH vom 21.11.2005 – II ZR 277/03 (ZIP 2006, 279), ZIP 2006, 1169

Rowedder/Schmidt-Leithoff
GmbHG, Kommentar, 4. Aufl., 2002

Schmidt, Karsten
Eigenkapitalersatz, oder: Gesetzesrecht versus Rechtsprechungsrecht?
Überlegungen zum Referentenentwurf eines GmbH-Reformgesetzes
(MoMiG) von 2006, ZIP 2006, 1925

Schmidt, Karsten
GmbH-Reform, Solvenzgewährleistung und Insolvenzpraxis – Gedanken
zum MoMiG-Entwurf, GmbHR 2007, 1

Seibert
GmbH-Reform: Der Referentenentwurf eines Gesetzes zur Modernisierung des GmbH-Rechts und zur Bekämpfung von Missbräuchen –
MoMiG, ZIP 2006, 1157

Zimmer
Nach „Inspire Art": Grenzenlose Gestaltungsfreiheit für deutsche
Unternehmen?, NJW 2003, 3585

I. Grundlagen

Das Recht des Eigenkapitalersatzes enthält das rechtspraktisch effektivste 1
Instrumentarium zum Schutze der Gläubiger in Kapitalgesellschaften. Die
Summen, die Insolvenzverwalter mit Hilfe dieses Instrumentariums zur Insolvenzmasse ziehen können, dürften bei weitem noch die aus der Haftung
in der Vorgesellschaft übertreffen. Vornehmlich wegen der effektiv und
dicht wirkenden Regeln zum Eigenkapitalersatz war es bislang nicht notwendig, im deutschen Kapitalgesellschaftsrecht die Durchgriffshaftung
rechtspraktisch zum Schutze der Gesellschaftsgläubiger zu etablieren. Diese
Funktionszusammenhänge gilt es im Auge zu behalten, wenn für eine Aufgabe oder zumindest wesentliche Reduktion des Ersatzkapitalrechts gefochten wird,

> zu den geplanten Änderungen im Zuge der bevorstehenden
> GmbH-Reform siehe unten Rz. 19 ff,

oder für eine Aufgabe des Rechts der Kapitalaufbringung und -erhaltung in
Kapitalgesellschaften.

1. Grundsatz: Finanzierungsfreiheit

In der Unternehmenspraxis fungieren Gesellschafterdarlehen oder andere 2
Gesellschafterleistungen als zentrales Instrument der Unternehmensfinanzierung. Denn in den meisten Fällen werden GmbH und GmbH & Co. KG
nur mit dem gesetzlichen Mindesthaftkapital von 25.000 € (früher 50.000
DM) ausgestattet.

> *Hommelhoff*, in: v. Gerkan/Hommelhoff, Handbuch
> des Kapitalersatzrechts, Rz. 2.1 ff.

Deshalb ist den Gesellschaftern weder verboten, die Gesellschaft mit Darlehen statt mit Eigenkapital zu finanzieren, noch ersetzt jedes Gesellschafterdarlehen haftendes Eigenkapital.

> BGH, Urt. v. 26.11.1979 – II ZR 104/77,
> BGHZ 75, 334, 337 = ZIP 1980, 115.

Ebenso wenig trifft die Gesellschafter ein Gebot zur Zuführung weiteren
Eigen- oder Fremdkapitals. Es gilt der Grundsatz der Finanzierungsfreiheit.

> Dazu *Hommelhoff*, in: v. Gerkan/Hommelhoff, Handbuch
> des Kapitalersatzrechts, Rz. 2.8 ff.

Auch in der Krise der Gesellschaft,

> siehe dazu unten Rz. 22 ff,

bleiben die Gesellschafter in ihrer Entscheidung frei, die Gesellschaft in die
Liquidation zu führen oder ihr neues Kapital zuzuführen (Freiheit des
„Finanzierungs-Ob"). In der Freiheit des „Finanzierungs-Wie" sind sie indes eingeschränkt: Entscheidet sich ein Gesellschafter zur Gewährung einer

I. Grundlagen

Finanzierungshilfe in der Form von Fremdkapital, so ist die Gesellschafterleistung für die Dauer der Krise eigenkapitalgleich gebunden. Weil das Fremdkapital des Gesellschafters die wirtschaftliche Funktion von Eigenkapital hat, kann der Gesellschafter seine Forderungen gegen die Gesellschaft für die Dauer der Krise nicht durchsetzen. Sie werden mit einer „Durchsetzungssperre" belegt, die wie eine gesetzlich angeordnete Stundung wirkt. Zahlungen, welche die Gesellschaft trotz dieser Sperre an den Gesellschafter erbracht hat, sind von diesem zurückzuerstatten.

3 Als Instrument der Unternehmensfinanzierung sind eigenkapitalersetzende Gesellschafterleistungen bei wirtschaftlicher Betrachtung für den leistenden Gesellschafter immer noch günstiger als die Gewährung reinen Eigenkapitals. Denn nach der Rechtsprechung des Bundesgerichtshofs,

> BGH, Urt. v. 15.2.1996 – IX ZR 245/94,
> BGHZ 133, 298 = ZIP 1996, 538, 540,
> dazu EWiR 1996, 501 *(v. Gerkan)*;
> BGH, Urt. v. 8.1.2001 – II ZR 88/99;
> BGHZ 146, 264, 272 = ZIP 2001, 235,
> dazu EWiR 2001, 329 *(Priester)*,

ändert sich ihr Rechtscharakter nicht. Folgerichtig kann sich der Gesellschafter seine Leistung von der Gesellschaft entgelten, insbesondere verzinsen lassen. Unbefugt ist nur die Auszahlung der Zinsen, soweit diese auf Kosten des Stammkapitals ginge.

4 Entgegen mancher Tendenz im Schrifttum und auch in der Rechtsprechung mancher Instanzgerichte muss sich der Rechtsanwender bei der Beurteilung, ob eine Gesellschafterleistung eigenkapitalersetzend ist, stets von der Ausgangsüberlegung leiten lassen, dass der Gesellschafter, welcher der Gesellschaft **nicht** Eigenkapital, sondern Fremdkapital zur Verfügung stellt, im Einklang mit der Rechtsordnung von seiner Finanzierungsfreiheit Gebrauch macht und deshalb legitim handelt. Nach dem Gesetzesplan ist die Einordnung einer Kapitalzufuhr des Gesellschafters als eigenkapitalersetzend die Ausnahme. Konsequent ist es Aufgabe des Geschäftsführers, Insolvenzverwalters oder eines Gesellschaftsgläubigers, darzulegen und zu beweisen, dass eine bestimmte Gesellschafterleistung als Eigenkapitalersatz einzuordnen ist. Über dieses Regel-/Ausnahmeverhältnis darf nicht leichtfüßig hinweggeschritten werden.

2. Abgrenzung zu anderen Haftungsinstrumenten

5 Neben dem Recht des Eigenkapitalersatzes hat sich (namentlich in der Rechtsprechung des Bundesgerichtshofs),

> BGH, Urt. v. 28.6.1999 – II ZR 272/98,
> BGHZ 142, 116 = ZIP 1999, 1263,
> dazu EWiR 1999, 843 *(Dauner-Lieb)*,

3. Legitimation der Umqualifizierung

als weiteres Haftungsinstrument das „Recht der Finanzplankredite" herausgebildet; dieses mag allerdings wegen der Vielgestalt der davon erfassten Finanzoperationen besser als „Recht besonderer Risikoleistungen" oder als „Recht des Quasi-Kapitals" gekennzeichnet werden.

Näher unten Teil V.

Zur Ergänzung des Eigenkapitalersatzrechts wird im Schrifttum schon seit langem eine Durchgriffshaftung wegen Verstoßes gegen das „Verbot völlig und evident unzureichender Eigenkapitalausstattung" erörtert.

Siehe *Hommelhoff*, in: v. Gerkan/Hommelhoff,
Handbuch des Kapitalersatzrechts, Rz. 2.11 ff.

Im Gegensatz zum Eigenkapitalersatz würde eine solche Durchgriffshaftung das Risiko des Gesellschafters nicht auf seine tatsächlich der Gesellschaft erbrachte Leistung beschränken, sondern unbeschränkt sein gesamtes Vermögen erfassen. Die Rechtsprechung steht einem solchen Haftungsdurchgriff unverhohlen skeptisch gegenüber.

Siehe schon
BGH, Urt. v. 14.12.1959 – II ZR 187/57,
BGHZ 31, 258, 268 ff = DB 1960, 26;

Hillmann, in: Gesellschaftsrechtliche Vereinigung (Hrsg.),
Gesellschaftsrecht in der Diskussion 1999, S. 240 ff.

Schließlich wird das Recht des Eigenkapitalersatzes funktional abgerundet 6
durch die Insolvenzantragspflicht der Geschäftsführer mitsamt ihrer Haftung wegen Insolvenzverschleppung. Da mit der Insolvenzreife das Privileg der Haftungsbeschränkung seine Legitimation einbüßt, haben die für die Geschäftsführung verantwortlichen Personen durch Insolvenzanmeldung für eine rechtzeitige Beseitigung der Gesellschaft zu sorgen. Die Antragspflicht ergänzt damit den mit den Kapitalaufbringungs- und -erhaltungsvorschriften bewirkten Gläubigerschutz.

Dazu BGH, Urt. v. 6.6.1994 – II ZR 292/91,
BGHZ 126, 181, 197 = ZIP 1994, 1103,
dazu EWiR 1994, 791 *(Wilhelm)*.

3. Legitimation der Umqualifizierung

Während Rechtsprechung und Schrifttum über die Voraussetzungen, unter 7
denen Gesellschafterleistungen als eigenkapitalersetzend einzustufen sind, im Ergebnis bald und weithin Einigkeit erzielten, blieben die Rechtsgründe, welche die Umqualifizierung des Fremdkapitals in Eigenkapitalersatz legitimieren, lange Zeit bemerkenswert offen und kontrovers. So hatte der Bundesgerichtshof in seinem Grundsatz-Urteil zum eigenkapitalersetzenden Aktionärsdarlehen („BuM/ WestLB"),

BGH, Urt. v. 26.3.1984 – II ZR 171/83,
BGHZ 90, 381, 389 = ZIP 1984, 572,

3

I. Grundlagen

zunächst eine ganze Reihe von Einzelansätzen aufgelistet, um sie sodann auf einen einzigen Grundgedanken zurückzuführen: auf die Verantwortung des Gesellschafters für eine ordnungsgemäße Unternehmensfinanzierung.

8 Allerdings barg dieser Gedanke der „Finanzierungsverantwortung" die Gefahr exzessiver Ausdehnung und Konkretisierung in eine Fülle von einzelnen Untergrundsätzen ordnungsgemäßer Unternehmensfinanzierung in sich. Damit war dieser Gedanke tendenziell auf eine Verpflichtung der Gesellschafter hin angelegt: **der Gesellschaft Kapital zuzuführen.** Das hätte nicht nur im Gegensatz zur Finanzierungsfreiheit gestanden (oben Rz. 2 f), sondern wäre auch über die Grundstruktur des Eigenkapitalersatzes hinweggegangen: Denn dessen Regeln knüpfen an Gesellschafterleistungen an, die der Gesellschaft tatsächlich erbracht sind, und verhalten sich somit gerade nicht zu einer Leistungs**pflicht.**

9 Konsequent hat der Bundesgerichtshof deshalb seinen Grundgedanken fortentwickelt und im Sinne einer „Finanzierungs**folgen**verantwortung" präzisiert: „Die Eigenkapitalersatzregeln [sollen] den Gesellschafter lediglich an den Folgen einer von ihm tatsächlich vollzogenen Finanzierungsentscheidung festhalten".

BGH, Urt. v. 11.7.1994 – II ZR 162/92,
BGHZ 127, 17, 29 = ZIP 1994, 1441,
dazu EWiR 1994, 1107 *(Fleck)*.

Somit gründet die Bindung, der eigenkapitalersetzende Gesellschafterleistungen unterworfen sind, auf einer Reihe von positiven Entscheidungen und Handlungen des leistenden Gesellschafters:
- auf dem Entscheid, die liquidationsreife Gesellschaft **nicht** zu liquidieren, sondern sie
- über das statutarische Eigenkapital hinaus weiter zu finanzieren, und
- auf dem tatsächlichen Vollzug dieses Finanzierungsentscheids.

Oder knapper formuliert: Der Gesellschafter muss sich eine besondere, von seiner Vereinbarung mit der Gesellschaft abweichende Behandlung seiner Leistung gefallen lassen, weil er sich in der Krise der Gesellschaft in bestimmter Weise tatsächlich verhalten hat; er wird an den Folgen seines eigenen Verhaltens festgehalten. Dieser Legitimationsansatz, im Stichwort von der „Finanzierungsfolgenverantwortung" gebündelt, trägt.

4. Rechtsprechungs- und Novellenregeln

10 Das Recht des Eigenkapitalersatzes setzt sich aus zwei Teilsystemen zusammen, den sogenannten Rechtsprechungsregeln und den sogenannten Novellen-Regeln. Die Rechtsprechungsregeln sind vom Bundesgerichtshof aus dem Recht der Kapitalerhaltung entwickelt worden und bauen auf einer entsprechenden Anwendung der §§ 30, 31 GmbHG auf. Demgegenüber werden unter „Novellen-Regeln" jene gesetzlichen Bestimmungen in §§ 32a, b

5. Grundbegriffe zur Finanzierungssituation

GmbHG/§ 32a KO, § 3b AnfG verstanden, die der Gesetzgeber mit der GmbH-Novelle eingeführt und nun durch §§ 39 Abs. 1 Nr. 5 und 135 InsO, § 6 AnfG fortentwickelt hat. Diese insolvenzrechtlichen Schutzbestimmungen bilden zusammen mit den gesellschaftsrechtlichen nach der Rechtsprechung des Bundesgerichtshofs ein zweistufiges (auf zwei Säulen ruhendes) Schutzsystem;

näher unten Rz. 153 ff;

in ihm stimmen die beiden Teilsysteme in den Tatbestandselementen weithin überein, unterscheiden sich jedoch in den Rechtsfolgen.

Unten Rz. 158 ff und Rz. 178 ff.

5. Grundbegriffe zur Finanzierungssituation

In der Diskussion um die eigenkapitalersetzenden Gesellschafterleistungen und nun auch um die Gesellschafterdarlehen mit Rangrücktritt und um das Quasi-Kapital wird die jeweilige Vermögens- und Finanzlage der kreditnehmenden Gesellschaft mit bestimmten Stichworten und Begriffen gekennzeichnet. 11

a) Nominelle Unterkapitalisierung: Mit dem Begriff der „Unterkapitalisierung" wird jener Zustand der Gesellschaft beschrieben, in dem ihr risikotragendes Haftkapital (gezeichnetes Kapital nach § 272 Abs. 1 HGB zuzüglich Kapital- und Gewinnrücklagen nach § 272 Abs. 2 und Abs. 3) außer Verhältnis zum Eigenkapitalbedarf der Gesellschaft steht, wie er aus der Art ihrer Aktivitäten, deren Umfang und Risiken resultiert. Lediglich „nominell" ist eine solche Unterkapitalisierung dann, wenn die Gesellschafter den Kapitalbedarf nicht ungedeckt gelassen haben, aber statt – wie an sich geboten – haftendes Eigenkapital zuzuführen, Kapital bloß im formellen Gewand von Fremdkapital ausgereicht haben. 12

b) Materielle Unterkapitalisierung: Von der nominellen Unterkapitalisierung unterscheidet sich die materielle dadurch, dass die Gesellschafter den dringenden Kapitalbedarf der Gesellschaft überhaupt nicht decken, auch nicht in der Form von Fremdkapital. Bei einer materiellen Unterkapitalisierung reichen die in der Gesellschaft vorhandenen Finanzmittel nicht, um den mittel- und langfristigen Finanzierungsbedarf des Unternehmens abzudecken. 13

c) Passivbilanz: Wenn die Passiva in einer (nach §§ 242 ff, 266 ff HGB aufgestellten) Handelsbilanz deren Aktiva übersteigen, so hat die Gesellschaft eine Passivbilanz. Diese führt nicht unbedingt zwingend zu rechtlichen Konsequenzen: Die Gesellschaft kann nämlich über (Kapital- und/oder Gewinn-)Rücklagen verfügen, deren Auflösung den erlittenen Verlust vollständig aufwiegen würde. Erst wenn sich als Ergebnis einer Saldierung zwischen ausgewiesenem Verlust und Rücklagen herausstellen sollte, dass 14

I. Grundlagen

die Hälfte des Stammkapitals (§ 49 Abs. 3 GmbHG) bzw. des Grundkapitals (§ 92 Abs. 1 AktG) verloren ist, sind die Gesellschafter bzw. die Aktionäre zu informieren.

15 **d) Unterbilanz:** Eine Unterbilanz kennzeichnet den (teilweisen oder völligen) Verlust des Stamm- bzw. des Grundkapitals. Sie liegt vor, sobald das Nettovermögen der Gesellschaft (also ihr gesamtes Aktivvermögen abzüglich der Summe aller Verbindlichkeiten einschließlich der Rückstellungen, aber ohne Rücklagen) in seinem rechnerischen Wert unter die Ziffer des Stammkapitals bzw. des Grundkapitals sinkt. Die Unterbilanzrechnung ist nach den Ansatz- und Bewertungsregeln aufzustellen, die für die Handelsbilanz gelten.

> BGH, Urt. v. 6.12.1993 – II ZR 102/93,
> BGHZ 124, 282, 289 ff = ZIP 1994, 295,
> dazu EWiR 1994, 275 *(v. Gerkan)*;
> Lutter/Hommelhoff/*Lutter/Hommelhoff*, GmbHG,
> § 30 Rz. 13 ff.

16 Sollte das in der oben erwähnten Weise zu errechnende Nettovermögen der Gesellschaft unter Null sinken, so ist dieser Überschuss der Passiv- über die Aktivposten nach § 268 Abs. 3 HGB gesondert unter der Bezeichnung „Nicht durch Eigenkapital gedeckter Fehlbetrag" in der Bilanz am Ende der Aktivseite auszuweisen. Denn bei negativem Nettovermögen ist das Eigenkapital der Gesellschaft durch Verluste vollständig aufgebraucht, ist die Gesellschaft bilanziell überschuldet. Allerdings folgt aus der bilanziellen Überschuldung nicht unbedingt die Verpflichtung der Geschäftsleiter zum Insolvenzantrag. Denn für diese Antragspflicht gelten andere Regeln (vgl. Rz. 33 ff).

17 **e) Überschuldung:** Insolvenzantrag wegen Überschuldung ist zu stellen, wenn die Gesellschaft nicht mehr in der Lage ist, mit ihrem Vermögen ihre Schulden zu begleichen. Für die Zwecke einer möglichen Antragspflicht ist das „Schuldendeckungspotential" der Gesellschaft anhand eines besonderen Überschuldungsstatus zu messen. Für ihn gelten Ansatz- und Bewertungsregeln, die eigenständig gegenüber denen für die Handelsbilanz sind.

> Näher unten Rz. 34 ff, und
> Lutter/Hommelhoff/*Lutter/Kleindiek*, GmbHG,
> § 64 Rz. 10 ff.

Eigenkapitalersetzende Gesellschafterdarlehen sind im Überschuldungsstatus grundsätzlich zu passivieren (vgl. Rz. 42 ff). Im Rahmen der mehrstufigen Überschuldungsprüfung nach altem Recht,

> zur neuen Rechtslage nach der InsO (§ 19 Abs. 2)
> siehe unten Rz. 31, 41, und
> Lutter/Hommelhoff/*Lutter/Kleindiek*, GmbHG,
> § 64 Rz. 12 m. w. N.,

bildete der Überschuldungsstatus die Grundlage für die Prognose, ob die Gesellschaft fortbestehen wird, und weiter für die Frage, welche Anforde-

6. EU-Auslandsgesellschaften

rungen an die Wahrscheinlichkeit zu stellen sind, dass die Gesellschaft mittelfristig überleben werde.

6. EU-Auslandsgesellschaften

Noch ungeklärt ist die Geltung des Eigenkapitalersatzrechts für EU- 18
Auslandsgesellschaften mit Verwaltungssitz in Deutschland.

> Dazu umfassend mit zahlreichen Nachw.:
> *U. Huber*, in: Lutter (Hrsg.), Europäische Auslandsgesellschaften in Deutschland, S. 131 ff.

Nach Artt. 3 und 4 EuInsVO,

> Verordnung (EG) Nr. 1346/2000 des Rates v. 29.5.2000
> über das Insolvenzverfahren, ABl L 160 S. 1,

sind für die Eröffnung des Insolvenzverfahrens über Auslandsgesellschaften mit Satzungssitz in der EU (außer in Dänemark, das die EuInsVO nicht angenommen hat) die Gerichte des Mitgliedsstaates zuständig, in dessen Gebiet die Gesellschaft den Mittelpunkt ihrer hauptsächlichen Interessen hat; für das Insolvenzverfahren und seine Wirkungen gilt das Insolvenzrecht des Staats der Verfahrenseröffnung. Ordnet man die Novellenregeln (mit ihrem Kernbestand der §§ 39 Abs. 1 Nr. 5, 135 InsO) materiell dem Insolvenzrecht zu, lässt sich ihre Anwendbarkeit auf EU-Auslandsgesellschaften im Insolvenzverfahren hierzulande gut begründen; für die (auf Analogie zu §§ 30, 31 GmbHG gestützten) Rechtsprechungsregeln käme man indes zum gegenteiligen Ergebnis, will man darin originär gesellschaftsrechtliche Regelungen sehen.

> Für eine solche Differenzierung die inzwischen wohl herrschende Lehre; siehe etwa
> *M. Fischer*, ZIP 2004, 1477, 1480;
> *Forsthoff/Schulz*, in: Hirte/Bücker (Hrsg.), Grenzüberschreitende Gesellschaften, 2. Aufl., § 16 Rz. 41 ff;
> *U. Huber*, in: Lutter (Hrsg.), Europäische Auslandsgesellschaften in Deutschland, S. 143 ff, 160 ff.

Außer Streit steht dies freilich keineswegs. Manche Stimmen im Schrifttum wollen vielmehr das gesamte Eigenkapitalersatzrecht (also auch die Novellenregeln) dem Gesellschaftsstatut zuordnen und auf EU-Auslandsgesellschaften deshalb nicht anwenden.

> Siehe (mit unterschiedlichen Begründungen) etwa
> *Eidenmüller*, in: Eidenmüller (Hrsg.), Ausländische Kapitalgesellschaften im deutschen Recht, § 9 Rz. 43;
> *Mock/Schildt*, in: Hirte/Bücker (Hrsg.), Grenzüberschreitende Gesellschaften, 2. Aufl., § 17 Rz. 111 ff;
> *H.-F. Müller*, NZG 2003, 414, 417;
> *Zimmer*, NJW 2003, 3585, 3589.

Vereinzelt wird das Eigenkapitalersatzrecht aber auch insgesamt (einschließlich der Rechtsprechungsregeln) dem Bestand des Insolvenzrechts zugeschlagen.

> *Haas*, in: v. Gerkan/Hommelhoff, Handbuch des Kapitalersatzrechts, Rz. 15.8 ff.

Die Diskussion ist gegenwärtig noch ganz im Fluss; höchstrichterliche Rechtsprechung liegt noch nicht vor.

7. GmbH-Reform

19 Im Zuge der bevorstehenden **GmbH-Reform** ist eine nachhaltige Deregulierung des Eigenkapitalersatzrechts geplant. In Übereinstimmung mit entsprechenden Vorüberlegungen im Schrifttum,

> siehe insbesondere *U. Huber/Habersack*, BB 2006, 1 ff,

will der **Referentenentwurf MoMiG**,

> Entwurf eines Gesetzes zur Modernisierung des GmbH-Rechts und zur Bekämpfung von Missbräuchen (MoMiG), vom Bundesministerium der Justiz vorgestellt am 29.5.2006; abrufbar: http://www.bmj.de (Gesetzesentwürfe/Handels- und Wirtschaftsrecht; Stand: 1.2.2007),

die Einbeziehung des Eigenkapitalersatzes in das Kapitalschutzsystem der §§ 30, 31 GmbHG nach Maßgabe der Rechtsprechungsregeln aufgeben und die Rechtsfolgen der Umqualifizierung einer Forderung in Eigenkapital künftig auf die Rangrückstufung und Anfechtbarkeit in der Insolvenz beschränken. Die einschlägigen gesetzlichen Regelungen sollen in der Insolvenzordnung und im Anfechtungsgesetz konzentriert werden.

> Siehe die Erläuterung des RefE MoMiG durch
> *Seibert*, ZIP 2006, 1157.

In Umsetzung dieses Konzepts soll § 30 Abs. 1 GmbHG durch einen neuen Satz 3 ergänzt werden, wonach § 30 Abs. 1 Satz 1 „auf die Rückgewähr eines Gesellschafterdarlehens auch dann nicht anzuwenden (ist), wenn das Darlehen der Gesellschaft in einem Zeitpunkt gewährt worden ist, in dem Gesellschafter der Gesellschaft als ordentliche Kaufleute Eigenkapital zugeführt hätten; Gleiches gilt für Leistungen auf Forderungen aus Rechtshandlungen, die einer solchen Darlehensgewährung wirtschaftlich entsprechen". Eine Parallelregelung ist in § 57 Abs. 1 Satz 4 AktG-E vorgesehen.

Die Verfasser des Gesetzesentwurfs glauben:

> „Die Rechtsfigur des eigenkapitalersetzenden Gesellschafterdarlehens wird damit aufgegeben."
> So die Begründung zum RefE MoMiG, S. 55.

7. GmbH-Reform

Die insolvenzrechtlichen Regelungen zum Rangrücktritt und zur Insolvenzanfechtung sollen nach ausdrücklicher Anordnung in § 39 Abs. 4 Satz 1 InsO-E für alle Gesellschaften ohne wenigstens eine natürliche Person als Vollhafter gelten. In diesem Rahmen sieht § 39 Abs. 1 Nr. 5 InsO-E den Rangrücktritt für alle Forderungen auf Rückgewähr eines Gesellschafterdarlehens oder für Forderungen aus Rechtshandlungen vor, die einem solchen Darlehen wirtschaftlich entsprechen. Ebenso soll die Insolvenzanfechtung schon immer dann möglich sein, wenn für eine solche Forderung im letzten Jahr vor Stellung des Antrags auf Insolvenzeröffnung Befriedigung gewährt worden ist (§ 135 Nr. 2 InsO-E). Weder für den Rangrücktritt noch für die Anfechtung soll es künftig also darauf ankommen, dass das Gesellschafterdarlehen (oder die entsprechende Finanzierungshilfe) gerade im Stadium der Kreditunwürdigkeit oder Insolvenzreife gewährt bzw. stehen gelassen worden ist; der eigenkapitalgleiche Charakter der in der Insolvenz noch offenen Gesellschafterforderung (bzw. der binnen Jahresfrist vor dem Eröffnungsantrag zurückgewährten Gesellschafterhilfe) wird vielmehr unwiderlegbar vermutet. 20

Demgegenüber ist im Schrifttum darauf hingewiesen worden,

siehe dazu *Kleindiek*, ZGR 2006, 335 ff, 357 f,

dass nach bisheriger Überzeugung eine in Form von Fremdkapital gewährte Gesellschafterhilfe nur dann die Funktion von Eigenkapital haben kann, wenn sie bei Insolvenzreife oder vorgelagerter Kreditunwürdigkeit gewährt bzw. stehen gelassen worden ist. Das Eigenkapitalersatzrecht soll die Gesellschafter gerade nicht von einer Darlehensgewährung an eine wirtschaftlich gesunde Gesellschaft abschrecken; es soll die Eigenfinanzierung durch Gesellschafterdarlehen, wo sie kaufmännisch vernünftig und erwünscht ist, nicht behindern.

Vgl. dazu schon
BGH, Urt. v. 24.3.1980 – II ZR 213/77,
BGHZ 76, 326, 334 f = ZIP 1980, 361.

Der MoMiG-Entwurf will diese Legitimationsgrundlagen des Eigenkapitalersatzes offenkundig nivellieren, was dem Ziel einer einfachen und rechtssicher handhabbaren Regelung geschuldet sein dürfte. Gleichwohl will er am Sanierungsprivileg (heute § 32a Abs. 3 Satz 3 GmbHG)

siehe dazu unten Rz. 85 ff

festhalten, wobei es künftig auf den Anteilserwerb zum Zwecke der Sanierung bei drohender Zahlungsunfähigkeit ankommen soll (§ 39 Abs. 4 Satz 2 InsO-E). Ebenso soll dass Kleinbeteiligungsprivileg (§ 32a Abs. 3 Satz 2 GmbHG),

hierzu unten Rz. 134 ff,

beibehalten werden und künftig rechtsformübergreifend gelten (§ 39 Abs. 5 InsO-E); anders als nach gegenwärtigem Recht wäre damit (vorbehaltlich

I. Grundlagen

des Sanierungsprivilegs) auch jedes Aktionärsdarlehen zwingend dem Rangrücktritt und – bei Rückzahlung binnen Jahresfrist vor dem Eröffnungsantrag – der Insolvenzanfechtung unterworfen, wenn der betreffende Aktionär mit mehr als 10 % am Grundkapital beteiligt ist.

> Zur gegenwärtigen Rechtslage, wonach grundsätzlich eine Beteiligung von mehr als 25 % erforderlich ist, siehe unten Rz. 128, 192 f.

21 Die Vorschläge des Referentenentwurfs MoMiG zur Novellierung des Eigenkapitalersatzrechts,

> siehe zu weiteren Aspekten noch unten Rz. 46, 102, 180,

sind im Schrifttum teils mit Zustimmung,

> vgl. etwa *Habersack*, ZHR 170 (2006), 607, 611 ff;
> *Noack*, DB 2006, 1475, 1480 f,

aber auch mit nachdrücklicher Kritik aufgenommen worden.

> Kritisch (mit Unterschieden im Einzelnen) etwa
> *Altmeppen*, Referat auf der VGR-Jahrestagung November 2006, zur Veröffentlichung vorgesehen in: Gesellschaftsrechtliche Vereinigung (Hrsg.), Gesellschaftsrecht in der Diskussion 2006;
> *Bork*, Referat auf dem ZGR-Sondersymposium November 2006, zur Veröffentlichung vorgesehen in ZGR 2007, Heft 2;
> *Hommelhoff*, in: Gesellschaftsrechtliche Vereinigung (Hrsg.), GmbH-Reform in der Diskussion, 2006, S. 115 ff;
> *Kleindiek*, Referat auf dem 66. Deutschen Juristentag, in: Verhandlungen des 66. Deutschen Juristentages Stuttgart 2006, Bd. II, P 45, 61 ff;
> *Karsten Schmidt*, ZIP 2006, 1925 ff;
> *ders.*, GmbHR 2007, 1, 7 ff.

Es bleibt abzuwarten, ob und inwieweit der für das Frühjahr 2007 angekündigte Regierungsentwurf MoMiG Korrekturen vorsehen wird.

II. Krisensituation

1. Übersicht

Die Rechtsregeln zum Eigenkapitalersatz sind aufs Engste mit der Krise der Gesellschaft verbunden, die nach § 32a Abs. 1 Satz 1 GmbHG jenen Zeitpunkt markiert, in dem die Gesellschafter der Gesellschaft als ordentliche Kaufleute Eigenkapital zugeführt hätten. Gesellschafterleistungen an die Gesellschaft sind erst dann nach diesen Regeln verstrickt, wenn die Gesellschaft in eine Krise geraten ist. Vor dem Kriseneintritt kommt das Eigenkapitalersatzrecht nicht zum Zuge. 22

Siehe
BGH, Urt. v. 11.7.1994 – II ZR 162/92,
BGHZ 127, 18, 23 = ZIP 1994, 1441,
dazu EWiR 1994, 1107 *(Fleck)*;
und auch schon
BGH, Urt. v. 27.9.1976 – II ZR 162/75,
BGHZ 67, 171, 175.

Diese Konzentration auf die Gesellschaftskrise war in der ursprünglichen Rechtsprechung nicht eindeutig angelegt; sie tendierte vielmehr dahin, dem Ersatzkapitalrecht auch jene Gesellschafterleistungen zu unterwerfen, die der Gesellschaft fernab von einer aktuellen Krise gewährt worden waren, von einem gesellschafterfremden Dritten aber nicht erbracht worden wären, weil die Gesellschaft mit dem vorhandenen Kapital nicht existenzfähig war.

Vgl. etwa
BGH, Urt. v. 24.3.1980 – II ZR 213/77,
BGHZ 76, 326, 329 f = ZIP 1980, 361.

Hierunter wären vor allem Start- und Erweiterungsdarlehen wie im Fall der Deutschland Fernseh GmbH gefallen (20.000 DM Stammkapital, 120 Mio. DM Gesellschafterdarlehen).

Aber wenn auch das Ersatzkapitalrecht nicht den Bereich **vor** der Gesellschaftskrise abdeckt, so liegt hier dennoch kein völlig rechtsfreier Raum ungebundener Finanzierungsfreiheit. Vielmehr können für Gesellschafterleistungen (oder auch nur Leistungsversprechen) vor einer Gesellschaftskrise die Regeln für Risikoleistungen der Gesellschafter („Finanzplankredite"; Rz. 114 ff) Anwendung finden. 23

Nach den Regeln des Eigenkapitalersatzes sind Gesellschafterleistungen solange verstrickt, wie die Gesellschaftskrise andauert. 24

Vgl. BGH, Urt. v. 11.7.1994 – II ZR 162/92,
BGHZ 127, 18, 23 = ZIP 1994, 1441,
dazu EWiR 1994, 1107 *(Fleck)*.

Daraus folgt: Sollte die Gesellschaft ihre Krise nicht überwinden, sondern (mit oder ohne Insolvenzverfahren) voll beendet werden, so treten die einmal aktivierten Eigenkapitalersatzregeln zu keinem Zeitpunkt außer Kraft.

II. Krisensituation

Allein wenn es gelingt, die Krise so zu überwinden, dass die Gesellschaft mit hinreichender Sicherheit aus eigenen Kräften überleben kann (nachhaltige Erholung),

siehe näher unten Rz. 159,

findet die eigenkapitalersatzrechtliche Verstrickung der Gesellschafterleistungen (oder was von ihnen noch übrig geblieben sein sollte) automatisch ihr Ende. Eines rechtskonstitutiven Freigabeaktes bedarf es in diesem Falle nicht. Von diesem Moment an kann der Gesellschafter z. B. Zahlung der Darlehenszinsen und gegebenenfalls ratierliche Tilgung verlangen (unten Rz. 159). – Sollte jedoch die eigenkapitalersetzende Leistung entgegen § 30 Abs. 1 GmbHG an den Gesellschafter ausgezahlt worden sein, so erlischt der Erstattungsanspruch aus § 31 Abs. 1 GmbHG nicht von selbst (näher unten Rz. 162 f).

25 Nach allem ist die Gesellschaftskrise für den Einsatz des Eigenkapitalersatzrechtes konstitutiv. Im folgenden Abschnitt werden die einzelnen Krisensituationen näher dargestellt; es sind dies: die Zahlungsunfähigkeit der Gesellschaft (Rz. 28 ff, 32) und ihre Überschuldung (Rz. 33 ff), aber auch davor schon die Kreditunwürdigkeit (Rz. 47 ff) und die Überlassungsunwürdigkeit (Rz. 56 f). Während für die Kreditunwürdigkeit die Kriterien der Indizprüfung besondere Aufmerksamkeit verdienen (Rz. 53), steht bei Zahlungsunfähigkeit und Überschuldung die Frage im Mittelpunkt, ob und inwieweit bei diesen Krisensituationen die Gesellschafterleistungen als Gegenstand eines möglichen Rückforderungsanspruchs gegen die Gesellschaft zu berücksichtigen sind (Rz. 32 und 42).

26 Um die Verstrickung von Gesellschafterleistungen während der Gesellschaftskrise noch einmal zu verdeutlichen: Wenn die Gesellschaft beim Empfang eines Gesellschafterdarlehens für dies kreditunwürdig war, so ist dies Darlehen solange nach den Regeln des Eigenkapitalersatzes gebunden, bis die Gesellschaft bei gesellschaftsfremden Dritten wieder nachhaltig kreditwürdig für ein Darlehen wie das vom Gesellschafter ausgereichte ist.

27 Im Vergleich zur **Vorauflage** hat der Bundesgerichtshof seine Rechtsprechung zu den Tatbestandsvoraussetzungen des Eigenkapitalersatzes (Kredit-/Überlassungsunwürdigkeit oder Insolvenzreife; vgl. Rz. 30, 49), zu den Anforderungen an die Darlegung einer Überschuldung und zur Verteilung der Darlegungslasten hier (vgl. Rz. 35 ff) sowie zum sogenannten kurzfristigen Überbrückungskredit (vgl. Rz. 54) fortgeführt. Außerdem hat der II. Zivilsenat zum Überschuldungsbegriff nach neuem Recht (§ 19 Abs. 2 InsO) Stellung genommen (vgl. Rz. 31, 41).

2. Zahlungsunfähigkeit oder Überschuldung

28 Der Gesetzgeber, der auf dem Gebiet des weithin richterrechtlich geprägten Kapitalersatzrechts seit vielen Jahren regelmäßig eher reagiert als agiert, hat

2. Zahlungsunfähigkeit oder Überschuldung

im Zuge der jüngsten Novellierungen durch das Hinzufügen des Klammerzusatzes „Krise der Gesellschaft" in § 32a Abs. 1 GmbHG versucht, auch äußerlich deutlich zu machen, dass die ein wenig umständliche Beschreibung des Tatbestandes eine **Legaldefinition** der Krise darstellen soll.

> Kritisch *v. Gerkan*, in: v. Gerkan/Hommelhoff,
> Handbuch des Kapitalersatzrechts, Rz. 3.1 ff.

Abgesehen davon, dass diese Form der „Definition" wenig weiterführt, weil sie Rechtsfolgenanordnung und zugehörige Voraussetzung gleichsetzt, bedurfte es ihrer Einführung in das Gesetz nicht. Vor allem ist mit ihr eine sachliche Änderung nicht verbunden. Denn auch schon bis dahin hat die höchstrichterliche Rechtsprechung immer wieder verkürzend den **Begriff „Krise"** verwendet, 29

> z. B. BGH, Urt. v. 12.7.1999 – II ZR 87/98,
> ZIP 1999, 1524:
> „Die Annahme einer Krise einer GmbH, in der ein ihr gewährtes Gesellschafterdarlehen die Funktion von Eigenkapital erlangt, kann nicht allein auf das Vorliegen einer Unterbilanz (nach fortgeführten Buchwerten) gestützt werden."
>
> ferner
> BGH, Beschl. v. 1.3.1999 – II ZR 362/97,
> DStR 1999, 553 m. Anm. *Goette*;
>
> BGH, Urt. v. 7.3.2005 – II ZR 138/03,
> ZIP 2005, 807;
>
> BGH, Urt. v. 3.4.2006 – II ZR 332/05,
> ZIP 2006, 996,

um jene Situation zu beschreiben, in der den Gesellschaftern die für das Eigenkapitalersatzrecht typische – gegebenenfalls die Finanzierungsfolgenverantwortung des Gesellschafters auslösende – Entscheidung abverlangt wird, die dahin geht, entweder die GmbH mit neuem Eigenkapital auszustatten oder aber dafür Sorge zu tragen, dass die Gesellschaft nicht weiter am Wirtschaftsleben teilnehmen kann.

Eine Krisenlage in diesem Sinn ist nicht etwa nur dann vorhanden, wenn die Gesellschaft **kreditunwürdig** – bzw. bezogen auf die Fälle der Gebrauchsüberlassung: überlassungsunwürdig – ist, wie Wortlaut und Systematik des § 32a GmbHG nahezulegen scheinen. 30

> Vgl. *v. Gerkan*, in: in: v. Gerkan/Hommelhoff,
> Handbuch des Kapitalersatzrechts, Rz. 3.5.

Sie besteht, was in der Judikatur der Oberlandesgerichte, die sich teilweise durch eine mitunter unscharfe Nomenklatur des II. Zivilsenats haben verwirren lassen, nicht immer scharf genug gesehen wird (siehe unten Rz. 47 ff),

II. Krisensituation

> BGH, Urt. v. 14.6.1993 – II ZR 252/92,
> ZIP 1993, 1072,
> dazu EWiR 1993, 1207 *(v. Gerkan)*;
> BGH, Urt. v. 28.11.1994 – II ZR 77/93,
> ZIP 1995, 23,
> dazu EWiR 1995, 367 *(Fleck)*;
> BGH, Urt. v. 4.12.1995 – II ZR 281/94,
> ZIP 1996, 275
> m. Anm. *Goette*, DStR 1996, 554,
> dazu auch EWiR 1996, 217 *(Fleck)*;
> BGH, Urt. v. 11.12.1995 – II ZR 128/94,
> ZIP 1996, 273,
> dazu EWiR 1996, 171 *(v. Gerkan)*;
> BGH, Urt. v. 17.11.1997 – II ZR 224/96,
> DStR 1998, 426 m. Anm. *Goette*,
> dazu auch EWiR 1998, 179 *(v. Gerkan)*;
> BGH, Urt. v. 23.2.2004 – II ZR 207/01,
> ZIP 2004, 1049,

vor allem und nach der Konzeption der höchstrichterlichen Rechtsprechung in erster Linie dann, wenn die GmbH **insolvenzreif**, nämlich zahlungsunfähig oder überschuldet ist. Wird hier weder neues haftendes Kapital zugeführt noch der erforderliche Insolvenzantrag gestellt, sondern versucht, die Gesellschaft mit anderen Mitteln über Wasser zu halten, muss sich der Gesellschafter seiner **Finanzierungsfolgenverantwortung** stellen und die von ihm gewährten – scheinbaren – Drittleistungen so behandeln lassen, als seien sie funktionales Eigenkapital. Das hat der II. Zivilsenat jetzt noch einmal unmissverständich herausgestellt und die sonst nirgends vertretene, der gefestigten höchstrichterlichen Rechtsprechung widersprechende,

> vgl. BGH, Urt. v. 23.2.2004 – II ZR 207/01,
> ZIP 2004, 1049;
> BGH, Urt. v. 14.6.1993 – II ZR 252/92,
> ZIP 1993, 1072,
> dazu EWiR 1993, 1207 *(v. Gerkan)*,

Auffassung eines Oberlandesgerichts verworfen, das neben bestehender Überschuldung oder Zahlungsunfähigkeit zusätzlich das Vorhandensein einer Überlassungsunwürdigkeit gefordert hat, um die Eigenkapitalersatzregeln anwenden zu können.

> BGH, Urt. v. 3.4.2006 – II ZR 332/05,
> ZIP 2006, 996:
> „Insolvenzreife einerseits und Kredit- bzw. Überlassungsunwürdigkeit andererseits sind eigenständige, in ihren Anwendungsvoraussetzungen voneinander unabhängige Tatbestände der Krise im Sinne des Eigenkapitalersatzrechts."
> Ferner
> BGH, Urt. v. 22.12.2005 – IX ZR 190/02,
> ZIP 2006, 243 Tz. 13.

2. Zahlungsunfähigkeit oder Überschuldung

Nach den allgemeinen insolvenzrechtlichen Vorschriften (§§ 17, 19 InsO) 31
bestimmt sich, wann **Zahlungsunfähigkeit** oder **Überschuldung** vorliegt.

> Vgl. dazu Lutter/Hommelhoff/*Lutter/Kleindiek*,
> GmbHG, § 64 Rz. 6 ff.

Die Neufassung des einschlägigen Rechts wird zu Abgrenzungsproblemen – u. a. gilt dies für die Frage, ob an dem zweistufigen Überschuldungsbegriff,

> siehe unten Rz. 37 f,

festzuhalten sein wird – führen, die erst nach und nach von der höchstrichterlichen Rechtsprechung werden geklärt werden können. Hierzu gibt es inzwischen eine erste Äußerung des II. Zivilsenats zu einem Fall, in welchem das neue Insolvenzrecht anzuwenden war, während bis dahin,

> siehe unten Rz. 38,

lediglich obiter dicta im Rahmen von nach der früheren Konkursordnung zu entscheidender Fälle publiziert worden sind. Im Rahmen der Anwendung des § 64 Abs. 2 GmbHG hat der Senat in einem Nichtzulassungsbeschluss ausgesprochen,

> BGH, Beschl. v. 9.10.2006 – II ZR 303/05,
> ZIP 2006, 2171 = DStR 2006, 2186 m. Anm. *Goette*:
>
> „Entgegen der Ansicht der Nichtzulassungsbeschwerde, die sich hierfür auf keine Belege in Rechtsprechung und Wissenschaft berufen kann, ist die Auslegung der neuen Vorschrift des § 19 Abs. 2 InsO nicht zweifelhaft. Aus dem Aufbau der Norm des § 19 Abs. 2 InsO folgt ohne weiteres, dass die Überschuldungsprüfung nach Liquidationswerten in Satz 1 den Regelfall und die nach Fortführungswerten in Satz 2, der eine positive Fortbestehensprognose voraussetzt, den Ausnahmefall darstellt. Im Haftungsprozess wegen Insolvenzverschleppung nach § 64 Abs. 2 GmbHG hat die Geschäftsleitung daher die Umstände darzulegen und notfalls zu beweisen, aus denen sich eine günstige Prognose für den fraglichen Zeitraum ergibt. Aus dem Gesetzeswortlaut des § 19 Abs. 2 Satz 2 InsO folgt außerdem zweifelsfrei, dass eine günstige Fortführungsprognose sowohl den Fortführungswillen des Schuldners bzw. seiner Organe als auch die objektive – grundsätzlich aus einem aussagekräftigen Unternehmenskonzept (sog. Ertrags- und Finanzplan) herzuleitende – Überlebensfähigkeit des Unternehmens voraussetzt."

Zur fortdauernden Bedeutung der früheren Lehre vom zweistufigen Überschuldungsbegriff musste zwar in der Entscheidung nicht Stellung genommen werden, es sprach aber nach der oben zitierten Argumentation des Senats schon einiges dafür, dass der Senat auch hinsichtlich dieser Frage dem Wortlaut der neu gefassten Norm und den hierzu in der Gesetzesbegründung gegebenen Erläuterungen in Zukunft entscheidendes Gewicht beimessen und deswegen an der früheren Lehre nicht festhalten werde. Eben dies ist jetzt ausgesprochen worden,

> BGH, Urt. v. 5.2.2007 – II ZR 234/05,
> z.V.b. in BGHZ:
>
> „Mit der Neufassung des Überschuldungstatbestandes in § 19 Abs. 2 InsO ist für das neue Recht der zur Konkursordnung ergangenen Rechtsprechung des

II. Krisensituation

Senats zum sogenannten 'zweistufigen Überschuldungsbegriff' (BGHZ 119, 201, 214) die Grundlage entzogen."

32 Hinsichtlich der **Zahlungsunfähigkeit** i. S. v. § 17 InsO kommt es nicht mehr auf prognostische Überlegungen an, weil insofern § 18 InsO nunmehr eine spezielle Regelung enthält, nach der bei **drohender** Zahlungsunfähigkeit der Schuldner zwar einen Insolvenzantrag stellen kann, hierzu aber nicht verpflichtet ist. Zur Feststellung der Zahlungsunfähigkeit erforderlich ist aber auch nach neuem Recht die Gegenüberstellung der fälligen Verbindlichkeiten und der zur Verfügung stehenden Mittel. In diesem Zusammenhang stellt sich die Frage, ob eigenkapitalersetzend wirkende Gesellschafterdarlehen als Verbindlichkeiten **passiviert** werden müssen.

> Siehe näher
> Lutter/Hommelhoff/*Kleindiek*, GmbHG, § 42 Rz. 41 ff;
> *Kleindiek*, in: v. Gerkan/Hommelhoff, Handbuch
> des Kapitalersatzrechts, Teil 7.

Der eigenkapitalersetzende Charakter einer Gesellschafterdrittleistung als solcher ändert an ihrer Einordnung als Gesellschaftsverbindlichkeit nichts, wie der II. Zivilsenat im Zusammenhang mit einer Grundstücksverpachtung eines Gesellschafters und im Rahmen der Entscheidung, ob eigenkapitalersetzende Gesellschafterleistungen in der Überschuldungsbilanz zu passivieren sind, ausdrücklich ausgesprochen hat.

> BGH, Urt. v. 7.12.1998 – II ZR 382/96,
> BGHZ 140, 147 = ZIP 1999, 65,
> dazu EWiR 2000, 31 *(v. Gerkan)*;
> ebenso
> BGH, Urt. v. 8.1.2001 – II ZR 88/99,
> BGHZ 146, 264 = ZIP 2001, 235 m. Anm. *Altmeppen*, S. 240,
> dazu EWiR 2001, 329 *(Priester)*.

Eine **Passivierung** dieser Verbindlichkeiten, obwohl wegen ihres eigenkapitalersetzenden Charakters feststeht, dass sie während der Dauer der Krise nicht bedient werden dürfen, hätte allerdings zur Folge, dass unter Umständen wegen der Einbeziehung dieser Verbindlichkeiten die Insolvenzreife unter Umständen schon zu einem früheren Zeitpunkt bejaht werden müsste, eine Konsequenz, welche im Schrifttum – jedenfalls zum früheren Rechtszustand – für nicht hinnehmbar angesehen worden ist. Der Bundesgerichtshof hat zwar für die **Vorbelastungsbilanz**, die der Klärung der Frage dient, ob die Gesellschafter bezogen auf den Zeitpunkt der Eintragung der Gesellschaft in das Handelsregister auf dem Wege der Unterbilanzhaftung in Anspruch zu nehmen sind, ausgesprochen,

> BGH, Urt. v. 6.12.1993 – II ZR 102/93,
> BGHZ 124, 282 = ZIP 1994, 295,
> dazu EWiR 1994, 275 *(v. Gerkan)*,

dass eigenkapitalersetzende Gesellschafterdarlehen

„jedenfalls bei Fehlen einer Rangrücktrittsvereinbarung ... in ... der Vorbelastungsbilanz der GmbH als Verbindlichkeiten zu passivieren sind."

2. Zahlungsunfähigkeit oder Überschuldung

Dies lässt sich jedoch nicht ohne weiteres auf die hier in Rede stehende Frage des Vorgehens bei der Feststellung der Zahlungsunfähigkeit übertragen. Es fehlt dazu bislang eine entsprechende **höchstrichterliche Äußerung**. Aus der Sicht des Gesellschaftsrechtssenats erscheint die Klärung dieser Frage der Behandlung der Ansprüche aus eigenkapitalersetzend wirkenden Gesellschafterhilfen nicht besonders dringlich. Denn in aller Regel zeigt sich, dass beim Auftreten finanzieller Engpässe die Geschäftsführung der Gesellschaft – in den die höchstrichterliche Rechtsprechung prägenden Fällen besteht regelmäßig eine Personenidentität von Gesellschafter und Geschäftsführer – zuerst davon absieht, die fälligen Ansprüche für Gesellschafterdrittleistungen zu erfüllen, so dass die später auftretende Frage der Zahlungsunfähigkeit sich nur deswegen stellt, weil nunmehr auch die Ansprüche außenstehender Gesellschaftsgläubiger nicht rechtzeitig erfüllt werden. Im Übrigen liegen in diesen Fällen fast immer Anzeichen auch für eine Überschuldung der GmbH vor; für sie hat der II. Zivilsenat – jedenfalls zum früheren Recht, allerdings bereits mit Blick auf den durch die Insolvenzordnung neu geschaffenen Rechtszustand – die Frage der Passivierungspflicht eigenkapitalersetzender Gesellschafterforderungen in der Überschuldungsbilanz nunmehr entschieden.

Vgl. Rz. 42 ff.

Die **Überschuldung** der Gesellschaft ist – anders als eine Unterbilanz, die aufgrund eines Vergleichs der nach § 42 GmbHG aufgestellten Zusammenstellung des Gesellschaftsvermögens mit der Stammkapitalziffer ermittelt wird – allein nach den insolvenzrechtlichen Regeln festzustellen. 33

BGH, Urt. v. 12.7.1999 – II ZR 87/98,
ZIP 1999, 1524.

Hierzu bedarf es einer **Überschuldungsbilanz**, in welche auf der **Passivseite** alle Verbindlichkeiten mit ihrem Nennwert einzustellen sind. Auf der **Aktivseite** sind alle Vermögenswerte aufzunehmen, die im Falle der Eröffnung des Verfahrens verwertbare Bestandteile der Masse wären. Gegenstände, an denen ein Aus- oder Absonderungsrecht besteht und die im Insolvenzfall von den Berechtigten aus der Aktivmasse abgezogen werden können, dürfen hierbei also nicht berücksichtigt werden. 34

Vgl. BGH, Urt. v. 28.4.1997 – II ZR 20/96,
ZIP 1997, 1542,
dazu EWiR 1997, 993 *(Paulus)*.

Der Zweck der Erstellung dieser Überschuldungsbilanz erfordert, dass die einzelnen Vermögensgegenstände nicht nach den für den Jahresabschluss geltenden Regeln ermittelt werden dürfen. Denn es geht ja um die Feststellung eines etwaigen **Verwertungserlöses**, der bei der Veräußerung der einzelnen Gegenstände oder des ganzen Unternehmens erzielt werden und der dazu dienen kann, die auf der Passivseite zusammengestellten Verbindlichkeiten zu erfüllen. Deswegen kann keine Bindung an die Wertansätze der letzten Handelsbilanz bestehen mit der Folge, dass z. B. auch selbst geschaffene immaterielle Wirtschaftsgüter – Hauptanwendungsfall ist der Firmenwert – nunmehr hier berücksichtigt werden dürfen, wenn und sofern damit gerechnet werden kann, dass sie von dem Insolvenzverwalter werden verwertet werden können.

> BGH, Urt. v. 21.2.1994 – II ZR 60/93,
> BGHZ 125, 141, 146:
> „Ob die Gesellschaft in dem maßgebenden Zeitpunkt überschuldet war, ist anhand eines Vermögensstatus der Gesellschaft (Überschuldungsbilanz) festzustellen, in dem ihre Vermögenswerte mit den Verkehrs- oder Liquidationswerten ausgewiesen sind."
>
> Dazu auch EWiR 1994, 467 (v. Gerkan).

35 In der gerichtlichen Praxis begegnet man häufig Fällen, in denen die Überschuldungssituation – sei es von Insolvenzverwaltern, sei es von Tatsachengerichten – schlicht damit begründet wird, schon die letzte **Jahresbilanz** – oder sogar die vorhergehenden Abschlüsse – weise Verluste aus, und in der Zwischenzeit habe sich die Lage der Gesellschaft nicht gebessert. Diese Vorgehensweise ist – gleichgültig, ob es um die Frage der Verletzung der Insolvenzantragspflicht des Geschäftsführers und seine daran anknüpfende Haftung nach § 64 Abs. 2 GmbHG oder um die Feststellung einer Krisensituation im Sinne des Eigenkapitalersatzrechts geht – schon im Ansatz verfehlt. Mit diesem Denkansatz wird die Aufgabe verfehlt zu klären, wie hoch das „versilberbare" Vermögen der Gesellschaft ist; der für den Überschuldungsstatus erforderliche Vergleich von Passiva und Aktiva kann dann mangels eines der beiden Parameter nicht angestellt werden. Auch wenn danach ein eigener **Überschuldungsstatus** erstellt werden muss, bedeutet dies selbstverständlich nicht in allen Fällen, dass es hierzu stets der Einschaltung von Fachleuten und kosten- und zeitaufwendiger Bewertungsarbeiten bedarf; schon wegen der knappen Frist (§ 64 Abs. 1 GmbHG), binnen derer gegebenenfalls der Insolvenzantrag zu stellen wäre, ist dies regelmäßig nicht angängig. Es geht vielmehr darum, eine **Abschätzung der Verkehrswerte** in überschlägiger Form vorzunehmen. Dabei kann durchaus von den Handelsbilanzansätzen ausgegangen und bei den einzelnen Vermögensgegenständen geprüft werden, ob diese Ansätze zu niedrig bemessen sind, weil sie stille Reserven enthalten; umgekehrt ist auch nicht ausgeschlossen, dass für den Fall der Zerschlagung des Unternehmens im Falle der Insolvenz die in der Jahresbilanz aufgeführten Werte am Markt nicht erzielt werden können. Entscheidend ist danach also, dass der mit der Prüfung der Überschuldungsfrage Befasste sich der ihm gestellten Aufgabe – was wäre beim Verkauf des Gesellschaftsvermögens als Ganzem oder in seinen Einzelteilen als Erlös zu erzielen? – bewusst ist.

> BGH, Urt. v. 7.3.2005 – II ZR 138/03,
> ZIP 2005, 807:
> „Beruft sich die Gesellschaft bzw. der Insolvenzverwalter dazu auf eine Insolvenzreife wegen Überschuldung der Gesellschaft, reicht es nicht aus, wenn le-

2. Zahlungsunfähigkeit oder Überschuldung

diglich die Handelsbilanz vorgelegt wird, auch wenn sich daraus ein nicht durch Eigenkapital gedeckter Fehlbetrag ergibt.

Vielmehr muss entweder ein Überschuldungsstatus mit Aufdeckung etwaiger stiller Reserven und Ansatz der Wirtschaftsgüter zu Veräußerungswerten aufgestellt oder dargelegt werden, dass stille Reserven und sonstige aus der Handelsbilanz nicht ersichtliche Veräußerungswerte nicht vorhanden sind.

Dabei muss die Gesellschaft bzw. der Insolvenzverwalter nicht jede denkbare Möglichkeit ausschließen, sondern nur naheliegende Anhaltspunkte – beispielsweise stille Reserven bei Grundvermögen – und die von dem Gesellschafter insoweit aufgestellten Behauptungen widerlegen."

Soweit eine Gesellschaft – gerade bei den häufig auftretenden Betriebsaufspaltungen kommt dies in Betracht – über kein eigenes Anlagevermögen verfügt, sondern wie oftmals Betriebsgesellschaften allein mit gemieteten oder gepachteten Produktionsanlagen und auf fremdem Grund und Boden wirtschaftet, wird schon das Ergebnis der Jahresbilanz eine taugliche Grundlage für das Vorhandensein einer Überschuldung liefern, weil auch die grundsätzlich gebotene Bewertung des Aktivvermögens nach aktuellen Verkehrswerten kein höheres Gesamtergebnis liefern wird. Für den Insolvenzverwalter, um dessen **Darlegungspflicht** es in diesem Zusammenhang geht, bedeutet dies, dass er, wenn er sich auf die Handelsbilanzen stützen will, nachvollziehbar begründen muss, warum deren Ergebnis – trotz des anderen Ausgangspunktes der Bewertung – ausnahmsweise auch den aktuellen Verkehrswert des Gesellschaftsvermögens richtig angibt.

BGH, Urt. v. 18.12.2000 – II ZR 191/99,
ZIP 2001, 242;

BGH, Urt. v. 8.1.2001 – II ZR 88/99,
BGHZ 146, 264 = ZIP 2001, 235 m. Anm. *Altmeppen*, S. 240,
dazu EWiR 2001, 329 *(Priester)*;

BGH, Urt. v. 2.4.2001 – II ZR 261/99,
ZIP 2001, 839:

„Eine in der Jahresbilanz ausgewiesene Überschuldung hat bei der Prüfung der Insolvenzreife der Gesellschaft allenfalls indizielle Bedeutung und ist lediglich Ausgangspunkt für die weitere Ermittlung des wahren Wertes des Gesellschaftsvermögens."

BGH, Urt. v. 7.3.2005 – II ZR 138/03,
ZIP 2005, 807:

„Beruft sich die Gesellschaft bzw. der Insolvenzverwalter dazu auf eine Insolvenzreife wegen Überschuldung der Gesellschaft, reicht es nicht aus, wenn lediglich die Handelsbilanz vorgelegt wird, auch wenn sich daraus ein nicht durch Eigenkapital gedeckter Fehlbetrag ergibt. Vielmehr muss entweder ein Überschuldungsstatus mit Aufdeckung etwaiger stiller Reserven und Ansatz der Wirtschaftsgüter zu Veräußerungswerten aufgestellt oder dargelegt werden, dass stille Reserven und sonstige aus der Handelsbilanz nicht ersichtliche Veräußerungswerte nicht vorhanden sind."

Dieser größeren Freiheit bei der Aufstellung der Überschuldungsbilanz steht allerdings gegenüber, dass nur die – unter Umständen deutlich hinter den Handelsbilanzansätzen zurückbleibenden – **aktuellen Verkehrswerte** 36

II. Krisensituation

angesetzt werden dürfen, die vor allem dann, wenn nicht das Gesellschaftsvermögen als Ganzes veräußert werden kann, nur die – regelmäßig niedriger liegenden – **Zerschlagungswerte** der einzelnen Wirtschaftsgüter darstellen werden.

> BGH, Urt. v. 13.7.1992 – II ZR 269/91,
> BGHZ 119, 201, 214:
>
> „... kann von einer Überschuldung im Sinne dieser [scil. der Eigenkapitalersatzregeln] Regeln nur dann gesprochen werden, wenn das Vermögen der Gesellschaft bei Ansatz von Liquidationswerten unter Einbeziehung der stillen Reserven die bestehenden Verbindlichkeiten nicht deckt (rechnerische Überschuldung)."
>
> Dazu auch EWiR 1992, 1093 (*Hunecke*).

37 Mit der Feststellung dieser **rechnerischen Überschuldung** ist – jedenfalls nach dem bis zum Inkrafttreten der Insolvenzordnung geltenden Recht,

> vgl. dazu
> *v. Gerkan*, in: v. Gerkan/Hommelhoff, Handbuch des Kapitalersatzrechts, Rz. 3.44 f,

– die gebotene Prüfung nicht beendet. Der II. Zivilsenat verlangte nämlich unter der Geltung der Konkursordnung (siehe aber oben Rz. 31) – insofern Überlegungen des Schrifttums („**zweistufiger Überschuldungsbegriff**") aufgreifend – zusätzlich, dass der betroffenen Gesellschaft eine **negative Fortbestehensprognose** zu stellen ist.

> BGH, Urt. v. 13.7.1992 – II ZR 269/91,
> BGHZ 119, 201, 213 ff = ZIP 1992, 1382,
> dazu EWiR 1992, 1093 (*Hunecke*);
>
> BGH, Urt. v. 23.2.2004 – II ZR 207/01,
> ZIP 2004, 1049.

Diese Prognose spielt ferner auch eine Rolle bei der Aufstellung einer nach handelsrechtlichen Grundsätzen zu erstellenden Unterbilanz, weil dann statt der Fortführungs- nur die Veräußerungswerte anzusetzen sind.

> BGH, Urt. v. 29.9.1997 – II ZR 245/96,
> ZIP 1997, 2008 f,
> dazu EWiR 1998, 33 (*Wilken*).

Nach dem neuen Insolvenzrecht gilt nach der Rechtsprechung des II. Zivilsenats,

> BGH, Beschl. v. 9.10.2006 – II ZR 303/05,
> ZIP 2006, 2171 = DStR 2006, 2186 m. Anm. *Goette*,

dass wegen des Ausnahmecharakters einer Bewertung des Gesellschaftsvermögens zu Fortführungswerten im Rahmen der Überschuldungsprüfung die Gesellschaft bzw. im Insolvenzfall der Insolvenzverwalter die Umstände darzulegen und notfalls zu beweisen hat, aus denen sich die günstige Prognose für den maßgebenden Stichtag oder Zeitabschnitt ergibt (siehe Rz. 31).

2. Zahlungsunfähigkeit oder Überschuldung

Entwickelt worden sind diese Grundsätze anhand des Falles „Dornier": Die 38
Gesellschaft, welche in der Rechtsform einer GmbH & Co. KG geführt
wurde und ein auf den internationalen Märkten absetzbares Wasserflugzeug
entwickeln sollte, war in Konkurs gefallen. Einer der Kommanditisten hatte
der Gesellschaft früher ein Darlehen von 800.000 DM gewährt, das ihm einige Zeit später samt Zinsen aus Gesellschaftsmitteln zurückgezahlt worden
war. Nach Meinung des Konkursverwalters hatte das Darlehen eigenkapitalersetzenden Charakter, unterlag also der Durchsetzungssperre; deswegen
nahm er den Empfänger nach der Eröffnung des Verfahrens auf Erstattung
in Anspruch. Diesem Gedankengang ist der II. Zivilsenat nicht gefolgt, weil
zwar eine rechnerische Überschuldung bestanden, die Entwicklungsgesellschaft aber über einen nicht ausgeschöpften Kreditrahmen, fest zugesagte
Bundes- und Landesfördermittel, staatsverbürgte Bankkredite und außerdem über Gesellschafterdarlehen in Millionenhöhe verfügt habe, die es verbiete, allein auf die rechnerische Überschuldung zu blicken.

> BGH, Urt. v. 13.7.1992 – II ZR 269/91,
> BGHZ 119, 201, 213 ff:
>
> „Diese Zahlen geben jedoch nur den Stand der rechnerischen Unterdeckung
> nach fortgeführten Buchwerten wieder und sind deshalb für die Beantwortung
> der Frage nach einer Überschuldung der Gesellschaft i. S. d. Eigenkapitalersatzregeln nicht aussagekräftig. ... kann von einer Überschuldung im Sinne
> dieser Regeln nur dann gesprochen werden, wenn das Vermögen der Gesellschaft bei Ansatz von Liquidationswerten unter Einbeziehung der stillen Reserven die bestehenden Verbindlichkeiten nicht deckt (rechnerische Überschuldung) und die Finanzkraft der Gesellschaft nach überwiegender Wahrscheinlichkeit mittelfristig nicht zur Fortführung des Unternehmens ausreicht
> (Überlebens- oder Fortbestehensprognose) ...
>
> Bei dieser Lage wäre der Geschäftsführer der Gesellschaft in dem Zeitraum der
> Gewährung und Belassung des streitigen Darlehens weder verpflichtet noch
> auch nur berechtigt gewesen, durch Stellung eines Konkursantrages die Liquidation der wirtschaftlich erfolgversprechenden Gesellschaft einzuleiten."

Diese Grundsätze hatte der II. Zivilsenat bis in die jüngste Zeit – allerdings
immer für Fallgestaltungen aus der Zeit vor dem Inkrafttreten der Insolvenzordnung – angewandt.

> BGH, Urt. v. 12.7.1999 – II ZR 87/98,
> ZIP 1999, 1524:
>
> „... reicht dafür nach der bisherigen Rechtsprechung des erkennenden Senats
> eine nur bilanzielle Unterdeckung oder Überschuldung der Gesellschaft nicht
> aus. Vielmehr kommt es insoweit – ohne dass der vorliegende Fall zu einer
> Auseinandersetzung mit dem erst ab 1.1.1999 geltenden § 19 Abs. 2 Satz 2
> InsO nötigt – darauf an, ob das Vermögen der Gesellschaft bei Ansatz von Liquidationswerten unter Einbeziehung der stillen Reserven die bestehenden
> Verbindlichkeiten nicht deckt (rechnerische Überschuldung) und die Finanzkraft der Gesellschaft nach überwiegender Wahrscheinlichkeit mittelfristig
> nicht zur Fortführung des Unternehmens ausreicht (negative Fortbestehensprognose)."

II. Krisensituation

Ferner: BGH, Urt. v. 31.1.2000 – II ZR 309/98,
ZIP 2000, 455 = DStR 2000, 527:

„... hat unangefochten festgestellt, dass die Gemeinschuldnerin spätestens ... mit negativer Fortbestehensprognose (dazu BGHZ 119, 201) überschuldet war."

BGH, Urt. v. 23.2.2004 – II ZR 207/01,
ZIP 2004, 1049;

BGH, Urt. v. 29.11.1999 – II ZR 273/98,
BGHZ 143, 184 = ZIP 2000, 184 f,
dazu EWiR 2000, 295 *(Noack)*;

BGH, Urt. v. 16.6.1997 – II ZR 154/96,
ZIP 1997, 1375,
dazu EWiR 1997, 753 *(v. Gerkan)*;

BGH, Urt. v. 2.6.1997 – II ZR 211/95,
ZIP 1997, 1648,
dazu EWiR 1997, 893 *(G. Pape)*;

BGH, Urt. v. 2.12.1996 – II ZR 243/95,
GmbHR 1997, 501;

BGH, Urt. v. 28.11.1994 – II ZR 77/93,
ZIP 1995, 23, 25,
dazu EWiR 1995, 367 *(Fleck)*.

Davon hat er für das neue Recht nun Abstand genommen (siehe Rz. 31),

BGH, Urt. v. 5.2.2007 – II ZR 234/05,
z.V.b. in BGHZ;

BGH, Beschl. v. 9.10.2006 – II ZR 303/05,
ZIP 2006, 2171 = DStR 2006, 2186 m. Anm. *Goette*.

39 Dabei trägt, wie regelmäßig, die Gesellschaft bzw. der für sie eingesetzte Insolvenzverwalter grundsätzlich die **Darlegungs- und Beweislast** für die Umstände, aus denen sich die Überschuldung zu dem maßgebenden Zeitpunkt ergibt.

BGH, Urt. v. 2.6.1997 – II ZR 211/95,
ZIP 1997, 1648:

„Gelangt der gerichtliche Sachverständige zu dem Ergebnis, dass eine GmbH zu einem bestimmten Stichtag rechnerisch überschuldet war, kann das Gericht dies nicht dadurch in Frage stellen, dass der Konkursverwalter nicht dargelegt oder bewiesen habe, das Vermögen der Gesellschaft sei in bestimmten Positionen nicht höher als vom Gutachter angenommen zu bewerten; vielmehr ist es in diesem Fall Sache der unter dem Gesichtspunkt des Eigenkapitalersatzes in Anspruch genommenen Gesellschafter, das Vorhandensein höherer, der Annahme der Überschuldung entgegenstehender Werte substantiiert darzulegen. Entsprechendes gilt hinsichtlich der negativen Fortbestehensprognose."

BGH, Urt. v. 2.4.2001 – II ZR 261/99,
ZIP 2001, 839.

2. Zahlungsunfähigkeit oder Überschuldung

BGH, Urt. v. 7.3.2005 – II ZR 138/03,
ZIP 2005, 807:

„Beruft sich die Gesellschaft bzw. der Insolvenzverwalter dazu auf eine Insolvenzreife wegen Überschuldung der Gesellschaft, reicht es nicht aus, wenn lediglich die Handelsbilanz vorgelegt wird, auch wenn sich daraus ein nicht durch Eigenkapital gedeckter Fehlbetrag ergibt. Vielmehr muss entweder ein Überschuldungsstatus mit Aufdeckung etwaiger stiller Reserven und Ansatz der Wirtschaftsgüter zu Veräußerungswerten aufgestellt oder dargelegt werden, dass stille Reserven und sonstige aus der Handelsbilanz nicht ersichtliche Veräußerungswerte nicht vorhanden sind.

Dabei muss die Gesellschaft bzw. der Insolvenzverwalter nicht jede denkbare Möglichkeit ausschließen, sondern nur naheliegende Anhaltspunkte – beispielsweise stille Reserven bei Grundvermögen – und die von dem Gesellschafter insoweit aufgestellten Behauptungen widerlegen."

Dasselbe gilt für die Prüfung im Rahmen des § 19 Abs. 2 InsO

BGH, Beschl. v. 9.10.2006 – II ZR 303/05,
ZIP 2006, 2171 = DStR 2006, 2186 m. Anm. *Goette*.

Aus der Sicht der Insolvenzverwalter wird diese Verteilung der Darlegungslast oft als problematisch empfunden, weil in der insolvenzrechtlichen Praxis die Fallgestaltungen nicht selten sind, in denen der Verwalter bei Amtsantritt keine, nur rudimentäre oder gänzlich ungeordnete Geschäftsunterlagen vorfindet und deswegen sowohl hinsichtlich der Verfolgung von etwa bestehenden Unterbilanzhaftungsansprüchen als auch bei der Feststellung, ob zu einem bestimmten Zeitpunkt eine Krise im Sinne des Eigenkapitalersatzrechts bestanden hat, in Substantiierungsnot geraten kann. Dem trägt die höchstrichterliche Rechtsprechung durch die Heranziehung der Grundsätze über die sogenannte **sekundäre Behauptungslast** Rechnung. In einem Fall, in dem zwischen Bezahlung einer seit Monaten offenen Gesellschafterforderung und einem Sequestrationsbeschluss mit anschließender Insolvenzeröffnung nur neun Tage lagen und das Berufungsgericht gleichwohl dem Erstattung fordernden Insolvenzverwalter vorgehalten hat, er habe die Krise der GmbH nicht hinreichend dargelegt, hat der II. Zivilsenat ausgesprochen:

BGH, Urt. v. 17.2.2003 – II ZR 281/00,
ZIP 2003, 625:

„Im Übrigen überspannt es die Anforderungen an den Umfang der Darlegung des Bestehens einer Krise i. S. d. Eigenkapitalersatzregeln, wenn es von dem Kläger verlangt, er habe die Möglichkeit ausräumen müssen, dass sich die Notwendigkeit, einen Antrag auf Eröffnung des Gesamtvollstreckungsverfahrens zu stellen, erst aufgrund eines kurzfristig, nämlich zwischen dem Tag der Entnahme (14. September 1991) und dem Sequestrationsbeschluss (23. September 1991) eingetretenen Ereignisses ergeben habe. Angesichts der eingehenden Darlegungen über die Entwicklung der finanziellen Lage der Gemeinschuldnerin ist es ebenso verfehlt zu fordern, der klagende Insolvenzverwalter habe dartun müssen, dass der Antrag auf Eröffnung des Gesamtvollstreckungsverfahrens nicht allein deswegen habe gestellt werden müssen, weil Zahlungsunfähigkeit eingetreten sei, sondern weil die Gesellschaft auch über ein die Stammkapitalziffer deckendes Vermögen nicht mehr verfügt habe. Denn

II. Krisensituation

nach dem Vortrag des Klägers, der sich dabei naturgemäß allein auf die von ihm vorgefundenen Geschäftsunterlagen – hier vor allem die betriebswirtschaftlichen Auswertungen – hat stützen können, befand sich die Gemeinschuldnerin von Anfang an in einer schwierigen finanziellen Lage, in der nicht nur die Hausbank schon zum 31.1.1991 die Geschäftsverbindung gekündigt hatte, sondern in der die Verluste von Anbeginn der Geschäftstätigkeit von Monat zu Monat stetig zunahmen und bereits zum Ende des Monats Juli – mit einer Steigerung von mehr als 400.000 DM binnen eines Monats – die Millionengrenze überschritten hatten.

Damit ist der Kläger der ihn treffenden Darlegungslast nachgekommen (Urt. v. 2.6.1997 – II ZR 211/95, ZIP 1997, 1648 ff), und es ist an den Beklagten, die im Rechtsstreit – abweichend von ihrem vorprozessualen Verhalten – das Bestehen eines Rückgewähranspruchs in Abrede gestellt haben, darzutun, dass die Gemeinschuldnerin bis zu der wenige Tage vor Erlass des Sequestrationsbeschlusses veranlassten Zahlung an die Beklagten sich nicht in der das Eingreifen der Eigenkapitalersatzregeln begründenden Krisensituation befunden hat."

40 Soweit es danach – sei es auf der Grundlage des bis zum Inkrafttreten der Insolvenzordnung geltenden Rechts, sei es im Rahmen der nach § 19 Abs. 2 InsO erforderlichen Prüfung – auf die Feststellung einer **positiven Fortbestehensprognose** ankommt, hat das Tatsachengericht deren Vorhandensein – gegebenenfalls unter Inanspruchnahme sachverständiger Beratung –,

> vgl. dazu auch
> BGH, Urt. v. 3.4.2006 – II ZR 332/05,
> ZIP 2006, 996,

sorgfältig zu prüfen. Es reicht deswegen keinesfalls aus, sich einfach auf einseitige Sanierungsbemühungen der Gesellschafter zu beziehen, vielmehr sind die Ernsthaftigkeit des Sanierungswillens wie die Tragfähigkeit des vorgesehenen Konzepts eingehend zu prüfen. Der II. Zivilsenat hat es unter diesem Gesichtspunkt nicht durchgehen lassen, dass die Gesellschafter einer krisengeschüttelten GmbH – sie war als Vertragshändlerin tätig und wollte die von ihr vertriebene Marke wechseln – einseitig das Geschäftskonzept ändern wollten und mit dieser Erwägung sich eine positive Fortbestehensprognose haben attestieren lassen.

> BGH, Urt. v. 23.2.2004 – II ZR 207/01,
> ZIP 2004, 1049:
> „Im Rahmen der Ermittlung der Überschuldung i. S. d. Eigenkapitalersatzregeln nach dem bis zum Inkrafttreten der Insolvenzordnung geltenden zweistufigen Überschuldungsbegriff kann eine positive Fortbestehensprognose nicht auf einseitige Sanierungsbemühungen der Gesellschaft und ein von ihr entworfenes Sanierungskonzept gestützt werden, wenn dessen Umsetzung vom Einverständnis eines Gläubigers abhängt und dieser seine Zustimmung verweigert hat."
>
> Vgl. zum sog. Sanierungsprivileg ähnlich
> BGH Urt. v. 21.11.2005 – II ZR 277/03,
> BGHZ 165, 106 = ZIP 2006, 279,
> dazu EWiR 2006, 525 *(Westpfahl/Janjuah)*.

2. Zahlungsunfähigkeit oder Überschuldung

Mit Rücksicht auf die jetzige Fassung des Überschuldungstatbestandes in § 19 Abs. 2 Satz 2 InsO und die in den Gesetzesmaterialien hierzu gegebene, die genannte Rechtsprechung kritisch kommentierende Begründung wurde im Schrifttum,

vgl. *v. Gerkan*, in: v. Gerkan/Hommelhoff, Handbuch des Kapitalersatzrechts, Rz. 3.46,

schon früh erörtert, ob an dieser Linie festgehalten werden kann oder ob künftig nicht allein die rechnerische Überschuldung maßgeblich sein muss, allerdings mit der Maßgabe, dass bei positiver Fortbestehensprognose die Aktiva der Gesellschaft anders als nur mit den Zerschlagungswerten anzusetzen sind. Für den II. Zivilsenat bestand zunächst kein Anlass, zu dieser Frage Stellung zu nehmen; er hatte aber in einem nach früherem Recht zu beurteilenden Fall auf die Problematik bereits hingewiesen.

BGH, Urt. v. 12.7.1999 – II ZR 87/98,
ZIP 1999, 1524:

„... reicht dafür nach der bisherigen Rechtsprechung des erkennenden Senats eine nur bilanzielle Unterdeckung oder Überschuldung der Gesellschaft nicht aus. Vielmehr kommt es insoweit – ohne dass der vorliegende Fall zu einer Auseinandersetzung mit dem erst ab 1.1.1999 geltenden § 19 Abs. 2 Satz 2 InsO nötigt – darauf an, ob das Vermögen der Gesellschaft bei Ansatz von Liquidationswerten unter Einbeziehung der stillen Reserven die bestehenden Verbindlichkeiten nicht deckt (rechnerische Überschuldung) und die Finanzkraft der Gesellschaft nach überwiegender Wahrscheinlichkeit mittelfristig nicht zur Fortführung des Unternehmens ausreicht (negative Fortbestehensprognose)."

Vgl. ferner Nachweise Rz. 37.

Zu § 19 Abs. 2 InsO hat der II. Zivilsenat in einem Beschluss, der sich auch mit der Problematik der **Darlegungs- und Beweislast** befasst, Stellung genommen,

BGH, Beschl. v. 9.10.2006 – II ZR 303/05,
ZIP 2006, 2171 = DStR 2006, 2186 m. Anm. *Goette*:

„Aus dem Aufbau der Norm des § 19 Abs. 2 InsO folgt ohne weiteres, dass die Überschuldungsprüfung nach Liquidationswerten in Satz 1 den Regelfall und die nach Fortführungswerten in Satz 2, der eine positive Fortbestehensprognose voraussetzt, den Ausnahmefall darstellen. Im Haftungsprozess wegen Insolvenzverschleppung nach § 64 Abs. 2 GmbHG hat die Geschäftsleitung daher die Umstände darzulegen und notfalls zu beweisen, aus denen sich eine günstige Prognose für den fraglichen Zeitraum ergibt. Aus dem Gesetzeswortlaut des § 19 Abs. 2 Satz 2 InsO folgt außerdem zweifelsfrei, dass eine günstige Fortführungsprognose sowohl den Fortführungswillen des Schuldners bzw. seiner Organe als auch die objektive – grundsätzlich aus einem aussagekräftigen Unternehmenskonzept (sog. Ertrags- und Finanzplan) herzuleitende – Überlebensfähigkeit des Unternehmens voraussetzt."

41

Soeben hat er zweifelsfrei ausgesprochen, dass die frühere Rechtsprechung im neuen Recht keine Grundlage mehr findet,

> BGH, Urt. v. 5.2.2007 – II ZR 234/05,
> z.V.b. in BGHZ;
> siehe auch oben Rz. 31.

42 Früher war umstritten, ob eigenkapitalersetzende Leistungen in der **Überschuldungsbilanz** zu **passivieren** sind.

> Vgl. eingehend *Kleindiek*, in: v. Gerkan/Hommelhoff, Handbuch des Kapitalersatzrechts, Rz. 7.28 ff.

Der Gedanke, dass der eigenkapitalersetzende Charakter einer Gesellschafterdrittleistung nicht für alle Zeiten fortbesteht, sondern im Sinne einer Durchsetzungsperre allein für die Dauer der Krise der Gesellschaft greift,

> Rz. 159, 162 f;
>
> ferner
> BGH, Urt. v. 15.2.1996 – IX ZR 245/94,
> BGHZ 133, 298 = ZIP 1996, 538, 540,
> dazu EWiR 1996, 501 *(v. Gerkan)*,

spricht dafür, derartige Leistungen in der **normalen Bilanz** auf der Passivseite – gegebenenfalls mit einem kennzeichnenden Zusatz – aufzuführen; für die Überschuldungsbilanz könnte man anders argumentieren, weil es nunmehr allein darum geht, ob die Verbindlichkeiten der Gesellschaft ihr aktives Vermögen übersteigen und ob deswegen – nach altem Recht: bei Stellung einer negativen Fortbestehensprognose – ein Insolvenzantrag gestellt werden muss. Aus diesem Grund wurde im Schrifttum auf der Grundlage des bis zum Inkrafttreten der Insolvenzordnung geltenden Rechts zunehmend die Ansicht vertreten, wegen der feststehenden **Undurchsetzbarkeit** der Gesellschafterforderung im Konkursfall sei deren Passivierung abzulehnen. Diese Literaturansicht belastet den Geschäftsführer mit den Folgen einer etwaigen Fehlbeurteilung der ihm obliegenden Einstufung der Gesellschafterleistung als eigenkapitalersetzend: Er steht, da er unter Umständen nach § 43 Abs. 2 GmbHG wegen übereilter oder nach § 64 Abs. 2 GmbHG wegen verzögerter Stellung eines Insolvenzantrages haftbar sein kann, sozusagen zwischen Scilla und Charybdis. In einem anderen Teil des Schrifttums wird – auch – wegen dieser als unangemessen erachteten Risikoverlagerung auf den Geschäftsführer, der ohnehin auch außerhalb des Eigenkapitalersatzrechts einem scharfen Haftungsregime untersteht, gefordert, Gesellschafterdrittleistungen, auch wenn sie in funktionales Eigenkapital umqualifiziert sind, stets in den Überschuldungsstatus aufzunehmen. Anderenfalls bliebe zum Schutze des Geschäftsführers allein der Ausweg, bei der Prüfung des **Verschuldens** seiner schwierigen Situation Rechnung zu tragen, indem man – wie ohnehin geboten – sich in seine damalige Lage versetzt und bedenkt, dass die von ihm zu treffende Entscheidung oftmals nicht einfach ist und zudem unter besonderem Zeitdruck getroffen werden muss.

2. Zahlungsunfähigkeit oder Überschuldung

Der II. Zivilsenat hatte hierzu zunächst nicht selbst Stellung nehmen müssen, sondern hat sich – soweit er Anlaß hatte, sich mit der parallelen Frage bei der Feststellung einer Unterbilanz auseinanderzusetzen – darauf beschränken können, die entsprechende Literaturmeinung für die Überschuldungsbilanz zu referieren. 43

> BGH, Urt. v. 6.12.1993 – II ZR 102/93,
> BGHZ 124, 282, 285 f = ZIP 1994, 295,
> dazu EWiR 1994, 275 *(v. Gerkan)*.

Mit dem Grundsatzurteil vom

> 8.1.2001 – II ZR 88/99,
> BGHZ 146, 264 mit Anm. *Altmeppen* ZIP 2001, 240,
> dazu EWiR 2001, 329 *(Priester)*

hat er – für das bis zum Inkrafttreten der Insolvenzordnung geltende Recht aber mit Blick auf die nach der Insolvenzordnung geltenden Regeln – die von der Praxis seit längerer Zeit erwartete **Klärung** herbeigeführt. Er ist der im Vordringen befindlichen Ansicht im Schrifttum, die sich gegen eine Passivierung der Forderungen aus eigenkapitalersetzend wirkenden Gesellschafterleistungen gewandt hat, nicht gefolgt, sondern hat ausgesprochen:

> „Forderungen eines Gesellschafters aus der Gewährung eigenkapitalersetzender Leistungen sind, soweit für sie keine Rangrücktrittserklärung abgegeben worden ist, in der Überschuldungsbilanz der Gesellschaft zu passivieren."

Seinen Ausgangspunkt hat der Senat dabei von dem Grundsatz genommen, dass der Eigenkapitalersatzcharakter einer Gesellschafterhilfe deren **Rechtsnatur nicht ändert**, sondern allein zur Folge hat, dass der Gesellschafter Forderungen aufgrund des mit der GmbH geschlossenen „Drittgeschäfts" für die Dauer der Krise nicht durchsetzen kann. In dieser Durchsetzungssperre erschöpft sich die Wirkung der Umqualifizierung, der Gesellschafter bleibt aber ungeachtet der Krise Gläubiger der GmbH. Auch die Einleitung eines Insolvenzverfahrens ändert hieran nichts, wie sich schon daraus ergibt, dass ein solcher Gesellschafter für den – allerdings alles andere als alltäglichen – Fall, dass nach der Befriedigung sämtlicher Gesellschaftsgläubiger noch ein Überschuss verbleibt, wegen seiner Ansprüche nunmehr auf diesen Überschuss zugreifen kann, ehe derselbe im Rahmen des § 199 Satz 2 InsO unter den Mitgesellschaftern zur Befriedigung ihrer Einlagenrückgewähransprüche verteilt werden kann. Die Behandlung dieses Gesellschafters als – selbstverständlich nachrangig zu befriedigender – Gläubiger entspricht auch dem dem Eigenkapitalersatzrecht zugrunde liegenden Gedanken, dass es Sache jedes einzelnen Gesellschafters ist, darüber zu befinden, ob er in der Krise der Gesellschaft neues haftendes Kapital zur Verfügung stellt, ob er sie in die Liquidation entlassen oder aber ob er durch anderweite – dann allerdings als funktionales Eigenkapital zu behandelnde, für die Dauer der Krise bis zur nachhaltigen Wiederherstellung des Stammkapitals, 44

> BGH, Urt. v. 8.11.2004 – II ZR 300/02,
> ZIP 2005, 82;

II. Krisensituation

BGH, Urt. v. 19.9.2005 – II ZR 229/03,
ZIP 2005, 2016,
dazu EWiR 2005, 883 *(v. Gerkan)*,

der Auszahlungssperre unterworfene – Hilfe das Fortbestehen der Gesellschaft sichern will. Ihm allein – und nicht dem Geschäftsführer – muss deswegen die verantwortliche Entscheidung überlassen bleiben, ob er sich in der Insolvenz der Gesellschaft dieser Stellung als nachrangiger, nach § 39 Abs. 1 Nr. 5 InsO aber vor den Gläubigern, die einen Rangrücktritt nach § 39 Abs. 2 InsO erklärt haben, zu befriedigender Gesellschaftsgläubiger begeben will; der Verzicht auf die Teilnahme als gegebenenfalls nachrangig zu bedienender Gläubiger der insolvent gewordenen Gesellschaft ist – zumindest der Theorie nach – ein zusätzliches Opfer, das ihm – natürlich in den Grenzen der gesellschafterlichen Treuepflicht, die ihm ausnahmsweise abverlangen kann, dass er die Verfolgung seiner eigenen Interessen mit Rücksicht auf die Gesellschaft und seine Mitgesellschafter zurückstellt – nicht von dritter Seite aufgezwungen werden darf. Indem der II. Zivilsenat diese Entscheidung allein dem Gesellschafter zuweist,

vgl. Rz. 45,

schafft er zugleich für alle Beteiligten **Rechtsklarheit und Rechtssicherheit**: Denn der Geschäftsführer weiß nun, dass er die aus der Gesellschafterdrittleistung herrührenden Verbindlichkeiten in dem Überschuldungsstatus zu passivieren hat, ohne dass er sich über deren eigenkapitalersetzenden Charakter Gedanken machen und die Konsequenzen einer etwaigen Fehlbeurteilung tragen müsste. Die Gesellschafter, denen es um die **Erhaltung der Gesellschaft** geht – dieser Gesichtspunkt spielt in der Argumentation der gegen die Passivierungspflicht eintretenden Literaturstimmen eine besondere Rolle –, haben es unschwer in der Hand, ihrem Anliegen nachzukommen, indem sie für die Abgabe einer Rangrücktrittserklärung,

vgl. dazu Rz. 45,

sorgen. Im Interesse der Gesellschaftsgläubiger, denen die Erhaltung einer überschuldeten Gesellschaft schwerlich ein Herzensanliegen sein kann, wird auf diese Weise zugleich verhindert, dass die Krise unnötig ausgedehnt wird, wobei auch einem etwaigen opportunistischen Verhalten des Geschäftsführers entgegengewirkt werden kann, mit der Anbringung des gebotenen Insolvenzantrags im Interesse der Erhaltung seiner Stellung zuzuwarten und dabei zu hoffen, von der Haftung verschont zu werden, weil die Gerichte seine Fehlbeurteilung als nicht schuldhafte Pflichtverletzung einordnen werden.

Vgl. dazu *Fastrich*, in: Festschrift Zöllner, S. 143, 160.

45 Anderes gilt nach der höchstrichterlichen Rechtsprechung allerdings für die Fälle, in denen der betreffende Gesellschafter einen **qualifizierten Rangrücktritt** erklärt hat. Wenn nämlich der Gesellschafter deutlich macht, dass

2. Zahlungsunfähigkeit oder Überschuldung

er nicht – auch nicht, wie dies § 39 Abs. 1 Nr. 5 InsO nunmehr vorsieht, als nachrangiger Gesellschaftsgläubiger – am Insolvenzverfahren teilnehmen will, besteht kein Bedürfnis dafür, seine Forderungen gegen die Gesellschaft aus einer eigenkapitalersetzend wirkenden Hilfe im Überschuldungsstatus zu passivieren. Dann nämlich ist klar, dass er erst zum Zuge kommen kann, wenn alle anderen, auch die Gesellschaftsgläubiger, die einen Rangrücktritt erklärt und nach Maßgabe von § 39 Abs. 2 InsO bedient werden müssen, befriedigt worden sind (§ 199 Satz 1 InsO) und der Insolvenzverwalter das verbliebene Gesellschaftsvermögen an die Gesellschafter nach Maßgabe des § 199 Satz 2 InsO auskehrt und damit die Auseinandersetzung wie bei einer Abwicklung außerhalb des Insolvenzverfahrens bewirkt. Diese Rechtsfolge tritt aber nicht bereits dann ein, wenn der betreffende Gesellschafter einen schlichten Rangrücktritt erklärt; denn dies ist ohnehin die gesetzliche Folge der Umqualifizierung seiner Hilfeleistung – § 39 Abs. 1 Nr. 5 InsO bringt diesen auch für das frühere Recht geltenden Grundsatz lediglich besonders zum Ausdruck –, und der Gesellschafter, mag er auch nur nachrangig zu bedienen sein, ist Gesellschaftsgläubiger und nimmt als solcher am Insolvenzverfahren teil. Er muss deswegen diese Position durch seine Rücktrittserklärung räumen, um den Weg dafür zu öffnen, dass der Geschäftsführer die ihm zustehenden Ansprüche ausnahmsweise nicht in den Überschuldungsstatus aufnehmen muss. Nach der Formulierung des II. Zivilsenats geschieht dies dadurch, dass er

BGH, Urt. v. 8.1.2001 – II ZR 88/99,
BGHZ 146, 264, 271 = ZIP 2001, 235:

„sinngemäß erklärt ..., er wolle wegen der genannten Forderungen erst nach der Befriedigung sämtlicher Gesellschaftsgläubiger und – **bis zur Abwendung der Krise** – auch nicht vor, sondern nur zugleich mit den Einlagerückgewähransprüchen seiner Mitgesellschafter berücksichtigt, also so behandelt werden, als handele es sich bei seiner Gesellschafterleistung um statutarisches Kapital."

Dazu auch EWiR 2001, 329 *(Priester)*.

Vgl. ferner
BGH, Urt. v. 2.7.2001 – II ZR 264/99,
ZIP 2001, 1366, 1367,
dazu EWiR 2001, 815 *(Geilen)*.

Dann nämlich ist klar, dass der Gesellschafter nicht einmal zu der Gruppe der – nach neuem Recht – nachnachrangig zu befriedigenden Gläubiger i. S. v. § 39 Abs. 2 InsO gehören will und frühestens dann wegen seiner Forderungen Erfüllung verlangen kann, wenn alle Gläubiger der GmbH befriedigt sind. Eines **Verzichts** auf die Forderung, wie sie in den Gesetzesberatungen erörtert worden ist, bedarf es nach Ansicht des II. Zivilsenats des Bundesgerichtshofes dagegen nicht, um einen solchen qualifizierten Rangrücktritt annehmen zu können. Der **qualifizierte Rangrücktritt** entfaltet – nach dem oben beschriebenen Zweck – Rechtswirkungen aber nur bis zur Überwindung der Krise, also bis zu dem in § 199 Satz 1 InsO genannten

II. Krisensituation

Zeitpunkt. Der II. Zivilsenat hat das dadurch zum Ausdruck gebracht, dass der betreffende Gesellschafter

> BGH, Urt. v. 8.1.2001 – II ZR 88/99,
> BGHZ 146, 264, 271:
>
> „sinngemäß erklärt ..., er wolle wegen der genannten Forderung erst nach der Befriedigung sämtlicher Gesellschaftsgläubiger und – **bis zur Abwendung der Krise** – auch nicht vor, sondern nur zugleich mit den Einlagerückgewähransprüchen seiner Mitgesellschafter berücksichtigt ... werden ..."
>
> BGH, Urt. v. 3.4.2006 – II ZR 332/05,
> ZIP 2006, 996.

Ebenso wenig wie ein hilfeleistender Gesellschafter auf seine derzeit undurchsetzbare Forderung verzichten muss, wird von ihm gefordert, sich auch nach Befriedigung aller Gesellschaftsgläubiger gegenüber seinen Mitgesellschaftern, die solche Hilfe nicht geleistet haben, zurückzuhalten und auch jetzt noch – freiwillig – auf die Verfolgung seines nunmehr wieder durchsetzbaren Anspruchs zu verzichten; zu einem abweichenden Ergebnis kann man allenfalls bei entsprechenden Abreden der Gesellschafter gelangen. Schlagwortartig kann man danach formulieren, dass der qualifizierte Rangrücktritt voraussetzt, dass der Gesellschafter sich durch seine Erklärung an die letzte Stelle der nach § 39 Abs. 2 InsO zu berücksichtigenden Gläubiger oder – was dem wirtschaftlich entspricht – an die erste Rangstelle unter den Mitgesellschaftern zu begeben hat, denen der Insolvenzverwalter den Überschuss so herauszugeben hat, als fände eine Abwicklung außerhalb des Insolvenzverfahrens statt (§ 199 Satz 2 InsO); dabei geht der II. Zivilsenat als selbstverständlich davon aus, dass nicht nur die in § 39 Abs. 1 InsO, sondern auch die mit einem einfachen Rangrücktritt versehenen Gläubigerforderungen nach § 39 Abs. 2 InsO in der Überschuldungsbilanz zu passivieren sind.

46 Der **Referentenentwurf zum MoMiG**,

> vgl. dazu oben Rz. 19,

sieht in Art. 9 Nr. 3 eine Änderung des § 19 Abs. 2 InsO vor und bestimmt, dass die in funktionales Eigenkapital umqualifizierten Forderungen eines Gesellschafters nie in der Überschuldungsbilanz passiviert werden dürfen, weil – wie es in der Begründung heißt – die Interessen der außenstehenden Gläubiger schon durch den (scil: gesetzlichen) Rangrücktritt gewahrt seien.

> Zustimmend *Habersack*, ZHR 170 (2006), 607, 612 f;
> *Mülbert*, WM 2006, 1977, 1979;
> ablehnend *Haas*, NZI 2006, Heft 10, S. VII;
> *Karsten Schmidt*, GmbHR 2007, 1, 10.

3. Kredit- oder Überlassungsunwürdigkeit

Ein verantwortungsvoll handelnder, sich an den Maßstäben eines „ordentlichen Kaufmanns" (§ 32a Abs. 1 GmbHG) orientierender Gesellschafter würde es allerdings nicht erst bis zur Insolvenzreife der Gesellschaft kommen lassen, ehe er die Wahl zwischen den beiden ausschließlich in Betracht kommenden Handlungsvarianten – Zuführung frischen Eigenkapitals und Entlassung der Gesellschaft in die Liquidation – trifft. Er würde schon zu einem früheren Zeitpunkt handeln, um auf die heraufgezogene **schwierige Situation** der Gesellschaft zu reagieren. Krisenhaft ist die Lage der GmbH schon vor Eintritt der Insolvenz, nämlich bereits dann, wenn die Gesellschaft **kreditunwürdig** – in den Fällen der eigenkapitalersetzend wirkenden Gebrauchsüberlassung spricht man von **überlassungsunwürdig**

47

vgl. BGH, Urt. v. 7.3.2005 – II ZR 138/03,
ZIP 2005, 807

– ist, d. h. wenn sie ohne die gewährte Gesellschafterhilfe liquidiert werden müsste und ein vernünftig handelnder, nicht an der Gesellschaft beteiligter Kreditgeber ihr weder ein Darlehen noch eine vergleichbare kreditweise gegebene Leistung unter denselben Bedingungen wie der Gesellschafter gewähren würde.

BGH, Urt. v. 24.3.1980 – II ZR 213/77,
BGHZ 76, 326, 330 f:

„Eine Gleichsetzung von Gesellschafterleistungen mit unter Umständen haftendem Eigenkapital unabhängig von den Konkursvoraussetzungen ist daher nur dann vertretbar, aber auch geboten, wenn die Gesellschaft im Zeitpunkt der Leistung von dritter Seite keinen Kredit zu marktüblichen Bedingungen hätte erhalten können und deshalb ohne die Leistung hätte liquidiert werden müssen. Ebenso verhält es sich mit einem noch unter wirtschaftlich gesunden Verhältnissen gegebenen Darlehen, das der Gesellschafter bei Eintritt der Kreditunwürdigkeit stehen lässt, so dass die sonst notwendige Liquidation unterbleibt."

BGH, Urt. v. 13.7.1981 – II ZR 256/79,
BGHZ 81, 252, 255 = ZIP 1981, 974;

BGH, Urt. v. 21.9.1981 – II ZR 104/80,
BGHZ 81, 311, 317 f = ZIP 1981, 1200;

BGH, Urt. v. 13.7.1991 – II ZR 269/91,
BGHZ 119, 201, 206 = ZIP 1992, 1382,
dazu EWiR 1992, 1093 *(Hunecke)*;

BGH, Urt. v. 2.6.1997 – II ZR 211/95,
ZIP 1997, 1648, 1650,
dazu EWiR 1997, 863 *(G. Pape)*;

BGH, Urt. v. 12.7.1999 – II ZR 87/98,
ZIP 1999, 1524;

BGH, Urt. v. 23.2.2004 – II ZR 207/01,
ZIP 2004, 1049;

II. Krisensituation

BGH, Urt. v. 7.3.2005 – II ZR 138/03,
ZIP 2005, 807.

48 In der Sache handelt es sich hierbei also darum, dass der **Gläubigerschutz** in den Bereich vor Eintritt der Insolvenzreife **vorverlegt** wird, in dem typischerweise die Entscheidungen getroffen werden müssen, deren Folgen der Gesellschafter nicht einseitig auf die Gesellschaftsgläubiger verlagern darf, sondern für die er im Sinne der das Eigenkapitalersatzrecht prägenden **Finanzierungsfolgenverantwortung** einstehen muss. Deswegen kann es, was in der instanzgerichtlichen Rechtsprechung nicht immer genau genug gesehen und teilweise auch durch missdeutbare Formulierungen in Literatur und Rechtsprechung befördert wird, schon begrifflich nicht darauf ankommen, ob in diesen Fällen die GmbH zahlungsunfähig oder überschuldet ist.

> BGH, Urt. v. 14.6.1993 – II ZR 252/92,
> ZIP 1993, 1072:
>
> „Ist die Gesellschaft überschuldet, kommt es für die Frage, ob eine Gebrauchsüberlassung durch den Gesellschafter kapitalersetzend wirkt, nicht darauf an, ob ein außenstehender Dritter der Gesellschaft das Wirtschaftsgut ebenfalls überlassen hätte."
>
> Ferner z. B.
> BGH, Urt. v. 28.11.1994 – II ZR 77/93,
> ZIP 1995, 23,
> dazu EWiR 1995, 367 *(Fleck)*;
>
> BGH, Urt. v. 4.12.1995 – II ZR 281/94,
> ZIP 1996, 275
> m. Anm. *Goette*, DStR 1996, 554,
> dazu auch EWiR 1996, 217 *(Fleck)*;
>
> BGH, Urt. v. 11.12.1995 – II ZR 128/94,
> ZIP 1996, 273,
> dazu EWiR 1996, 171 *(v. Gerkan)*;
>
> zuletzt deutlich
> BGH, Urt. v. 23.2.2004 – II ZR 207/01,
> ZIP 2004, 1049:
>
> „Obwohl es, wenn Überschuldung vorliegt, nicht mehr auf eine – ihr vorgelagerte – Kreditunwürdigkeit ankommt, weist der Senat darauf hin ..."
>
> BGH, Urt. v. 7.3.2005 – II ZR 138/03,
> ZIP 2005, 807:
>
> „Eine Krise ist außer bei Insolvenzreife der Gesellschaft in Vorverlagerung der den Gesellschaftern abverlangten Entscheidung auch dann gegeben, wenn die Gesellschaft kreditunwürdig bzw. überlassungsunwürdig ist".

Aus demselben Grund spielt im Rahmen der Prüfung der Kreditwürdigkeit die Frage keine Rolle, ob der GmbH eine positive **Fortbestehensprognose** zu stellen ist.

> BGH, Urt. v. 2.12.1996 – II ZR 243/95,
> GmbHR 1997, 501, 503:
>
> „... verkennt ..., dass es auf eine negative Fortbestehensprognose nur für das Merkmal der Überschuldung der Gesellschaft ankommt; Kreditwürdigkeit

3. Kredit- oder Überlassungsunwürdigkeit

liegt dagegen schon dann vor, wenn die Gesellschaft den zur Fortführung ihres Geschäftsbetriebs erforderlichen Kreditbedarf nicht aus eigener Kraft decken kann, ..."

Ob die Gesellschaft kredit- oder überlassungsunwürdig ist, wird sich oftmals nicht ohne **sachverständige Hilfe** beurteilen lassen. Das gilt vor allem bei Grundstücken, die der Gesellschafter der GmbH überlassen hat, weil es sich hier regelmäßig nicht um Standardwirtschaftsgüter mit festen Mietpreisen, wie sie sich z. B. bei typischerweise verleasten Gegenständen ohne weiteres ermitteln lassen, handelt, sondern geklärt werden muss, wie die Marktgegebenheiten sind, von denen abhängt, ob auch ein fremder Dritter die Immobilie in gleicher Weise überlassen hätte.

49

BGH, Urt. v. 3.4.2006 – II ZR 332/05,
ZIP 2006, 996:

„...wird es im Blick auf eine etwaige Überlassungsunwürdigkeit ihrem durch Einholung eines Sachverständigengutachtens unter Beweis gestellten Vorbringen, dass das Pachtgrundstück in seiner Gesamtheit als ein spezielles Wirtschaftsgut einzustufen ist, nachzugehen haben; dass diese Frage, die nur auf Grund eingehender Marktkenntnisse in dem Gebiet der Schuldnerin beantwortet werden kann, von dem Berufungsgericht auf Grund dessen eigener Sachkunde geklärt werden kann, ist derzeit nicht ersichtlich."

Solange die Gesellschaft noch über Vermögensgegenstände verfügt, welche ein außenstehender Kreditgeber als **Sicherheit** akzeptieren würde, ist das Bestehen einer Kreditunfähigkeit zu verneinen.

BGH, Urt. v. 28.9.1987 – II ZR 28/87,
ZIP 1987, 1541 f m. w. N.,
dazu EWiR 1988, 67 *(Fleck)*.

Aber auch hier dürfen die Angaben der Gesellschafter hinsichtlich der Werte der als Sicherheit in Betracht kommenden Gegenstände nicht unkritisch übernommen werden. Zu fragen ist vielmehr, wie ein außenstehender Kreditgeber – schon im Hinblick auf das Risiko einer späteren Insolvenzanfechtung – den Wert taxiert hätte.

BGH, Urt. v. 23.2.2004 – II ZR 207/01,
ZIP 2004, 1049.

In diesem Zusammenhang bedarf es unter Umständen eingehender Prüfung, ob die Gesellschaft Vermögenswerte besitzt, die zwar aus der Handelsbilanz nicht ohne weiteres ersichtlich sind, die aber als Kreditunterlage nutzbar gemacht werden können. In dem am 12.7.1999 entschiedenen Fall z. B.,

II ZR 87/98, ZIP 1999, 1524,

verfügte die in der Baubranche tätige Gesellschaft über umfangreichen **Immobilienbesitz**, welcher in der Bilanz nicht mit dem Verkehrs-, sondern dem deutlich niedrigeren Anschaffungswert aktiviert war. Die demnach vorhandenen **stillen Reserven** hätten auch einem bei der Kreditvergabe vorsichtig vorgehenden Kreditinstitut als Sicherheit für ein Darlehen in Höhe

II. Krisensituation

der in Rede stehenden Gesellschafterleistung ausgereicht, so dass entgegen der Ansicht des Oberlandesgerichts die Kreditunwürdigkeit zu verneinen war.

Ebenso
BGH, Urt. v. 2.4.2001 – II ZR 261/99,
ZIP 2001, 839.

50 Mit der Berücksichtigung der stillen Reserven bei der Feststellung der Kreditunwürdigkeit hat sich die höchstrichterliche Rechtsprechung im Zusammenhang mit der Frage, wer **darlegungs- und beweispflichtig** für die Umstände ist, aus denen sich die Kreditunwürdigkeit der Gesellschaft ergibt, in jüngerer Zeit mehrfach befasst. Im Grundsatz liegt die Darlegungs- und Beweislast nicht bei dem Gesellschafter, sondern bei der Gesellschaft, bzw. im Falle ihrer Insolvenz bei dem vom Gericht eingesetzten Verwalter.

BGH, Urt. v. 2.4.2001 – II ZR 261/99,
ZIP 2001, 839.

Ganz theoretische Umstände, aus denen sich das Fehlen einer Kreditunwürdigkeit ergibt, muss er allerdings nicht widerlegen, vielmehr gilt dann:

BGH, Urt. v. 2.6.1997 – II ZR 211/95,
ZIP 1997, 1648:

„Die Darlegungs- und Beweislast des Konkursverwalters hinsichtlich der die Kreditunwürdigkeit einer GmbH begründenden Umstände erstreckt sich nicht automatisch auch auf die negative Tatsache, dass – ohne Anhalt in den Büchern der Gesellschaft – stille Reserven oder andere Vermögensgegenstände nicht vorhanden sind; zunächst haben in einem solchen Fall vielmehr die Gesellschafter konkret darzulegen, dass und welche nicht ohne weiteres ersichtliche Gegenstände im Gesellschaftsvermögen vorhanden waren, die als Kreditsicherheit hätten gestellt werden können."

Dazu auch EWiR 1998, 179 *(v. Gerkan)*.

Ebenso
BGH, Urt. v. 17.11.1997 – II ZR 224/96,
ZIP 1998, 243 = DStR 1998, 426 m. Anm. *Goette*:

„Im Eigenkapitalersatzrecht nach Rechtsprechungs- und Novellenregeln braucht der Konkursverwalter zum (Negativ-)Beweis der Kreditunwürdigkeit der GmbH nicht alle denkbaren, sondern nur die von den Gesellschaftern substantiiert behaupteten Möglichkeiten einer Kreditsicherung mit gesellschaftseigenen Mitteln zu widerlegen."

Ergeben sich dagegen aus den Unterlagen der Gesellschaft Anhaltspunkte für das Vorhandensein stiller Reserven, ist die Darlegungs- und Beweislast anders verteilt.

BGH, Urt. v. 12.7.1999 – II ZR 87/98,
ZIP 1999, 1524:

„Ergeben sich aus dem Jahresabschluss einer GmbH greifbare Anhaltspunkte für das Vorhandensein stiller Reserven, die als Sicherheit für externe Kreditgeber anstelle des Gesellschafters hätten dienen können, so ist die GmbH für das Gegenteil in vollem Umfang darlegungs- und beweispflichtig, wenn sie sich im

3. Kredit- oder Überlassungsunwürdigkeit

Rechtsstreit um die Eigenkapitalersatzfunktion einer Gesellschafterleistung auf Kreditunwürdigkeit beruft."

Ebenso
BGH, Urt. v. 2.4.2001 – II ZR 261/99,
ZIP 2001, 839.

Maßgeblicher **Zeitpunkt** für die Beurteilung der Kreditfähigkeit ist derjenige, zu dem die Gesellschafterleistung gewährt wird oder, soweit es, wie heute regelmäßig, um den späteren Zeitpunkt des Eintritts der Krise geht, zu dem die Hilfe mit der Folge der Umqualifizierung in funktionales Eigenkapital „stehengelassen" worden sein soll. 51

BGH, Urt. v. 28.9.1987 – II ZR 28/87,
ZIP 1987, 1541,
dazu EWiR 1988, 67 *(Fleck)*;

BGH, Urt. v. 13.7.1991 – II ZR 269/91,
BGHZ 119, 201, 207:

„Die Kreditwürdigkeit der Gesellschaft als Kriterium dafür, ob eine Leistung ihrer Gesellschafter Eigenkapital ersetzt, ist nicht rückblickend, sondern vielmehr allein anhand der Umstände im Zeitpunkt der Gewährung oder Belassung der möglicherwesie eigenkapitalersetzenden Leistung zu beurteilen."

Dazu auch EWiR 1992, 1093 *(Hunecke)*.

Objektive Maßstäbe und nicht die subjektiven Vorstellungen des handelnden Geschäftsführers, 52

BGH, Urt. v. 2.12.1996 – II ZR 243/95,
GmbHR 1997, 501, 503,

sind maßgebend dafür, ob die Gesellschaft kreditunwürdig ist.

BGH, Urt. v. 28.9.1987 – II ZR 28/87,
ZIP 1987, 1541,
dazu EWiR 1988, 67 *(Fleck)*;

BGH, Urt. v. 13.7.1992 – II ZR 269/91,
BGHZ 119, 201, 207 f = ZIP 1992, 1382,
dazu EWiR 1992, 1093 *(Hunecke)*.

Eine Fehlbeurteilung der Umstände durch den Geschäftsführer kann nur im Rahmen des Verschuldens berücksichtigt werden, wenn es um seine Haftung nach § 43 Abs. 2 und Abs. 3 GmbHG geht.

Da es an fest umrissenen, subsumtionsfähigen Tatbestandsmerkmalen für das Vorhandensein von Kredit- oder Überlassungsunwürdigkeit fehlt, sind **Indizien** heranzuziehen, die den Rückschluss darauf zulassen, dass ein entsprechender, zur Anwendung der Eigenkapitalersatzregeln führender Fall vorliegt. 53

Lutter/Hommelhoff/*Lutter/Hommelhoff*, GmbHG,
§§ 32a/b Rz. 23 ff.

II. Krisensituation

Das erfordert einen entsprechend eingehenden Vortrag der Parteien und eine sorgfältige Würdigung durch den Tatrichter, der – wie das Entscheidungsmaterial des II. Zivilsenats zeigt – oftmals die Schwierigkeit unterschätzt, auf diesem Wege eine Krisensituation festzustellen und deswegen die naheliegende Prüfung, ob die GmbH insolvent ist, nicht anstellt. Der Umstand etwa, dass die **Hausbank** von dem Gesellschafter die Stellung einer zusätzlichen Sicherheit – neben der Übernahme einer Bürgschaft kommt vor allem die Bestellung einer Grundschuld an einem Privatgrundstück in Betracht – verlangt, ist entgegen den von manchen Instanzgerichten gehegten Vorstellungen für sich allein kein taugliches Indiz. Denn oftmals kommt darin nur der Wunsch dieser Kreditinstitute zum Ausdruck, ein äußeres Zeichen dafür zu erhalten, dass sich auch die Gesellschafter einer GmbH, besonders wenn sie zugleich das Geschäftsführeramt wahrnehmen, über die übernommene Einlage hinaus mit dem Schicksal ihrer Gesellschaft identifizieren. Aber selbst dann, wenn diese Sicherheitengestellung durch den Gesellschafter von der Kreditgeberin der GmbH nicht aus bankmäßiger Routine,

vgl. BGH, Urt. v. 9.10.1986 – II ZR 58/86,
ZIP 1987, 169, 170,
dazu EWiR 1986, 1209 *(v. Gerkan)*,

gefordert wird, sondern dieses Verlangen seinen Grund darin findet, dass die Hausbank kein hinreichendes Vertrauen in das vorgelegte Sanierungskonzept oder die Qualifikation des Geschäftsführers hat, kann Kreditunwürdigkeit nach der höchstrichterlichen Rechtsprechung nur dann bejaht werden, wenn von der Gesellschaft oder von ihrem Insolvenzverwalter nachgewiesen wird, dass trotz der vorhandenen an sich hinreichenden Sicherheiten der Gesellschaft auch andere Kreditgeber sich ebenso zurückhaltend verhalten hätten wie die Hausbanken.

BGH, Urt. v. 28.9.1987 – II ZR 28/87,
ZIP 1987, 1541 f,
dazu EWiR 1988, 67 *(Fleck)*;
BGH, Urt. v. 27.11.1989 – II ZR 310/88,
ZIP 1990, 95, 96,
dazu EWiR 1990, 61 *(Kort)*.

Im Rahmen dieser indiziellen Gesichtspunkte heranziehenden Prüfung haben in der Rechtsprechung des II. Zivilsenats vor allem folgende **Kriterien** Beachtung gefunden:
- die Kündigung eines Kredits
- die Weigerung anderer Personen oder Banken, sich an der Kreditierung der Gesellschaft zu beteiligen
- das Fehlen einer in Anspruch zu nehmenden Kreditlinie
- fehlendes Vertrauen in die Gesellschafter oder die Geschäftsführung
- fehlende Ertragsaussichten
- fehlendes Vertrauen in das von der Gesellschaft herzustellende Produkt

3. Kredit- oder Überlassungsunwürdigkeit

- fehlende stille Reserven
- in der Vergangenheit zu Lasten des Stammkapitals erwirtschaftete Verluste
- anhaltende rechnerische Überschuldung
- das Verhältnis von Rohertrag und Kosten
- die zögerliche oder unterbleibende Bezahlung fälliger Schulden
- die Höhe der bei Insolvenzeröffnung ermittelten Überschuldung
- marktunübliche Kreditkonditionen
- die der Gesellschaft attestierte „Blankokreditunwürdigkeit".
- das Risiko einer Insolvenzanfechtung bei zu großzügiger Taxation des Wertes von Sicherungsgut.

> Vgl. dazu näher
> BGH, Urt. v. 13.7.1992 – II ZR 269/91,
> BGHZ 119, 201, 206 f = ZIP 1992, 1382,
> dazu EWiR 1992, 1093 *(Hunecke)*;
>
> BGH, Urt. v. 18.11.1991 – II ZR 258/90,
> ZIP 1992, 177,
> dazu EWiR 1992, 363 *(v. Gerkan)*;
>
> BGH, Urt. v. 6.2.1995 – II ZR 41/94,
> ZIP 1995, 646,
> dazu EWiR 1995, 475 *(v. Gerkan)*;
>
> BGH, Urt. v. 4.12.1995 – II ZR 281/94,
> ZIP 1996, 275,
> dazu EWiR 1996, 217 *(Fleck)*;
>
> BGH, Urt. v. 11.12.1995 – II ZR 128/94,
> ZIP 1996, 273,
> dazu EWiR 1996, 171 *(v. Gerkan)*;
>
> BGH, Urt. v. 17.11.1997 – II ZR 224/96,
> ZIP 1998, 243 = DStR 1998, 426,
> dazu EWiR 1998, 179 *(v. Gerkan)*;
>
> BGH, Urt. v. 23.2.2004 – II ZR 207/01,
> ZIP 2004, 1049.

Die genannten Grundsätze finden auch auf sogenannte **kurzfristige Überbrückungskredite** Anwendung. Allerdings ist in der Rechtsprechung des II. Zivilsenats früher – regelmäßig aber lediglich in Form von obiter dicta – ausgesprochen worden, „ganz kurzfristige Überbrückungskredite" unterfielen nicht den Eigenkapitalersatzregeln. 54

> BGH, Urt. v. 26.11.1979 – II ZR 104/77,
> BGHZ 75, 334, 337 = ZIP 1980, 115;
>
> BGH, Urt. v. 26.3.1984 – II ZR 171/83,
> BGHZ 90, 381, 393 f = ZIP 1984, 572;
>
> BGH, Urt. v. 27.11.1989 – II ZR 310/88,
> ZIP 1990, 95, 97,
> dazu EWiR 1990, 61 *(Kort)*;

II. Krisensituation

BGH, Urt. v. 2.6.1997 – II ZR 211/95,
ZIP 1997, 1648, 1650,
dazu EWiR 1997, 893 *(G. Pape)*.

In einem Fall, in welchem systematisch gewährte Zahlungszielüberschreitungen – in Höhe des durchschnittlichen Saldos der überfälligen „gestundeten" Forderungen – als eigenkapitalersetzende Leistung gewertet worden sind, hat der Senat ausgeführt:

BGH, Urt. v. 28.11.1994 – II ZR 77/93,
ZIP 1995, 23, 24:

„Kurzfristige Überbrückungskredite werden dann nicht von den Kapitalersatzregeln erfasst, wenn im Zeitpunkt der Einräumung des Kredits aufgrund der wirtschaftlichen Lage des Unternehmens **objektiv** damit gerechnet werden konnte, dass die Gesellschaft den Kredit in der vorgesehenen kurzen Zeitspanne werde ablösen können. In einem solchen Fall handelt es sich nicht um eine Leistung, an deren Stelle der Gesellschafter als ordentlicher Kaufmann der Gesellschaft Eigenkapital zugeführt hätte."

Dazu auch EWiR 1995, 367 *(Fleck)*.

Er hat diesen Gedanken indessen allein für die einzelne nicht sofort bezahlte Rechnung gelten lassen, in der Nichtbeitreibung des durchschnittlichen Saldos der überfälligen Forderungen aber eine Gewährung von Finanzmitteln gesehen, die eigenkapitalersetzenden Charakter annehmen kann, soweit die übrigen tatbestandlichen Voraussetzungen vorliegen. In der Sache ist damit trotz der verbal anders lautenden Äußerung des Senats der kurzfristige Überbrückungskredit als **Ausnahme** vom Eigenkapitalersatz gerade **nicht anerkannt** worden.

Die genannte Rechtsfigur begegnet schweren **Bedenken**. Wenn der Überbrückungskredit zur Abwendung der Insolvenz dient, gilt nach der Rechtsprechung des II. Zivilsenats die Freistellung der Gesellschafterhilfe von der Anwendung der Eigenkapitalersatzregeln selbstverständlich nicht.

BGH, Urt. v. 27.11.1989 – II ZR 310/88,
ZIP 1990, 95, 97,
dazu EWiR 1990, 61 *(Kort)*;
BGH, Urt. v. 19.9.1996 – IX ZR 249/95,
BGHZ 133, 298 = ZIP 1996, 1829,
dazu EWiR 1996, 1087 *(Fleck)*;
BGH, Urt. v. 17.7.2006 – II ZR 106/05,
ZIP 2006, 2130:

„Maßstab für die Beurteilung, ob ein 'kurzfristiger Überbrückungskredit' vorliegt und das Darlehen ausnahmsweise nicht als funktionales Eigenkapital zu behandeln ist, sind die in § 64 Abs. 1 GmbHG niedergelegten Wertungen; die Laufzeit darf danach die dort genannte Höchstfrist von drei Wochen nicht überschreiten."

Dazu auch EWiR 2007, 75 *(Thonfeld)*.

3. Kredit- oder Überlassungsunwürdigkeit

Vor dem Hintergrund der in § 64 Abs. 1 GmbHG niedergelegten Insolvenzantragspflicht wird man es mit der genannten Ausnahme von dem – nur verbal, nicht aber in der Sache vertretenen – Grundsatz nicht sein Bewenden haben lassen dürfen. Allenfalls soweit der Geschäftsführer, ohne gegen die Antragspflicht zu verstoßen, noch mit dem Gang zum Insolvenzgericht zuwarten darf, kann überhaupt Raum für einen von den allgemeinen Eigenkapitalersatzregeln freigestellten kurzfristigen Überbrückungskredit sein. Längere Zeiträume als drei Wochen sind damit von vornherein nicht zu akzeptieren; je nach Lage des Falles ist die tolerable Frist aber deutlich kürzer, weil – entgegen manchen Fehlvorstellungen in der Praxis –

> BGH, Beschl. v. 2.10.2000 – II ZR 164/99,
> DStR 2001, 1537 –

die Dreiwochenfrist eine Höchstfrist ist, das Gesellschaftsorgan aber unverzüglich handeln muss. Dies zeigt, dass diese Fälle von eher rechtstheoretischem Interesse sind und in der Praxis kaum Platz haben.

> Vgl. auch
> Lutter/Hommelhoff/*Lutter/Hommelhoff*, GmbHG,
> §§ 32a/b Rz. 35.

Diese Einschätzung ist nunmehr nachdrücklich von dem II. Zivilsenat bestätigt worden, in welchem das Berufungsgericht einen anfänglich über sieben Wochen laufenden, dann fünf Monate weiter prolongierten Kredit als nicht unter das Eigenkapitalersatzrecht fallende Überbrückungshilfe angesehen hat.

> BGH, Urt. v. 17.7.2006 – II ZR 106/05,
> ZIP 2006, 2130:
>
> „Maßstab für die Beurteilung, ob ein 'kurzfristiger Überbrückungskredit' vorliegt und das Darlehen ausnahmsweise nicht als funktionales Eigenkapital zu behandeln ist, sind die in § 64 Abs. 1 GmbHG niedergelegten Wertungen; die Laufzeit darf danach die dort genannte Höchstfrist von drei Wochen nicht überschreiten."

Zins- oder Tilgungsleistungen für Gesellschafterdarlehen bzw. Miet- oder Pachtzinsen für die Überlassung eines Gegenstandes an die GmbH durch einen Gesellschafter werden regelmäßig monatlich fällig (**ratierliche Leistung**). Hier ist besonderes Augenmerk darauf zu legen, ob die betreffende Gesellschaft zu jedem einzelnen Zahlungszeitpunkt kreditunwürdig – Entsprechendes gilt selbstverständlich auch für Leistungen im Überschuldungsstadium – gewesen ist. Je nach Lage der Gesellschaft kann es zu Schwankungen kommen, die bei einem später eröffneten Insolvenzverfahren den Verwalter nötigen, die Geschäftsunterlagen der Gemeinschuldnerin näher zu prüfen und das Ergebnis dieser Untersuchung im Prozess darzulegen. Um diese Problematik ging es in folgendem, von dem II. Zivilsenat durch Nichtannahme erledigten Fall: Zu entscheiden war u. a. darüber, ob von der späteren Gemeinschuldnerin monatlich geleistete Pachtzinsen durch den Konkursverwalter von einer Gesellschaft zurückgefordert werden konnten,

II. Krisensituation

die als sogenanntes verbundenes Unternehmen in die Geltung der Eigenkapitalersatzregeln eingebunden war. Der Konkursverwalter hatte für einen bis zu einem Jahr vor Konkurseröffnung liegenden Zeitraum die gezahlte Pacht zurückgefordert und die Krisensituation der Gemeinschuldnerin damit begründet, dass sie Ende 1992 einen Fehlbetrag ausgewiesen habe, dass die im Mai 1994 zusammengestellten vorläufigen Zahlen für das Jahr 1993 kein positives Bild über das Jahresergebnis brachten und dass auch ein im Frühjahr 1994 erstellter Finanzplan eine Kreditwürdigkeit der GmbH nicht belege. Da die beklagte Grundstückseigentümerin aber geltend gemacht hatte, der Fehlbetrag aus dem Jahr 1992 sei durch eine Kapitalerhöhung praktisch ausgeglichen worden und zur Krise sei es erst im Frühjahr 1994 durch das Wegbrechen des Marktes gekommen, hat das Oberlandesgericht die Krise für nicht hinreichend dargelegt erachtet und damit die Zustimmung des Bundesgerichtshofs erlangt.

BGH, Beschl. v. 1.3.1999 – II ZR 362/97,
DStR 1999, 553 m. Anm. *Goette*:

„Der Konkursverwalter, der einen Erstattungsanspruch wegen angeblich eigenkapitalersetzender Pachtzahlungen verfolgt, wird der ihn treffenden Darlegungslast nicht gerecht, wenn er die Krisensituation der Gesellschaft außer aus der Konkurseröffnung daraus herleiten will, dass die GmbH in einem früheren Geschäftsjahr einen nicht durch Eigenkapital gedeckten Fehlbetrag ausgewiesen habe, obwohl dieser hernach weitgehend durch eine Kapitalerhöhung aufgefüllt worden ist. Grundsätzlich hat er vielmehr für jeden Auszahlungszeitpunkt der Pacht das Vorhandensein der Krise darzulegen."

Ähnlich
BGH, Urt. v. 18.12.2000 – II ZR 191/99,
ZIP 2001, 242.

Soweit es in diesem Zusammenhang nicht um die **Kreditunwürdigkeit** der Gesellschaft als Krisenmerkmal, sondern um deren **Überschuldung** geht, ist im Übrigen das Abstellen auf einen angeblich bestehenden nicht durch Eigenkapital gedeckten Fehlbetrag schon im Ansatz verfehlt bzw. zu kurz greifend; denn der Fehlbetrag in dem beschriebenen Fall betrifft allein die handelsbilanzielle Betrachtung, während es – wie oben Rz. 34 ff im Einzelnen aufgeführt – bei der Überschuldung um die Feststellung der Insolvenzreife geht. Hier kann die Handelsbilanz regelmäßig nur der Ausgangspunkt für die notwendige Überschuldungsprüfung im insolvenzrechtlichen Sinn sein.

Der Insolvenzverwalter muss also bei solchen Fallgestaltungen – im Grundsatz – belegen, dass Monat für Monat die Gesellschaft überschuldet oder kreditunwürdig war, die Pachtzahlungen also in der Krise der während des gesamten Zeitraums zahlungsfähigen Gesellschaft bewirkt worden sind. Dazu wird er die ihm zur Verfügung stehenden monatlichen betriebswirtschaftlichen Auswertungen heranziehen und eine überschlägige Bewertung des Aktivvermögens im Sinne einer Zwischenbilanz,

3. Kredit- oder Überlassungsunwürdigkeit

BGH, Urt. v. 22.10.1990 – II ZR 238/89,
ZIP 1990, 1593,
dazu EWiR 1991, 67 *(v. Gerkan)*,

die auch die vorhandenen stillen Reserven erfasst,

BGH, Urt. v. 2.6.1997 – II ZR 211/95,
ZIP 1997, 1648,
dazu EWiR 1997, 893 *(G. Pape)*;

BGH, Urt. v. 7.3.2005 – II ZR 138/03,
ZIP 2005, 807,

erstellen lassen; je nach dem gefundenen Ergebnis ist dieser Status Monat für Monat fortzuschreiben, um das Andauern der **Krise** und damit die fortdauernde Umqualifizierung der Gesellschafterleistung in funktionales Eigenkapital zu belegen. Abstrakte Festlegungen bezüglich des Maßes der Darlegung lassen sich nicht aufstellen, es sind – ähnlich wie bei der Entwicklung eines Überschuldungsstatus aus der Handelsbilanz,

siehe Rz. 35,

– durchaus Fälle denkbar, in denen stille Reserven offensichtlich nicht vorhanden sind,

typisch anders gelagert aber
BGH, Urt. v. 7.3.2005 – II ZR 138/03,
ZIP 2005, 807,

und schon aus der Entwicklung der Geschäftsergebnisse ohne weiteres ableitbar ist, dass die Krise zu einem bestimmten Zeitpunkt eingetreten und seitdem nicht nur nicht behoben worden ist, sondern sich verstärkt hat. Soweit der Insolvenzverwalter nicht über auswertbare Geschäftsunterlagen verfügt, darf ihm natürlich auch in diesem Zusammenhang Unzumutbares nicht abverlangt werden,

siehe Rz. 39,

gänzlich von jeder Darlegung der Krisensituation der Gesellschaft kann er aber, wie dies von Insolvenzverwaltern immer wieder zu Unrecht gefordert wird, nicht freigestellt werden, weil sich die Darlegungslast nicht umkehrt, sondern nur die Grundsätze über die **sekundäre Behauptungslast** zu Lasten der Gesellschafter herangezogen werden.

In Fällen, in denen die als funktionales Eigenkapital zu behandelnde Gesellschafterleistung in der Gebrauchsüberlassung eines Grundstücks oder eines anderen Wirtschaftsgutes besteht, entspricht der Kreditunwürdigkeit die **Überlassungsunwürdigkeit**, wobei allerdings vorausgesetzt wird, dass die Gesellschaft in einer Lage ist, dass ihr auch kein Investitionskredit zu marktüblichen Bedingungen zur Verfügung gestellt würde, um den benötigten Anlagegegenstand zu erwerben. Wäre das zu bejahen, läge nämlich Kreditwürdigkeit vor, und es käme auf die Frage der Überlassungsunwürdigkeit gar nicht an.

56

II. Krisensituation

BGH, Urt. v. 16.10.1989 – II ZR 307/88,
BGHZ 109, 55, 64:

„... entscheidend darauf abzustellen, ob der Gesellschafter der Gesellschaft einen Anlagegegenstand zu einem Zeitpunkt zur Nutzung überlässt, als dies ein vernünftig handelnder Dritter, der sich an den üblichen Bonitätskriterien des betreffenden Marktes orientiert, nicht mehr getan und die Gesellschaft von dritter Seite kein Investitionsdarlehen mehr erhalten hätte, mit dem sie den betreffenden Gegenstand selbst hätte erwerben und bezahlen können."

Dazu auch EWiR 1990, 371 *(Fabritius)*.

BGH, Urt. v. 14.12.1992 – II ZR 298/91,
BGHZ 121, 31 = ZIP 1993, 189,
dazu EWiR 1993, 155 *(Fleck)*;

BGH, Urt. v. 11.7.1994 – II ZR 146/92,
BGHZ 127, 1 = ZIP 1994, 1261,
dazu EWiR 1994, 1201 *(Timm)*;

BGH, Urt. v. 11.7.1994 – II ZR 162/92,
BGHZ 127, 17 = ZIP 1994, 1441,
dazu EWiR 1994, 1107 *(Fleck)*;

BGH, Urt. v. 16.6.1997 – II ZR 154/96,
ZIP 1997, 1375,
dazu EWiR 1997, 753 *(v. Gerkan)*.

57 In den Fällen der **Betriebsaufspaltung** verdient die Prüfung der **Überlassungsunwürdigkeit** deswegen besondere Aufmerksamkeit, weil hier die Untersuchung nahe liegt, ob sie wegen der fehlenden Ausstattung der Betriebsgesellschaft mit eigenen Anlagegütern nicht schon von Anfang an eigenkapitalersetzenden Charakter hatte.

BGH, Urt. v. 14.12.1992 – II ZR 298/91,
BGHZ 121, 31, 38 f:

„... wäre ihr diese Nutzungsmöglichkeit auch von dritter Seite eingeräumt worden, lässt sich nicht sagen, der Gesellschafter habe durch die Gebrauchsüberlassung die sonst liquidationsreife Gesellschaft am Leben erhalten. Die Umqualifizierung einer solchen Gesellschafterhilfe in Eigenkapitalersatz kommt erst dann in Betracht, wenn gerade diese konkrete Leistung auf dem allgemeinen Markt nicht zu beschaffen gewesen wäre. Auch dieser Maßstab ist freilich für die Beurteilung eines Falles der Betriebsaufspaltung ... nur bedingt geeignet, weil es im Allgemeinen an einem Markt für die Vermietung und Verpachtung kompletter Betriebseinrichtungen fehlen wird. Daraus lässt sich gleichwohl nicht folgern, in solchen Fällen liege immer Eigenkapitalersatz vor. Der Umstand, dass ein Wirtschaftsgut allgemein auf dem freien Markt nicht zu bekommen ist, zwingt für sich allein den Gesellschafter, wenn er es seiner Gesellschaft, die darauf angewiesen ist, selbst zur Verfügung stellt, nicht dazu, dies in Form einer Eigenkapitalzuführung zu tun; die Vermietung oder Verpachtung des Wirtschaftsguts kann aus seiner Sicht auch, wenn es keinen Markt dafür gibt, im Einzelfall sinnvoll sein. Ob dies mit den Gepflogenheiten eines ordentlichen Kaufmanns zu vereinbaren ist, hängt davon ab, ob ein vernünftig handelnder Vermieter oder Verpächter, der nicht an der Gesellschaft beteiligt ist und sich auch nicht an ihr beteiligen will, der Gesellschaft die Gegenstände unter denselben Verhältnissen und zu denselben Bedingungen überlassen hätte."

Dazu auch EWiR 1993, 155 *(Fleck)*.
Vgl. ferner
BGH, Urt. v. 19.12.1994 – II ZR 10/94,
ZIP 1995, 280,
dazu EWiR 1995, 261 *(v. Gerkan)*.

4. Bilanzielle Fragen

Wegen der nicht abschließend geklärten Fragen der Bilanzierung eigenkapitalersetzender Leistungen in der Jahresbilanz und in der Überschuldungsbilanz wird auf **58**

Rz. 32 f und 42 ff

verwiesen.

III. Zeitpunkt

1. Übersicht

Die Verknüpfung zwischen der Gesellschaftskrise und den Regeln zum Eigenkapitalersatz bestimmt gleichfalls den relevanten Zeitpunkt. So kommt es für den Ausgangsfall des eigenkapitalersetzenden Gesellschafter**darlehens** darauf an, ob im Augenblick der Darlehenszufuhr an die Gesellschaft diese in der Krise steckt, namentlich darauf, ob sie in diesem Zeitpunkt kreditunwürdig ist. – Aber auch dann, wenn die Gesellschaft wie bei der Darlehensgewährung fernab von jeder Krise war, kann das Darlehen dennoch nachträglich den Regeln zum Eigenkapitalersatz unterfallen – nämlich dann, wenn das Darlehen und der Gesellschafter die besonderen Voraussetzungen für „stehengelassene" Gesellschafterleistungen erfüllen.

59

Siehe näher Rz. 67 f.

Bei diesen „stehengelassenen" Gesellschafterleistungen ist Teil des objektiven Tatbestandes der Eintritt der Gesellschaftskrise. Dies ist der zweite relevante Zeitpunkt; er besteht alternativ neben dem ersten der Gesellschaftskrise bei Leistungszufuhr.

Zur Insolvenzanfechtung des „Stehenlassens" in der Insolvenz des Gesellschafters:
einerseits *Bork*, in: Festschrift Uhlenbruck, 2000, S. 279;
andererseits *Haas/Dittrich*, in: v. Gerkan/Hommelhoff, Handbuch des Kapitalersatzrechts, Rz. 123 ff.

In subjektiver Hinsicht ist im Übrigen erforderlich, dass der Gesellschafter bei seiner Entscheidung zugunsten des „Stehenslassens" der Leistung die Krisensituation mindestens hat erkennen können; diese Erkennbarkeit ist in aller Regel freilich als gegeben anzusehen.

60

Näher unten Rz. 69 ff.

Den „stehengelassenen" Gesellschafterleistungen zugehörig sind auch solche Hilfen, die außerhalb der Krise der Gesellschaft gewährt, aber auf Krisenfinanzierung angelegt sind; hier trifft der Gesellschafter eine vorgezogene Finanzierungsentscheidung zugunsten des „Stehenlassens".

Näher Rz. 65 f.

Der Abgrenzung zu jenen Gesellschafterhilfen bedürfen solche Finanzierungszusagen, die der Gesellschaft als Krisenhilfe versprochen, bislang aber noch nicht erbracht worden sind („Finanzplankredite"). Hier kann sich aus der entsprechenden Vereinbarung – nicht aus dem Gesichtspunkt des Eigenkapitalersatzes – ein Auszahlungsanspruch der Gesellschaft in der Krise ergeben.

Dazu unten Teil V.

III. Zeitpunkt

61 Im Abschnitt „Zeitpunkt" haben sich gegenüber der **Vorauflage** keine wesentlichen Veränderungen ergeben.

2. Anfänglicher Eigenkapitalersatzcharakter

62 Grundmodell für das von der höchstrichterlichen Rechtsprechung entwickelte Eigenkapitalersatzrecht – hieran knüpft auch § 32a Abs. 1 GmbHG an – ist der Fall, dass die Krise offenbar wird, der Gesellschafter nunmehr also vor der **Wahl** steht, neues haftendes Kapital zuzuführen oder die Liquidation einzuleiten, aber keine der beiden, das Verhalten eines ordentlichen Geschäftsmannes zugrunde gelegt, allein in Betracht kommenden Handlungsvarianten ergreift, sondern der Gesellschaft wie ein **außenstehender Dritter** durch eine andere Leistung aus der Krise helfen will. Die höchstrichterliche Rechtsprechung nimmt es indessen nicht hin, dass sich der Gesellschafter auf die Stellung eines Außenstehenden zurückzieht, der wie alle anderen Gesellschaftsgläubiger behandelt wird. Sie sieht nicht auf die rechtliche Einordnung der genannten Gesellschafterhilfe als Darlehen, als entgeltliche Gebrauchsüberlassung oder als Sicherheit für einen von der Gesellschaft aufgenommenen Kredit, sondern sie orientiert sich an der Funktion dieser Unterstützung für die in der Krise befindliche GmbH und bewertet sie **von Anfang an** als eigenkapitalersetzende Leistung. Ihren Ausgangspunkt hat die Rechtsprechung des Bundesgerichtshofs von dem berühmten „Lufttaxi"-Fall genommen.

BGH, Urt. v. 14.12.1959 – II ZR 187/57,
BGHZ 31, 258, 268 ff.

Der mit einem voll eingezahlten, aber bereits wenige Wochen nach der Eintragung in das Handelsregister weitgehend verbrauchten Stammkapital von 20.000 DM ausgestatteten GmbH gewährte ihr Gesellschafter X Darlehen in einer Gesamthöhe von etwa 56.000 DM. X erhielt hierauf aus den durch Lufttransporte erwirtschafteten Einnahmen nach und nach 25.000 DM ausgezahlt. Auf Erstattung dieses Betrages nahm der Konkursverwalter den X in Anspruch, nachdem die GmbH in Konkurs gefallen war, und begründete dies damit, dem X sei haftendes Kapital ausgezahlt worden. Der II. Zivilsenat entsprach dem Klagebegehren und führte (a. a. O., S. 272) aus:

> „Ohne die 'Darlehen' wäre die Gesellschaft ... zahlungsunfähig, möglicherweise auch überschuldet gewesen. ... Durch die gewährten 'Darlehen' wurde der Eintritt der Zahlungsunfähigkeit verhindert. Wurde die alsbaldige Rückzahlung dieser Gelder geschuldet, so wäre mit ihrer Verausgabung entweder Verschuldung eingetreten oder eine etwa bereits vorhandene Überschuldung vergrößert worden. ... Sollte der mit den 'Darlehen' verfolgte Zweck erreicht werden, so durften diese Gelder nicht als Schulden der Gesellschaft erscheinen, sondern waren vom Beklagten und der GmbH zunächst so zu behandeln, als seien sie haftendes Kapital."

Die von Anfang an eintretende **Umqualifizierung** dieser Darlehen in – wie der Senat es nennt – funktionales Eigenkapital hat zur Folge, dass diese

2. Anfänglicher Eigenkapitalersatzcharakter

Kredithilfen wie statutarisches Kapital behandelt werden, also der Rückzahlungssperre des § 30 GmbHG unterworfen sind und dass die Verletzung dieses Auszahlungsverbots zu einem Erstattungsanspruch entsprechend § 31 GmbHG führt.

In der **heutigen gerichtlichen Praxis** spielt dieses Grundmodell, von welchem die seit dem „Lufttaxi"-Fall immer stürmischer verlaufene Ausformung dieser Rechtsfigur seinen Ausgang genommen hat, kaum eine Rolle, weil es sich nicht nur bei den Gesellschaftern selbst, sondern besonders bei den Beratern der Gesellschaften – das gilt vor allem für die auf steuerlichem Gebiet tätigen Helfer, welche oftmals als mit der Buchführung betraute Mandatare als erste den Eintritt der Krise gewahr werden – herumgesprochen hat, dass man auf diese Weise nicht erreichen kann, die Gesellschaft ohne Bereitstellung haftenden Kapitals fortzuführen. Im Vordergrund der von der höchstrichterlichen Judikatur entschiedenen Fälle steht deswegen seit Jahren die Umqualifizierung einer Gesellschafterhilfe in funktionales Eigenkapital durch **Stehenlassen**. 63

Siehe Rz. 67 ff.

Der Gewährung einer Gesellschafterhilfe in der Krisensituation steht es gleich, wenn der Gesellschafter zwar nicht sogleich zahlt, aber eine **bindende Hilfszusage** erteilt. Sie nämlich ist in gleicher Weise wie die versprochene Leistung selbst geeignet, den Eigenkapitalersatzregeln zuwider den „Todeskampf", 64

Lutter/Hommelhoff/*Lutter/Hommelhoff*, GmbHG,
§§ 32a/b Rz. 3,

der Gesellschaft zu Lasten ihrer Gläubiger künstlich in die Länge zu ziehen. Wird in Erfüllung dieser Zusage die Leistung später – sei es auch nach Eröffnung des Insolvenzverfahrens – erbracht, kommt es für die Beurteilung des eigenkapitalersetzenden Charakters dieser Leistung auf den **Zeitpunkt der Zusage** an.

BGH, Urt. v. 19.9.1996 – IX ZR 249/95,
ZIP 1996, 1829, 1830:

„Schon die bindende Zusage, die kurzfristig benötigten Mittel zur Verfügung zu stellen, ermöglicht es der Gesellschaft, den Geschäftsbetrieb vorläufig aufrechtzuerhalten statt sogleich die Liquidation einzuleiten. Die Gesellschaft wird dadurch … in die Lage versetzt, bestimmte Waren bei Lieferanten abzunehmen und auf diesem Wege eigene Pflichten gegenüber ihren Kunden zu erfüllen oder neue Verträge abzuschließen. Bereits die schuldrechtliche Vereinbarung kann bei Dritten den Eindruck erwecken, die Gesellschaft sei noch lebensfähig, und sich damit wirtschaftlich ähnlich wie die Übernahme einer Bürgschaft oder die Einräumung einer Kreditlinie auswirken."

III. Zeitpunkt

3. Spätere Umqualifizierung, insbesondere Stehenlassen

65 Soweit der Gesellschafter seine Hilfe zu einer Zeit erbringt, in der die Gesellschaft noch gesund ist, ist die Gesellschafterhilfe nicht von Anfang an eigenkapitalersetzend. Gleichwohl kann er auch schon zu diesem Zeitpunkt – also **antizipiert** – die Wahl zwischen notwendiger Liquidation und Haftung mit zumindest funktionalem Eigenkapital treffen. Das ist nach der Rechtsprechung dann der Fall, wenn von vornherein der Eintritt einer Krise ins Auge gefasst wird und die Gewährung der Hilfe gerade auf diesen Fall einer **Krisenfinanzierung angelegt** ist. Dann bedarf es nur noch des objektiven Eintritts der Krise, um die früher gegebene Gesellschafterleistung haftendem Kapital gleichzustellen.

> BGH, Urt. v. 13.7.1981 – II ZR 256/79,
> BGHZ 81, 252, 256:
> „... wirtschaftlich eine von vornherein auf den Krisenfall hin angelegte Kapitalhilfe."

> BGH, Urt. v. 9.10.1986 – II ZR 58/86,
> ZIP 1987, 169:
> „Von vornherein auf Krisenfinanzierung angelegt ist eine Kapitalleistung, wenn der Gesellschafter ausdrücklich oder durch schlüssiges Verhalten auf das Recht verzichtet, sie aus wichtigem Grunde zu kündigen, falls die Gesellschaft später kreditunwürdig wird und deshalb die Leistung unter das Rückforderungsverbot zu fallen droht."

> Dazu auch EWiR 1986, 1209 *(v. Gerkan)*.

> Ferner
> BGH, Urt. v. 21.3.1988 – II ZR 238/87,
> BGHZ 104, 33, 38 = ZIP 1988, 638;
> BGH, Urt. v. 17.11.1997 – II ZR 224/96,
> ZIP 1998, 243,
> dazu EWiR 1998, 179 *(v. Gerkan)*.

Der II. Zivilsenat hat dies in einem Fall bekräftigt, in dem die Kommanditisten einer GmbH & Co. KG Jahre vor Eröffnung des Konkursverfahrens, als die finanzielle Situation der Gesellschaft völlig einwandfrei war, selbständige Schuldversprechen gegenüber einem Kreditgeber der Gesellschaft abgegeben hatten und anzunehmen war, dass diese Verpflichtungen gerade dann Bedeutung erlangen sollten, wenn es der Gesellschaft finanziell schlecht gehen würde.

> BGH, Urt. v. 9.3.1992 – II ZR 168/91,
> ZIP 1992, 616:
> „Geben die Gesellschafter zugunsten der Gesellschaft ein Schuldversprechen ab, das gerade auch für den Fall Bestand haben soll, dass eine Verschlechterung der Vermögensverhältnisse der Gesellschaft eintritt, dann liegt in dieser Vereinbarung der Nichtrückforderbarkeit der Gesellschafterleistung eine vorgezogene Finanzierungsentscheidung; im Augenblick des Eintritts der Krise wirkt das Schuldversprechen automatisch eigenkapitalersetzend, weil die sonst im Fall der Umqualifizierung notwendige Finanzierungsentscheidung bereits vorab getroffen worden ist."

3. Spätere Umqualifizierung, insbesondere Stehenlassen

Ferner
BGH, Urt. v. 18.11.1991 – II ZR 258/90,
ZIP 1992, 177, 179:

„Anders könnte es sich allenfalls dann verhalten, wenn der Eintritt der Kreditunwürdigkeit schon bei Abgabe der Bürgschaftserklärung abzusehen gewesen wäre, die Bürgschaften mithin gerade auch für diesen Fall abgegeben worden wären. Dann aber wären sie von vornherein auch als Krisenfinanzierung gedacht gewesen, so dass sie ohne weiteres vom Eintritt der Krise an und nicht erst durch die Nichtausübung des Rechts aus § 775 Abs. 1 Nr. 1 BGB wie eine haftende Kapitaleinlage zu behandeln wären."

Dazu auch EWiR 1992, 363 (*v. Gerkan*).

In der Entscheidung

BGH, v. 17.11.1997 – II ZR 224/96,
ZIP 1998, 243,
dazu EWiR 1998, 179 (*v. Gerkan*)

hatten die Gesellschafter in einer Krisensituation – ihre Gesellschaft war kreditunwürdig – den Kreditrahmen ausweiten lassen und zugleich früher gestellte Sicherheiten aus ihrem Privatvermögen ausdrücklich auch als den weiteren Kredit sichernd bezeichnet; dies hat der II. Zivilsenat als eine vorweggenommene Finanzierungsentscheidung „**nach Art einer Krisenfinanzierung**" angesehen, von der der Gesellschafter sich – bei erneutem Kriseneintritt – nicht mehr lösen kann.

Von den Fällen des sogenannten **Finanzplankredits** 66

siehe näher unten Teil V;

Dauner-Lieb, in: v. Gerkan/Hommelhoff, Handbuch des Kapitalersatzrechts, Teil 9;
Lutter/Hommelhoff/*Lutter/Hommelhoff*, GmbHG,
§§ 32a/b Rz. 169 ff

unterscheiden sich diese auf Krisenfinanzierung angelegten Gesellschafterhilfen u. a. dadurch, dass sie bereits zu einer Zeit **erbracht** werden, zu der eine Krise der GmbH nicht bestanden hat. Sie gehören eigentlich der Fallgruppe der **stehengelassenen Leistungen** an, wobei sie die Besonderheit aufweisen, dass der Gesellschafter die ihm in der Krise abverlangte Wahl, ob er die Gesellschaft in die Liquidation entlassen oder ihr – wenn schon nicht neues Kapital zuführen – die nunmehr in funktionales Eigenkapital umzuqualifizierende Leistung belassen will, nicht mehr in der Krise treffen muss, sondern die Entscheidung im Sinne der letztgenannten Variante bereits in der Vergangenheit – nämlich antizipiert – getroffen hat.

In der Praxis wesentlich häufiger als die von Anbeginn an eigenkapitalersetzend wirkende Gesellschafterleistungen treten die Fälle des sogenannten **Stehenlassens** auf. Sie sind gekennzeichnet dadurch, dass der Gesellschafter der GmbH außerhalb einer Krise wie ein außenstehender Dritter – paradigmatisch ist die Darlehensgewährung – gegenübertritt und diese Leistung der Gesellschaft bei Eintritt der Krisensituation weder entzieht noch von der 67

III. Zeitpunkt

ihm nach Lage des Falles zu Gebote stehenden Möglichkeit Gebrauch macht, die Gesellschaft in die Liquidation zu führen.

> St. Rspr. vgl.
> BGH, Urt. v. 23.2.2004 – II ZR 207/01,
> ZIP 2004, 1049.

Nach von der höchstrichterlichen Rechtsprechung in einer ausgedehnten Rechtsprechung entwickelten Grundsätzen entsteht für ihn in dieser Situation ein **Entscheidungszwang**, nicht anders als bestünde die Krise schon bei der Gewährung der Hilfe: Mit dem Auftreten der Krise muss der Gesellschafter – wieder gemessen an den Maßstäben eines ordentlichen Geschäftsmannes – prüfen, ob er die Gesellschaft fortführen will oder nicht; entscheidet er sich für die erste Variante, so müsste er nach den genannten Maßstäben der GmbH neues Kapital zuführen. Unterlässt er dies, kann er den **Folgen** seiner Entscheidung nicht dadurch ausweichen, dass er die Gesellschaft fortführt und verlangt, hinsichtlich seiner – bisher aus der Position eines außenstehenden Dritten gewährten – Gesellschafterleistung weiter wie ein „normaler" Gesellschaftsgläubiger behandelt zu werden. Vielmehr führt die ihn dann treffende **Finanzierungsfolgenverantwortung** dazu,

> BGH, Urt. v. 7.11.1994 – II ZR 270/93,
> BGHZ 127, 336, 344 = ZIP 1994, 1934,
> dazu EWiR 1995, 157 *(H.P. Westermann)*,

dass von da an seine Hilfe als funktionales Eigenkapital behandelt, also den Kapitalerhaltungsregeln unterworfen wird. Mit dieser Rechtsprechung stärkt der II. Zivilsenat den **Schutz der Gläubiger** und beugt Ausweichstrategien vor, die die strengen Kapitalaufbringungs- und -erhaltungsregeln des GmbH-Rechts außer Funktion setzen und dadurch der nach § 13 Abs. 2 GmbHG gewährten Möglichkeit der Haftungsbeschränkung auf die versprochene Einlage ihre Rechtfertigung nehmen würden.

68 Die genannten Regeln werden **kraft Gesetzes** wirksam, einer „**Finanzierungsabrede**" bedarf es nicht, vielmehr reicht es aus, dass der Gesellschafter von der objektiv für ihn bestehenden Möglichkeit, die Gesellschaft zu liquidieren oder seine Hilfe abzuziehen, keinen Gebrauch macht.

> BGH, Urt. v. 18.11.1991 – II ZR 258/90,
> ZIP 1992, 177,
> dazu EWiR 1992, 363 *(v. Gerkan)*;
> BGH, Urt. v. 14.12.1992 – II ZR 298/91,
> BGHZ 121, 31, 41 f:
> „Für die Beurteilung der Frage, ob eine Gesellschafterleistung unter die Kapitalersatzregeln fällt, kann es grundsätzlich nur auf objektive Gesichtspunkte ankommen; denn es steht nicht in der Macht der Gesellschafter, die Leistung durch eine bestimmte Vertragsgestaltung dem Kapitalersatzrecht zu entziehen... § 32a GmbHG wertet zwar ebenso wie ... der Senat mit seinen an die §§ 30, 31 GmbHG anknüpfenden Kapitalersatzgrundsätzen Gesellschafterleistungen, die ein vernünftig handelnder Außenstehender so nicht gewährt hätte, als solche, die mit Rücksicht auf die Gesellschaftereigenschaft erbracht werden.

3. Spätere Umqualifizierung, insbesondere Stehenlassen

Ob eine solche Wertung gerechtfertigt ist, hängt aber grundsätzlich nicht von einer Verständigung der Gesellschafter untereinander, sondern allein vom Vorhandensein der dafür erforderlichen objektiven Voraussetzungen ab."

Bestätigt
BGH, Urt. v. 28.11.1994 – II ZR 77/93,
ZIP 1995, 23,
dazu EWiR 1995, 367 *(Fleck)*;

ferner
BGH, Urt. v. 17.2.2003 – II ZR 281/00,
ZIP 2003, 625
(Stundungsabrede).

Subjektive Kriterien spielen allerdings in diesem Zusammenhang insofern eine Rolle, als die Umqualifizierung **stehengelassener** Leistungen in funktionales Eigenkapital zur Voraussetzung hat, dass der Gesellschafter bei Eintritt der Krise die zu seiner **Finanzierungsfolgenverantwortung** führende **Wahl** getroffen hat, die Gesellschaft weder zu liquidieren, noch sie mit neuem Eigenkapital zu versehen, sondern sie in der bisherigen Weise unter Belassung der bisher gewährten Hilfen fortzuführen. Ist aber die von dem Gesellschafter getroffene Wahl der rechtfertigende Grund dafür, die Gesellschafterdrittleistung für die Dauer der Krise wie haftendes Kapital zu behandeln, dann bedingt dies im Prinzip, dass der betreffende Gesellschafter nicht nur objektiv eine Reaktionsmöglichkeit gehabt hat, 69

siehe Rz. 73 ff,

sondern die Krisensituation mindestens hat **erkennen können**.

BGH, Urt. v. 18.11.1991 – II ZR 258/90,
ZIP 1992, 177,
dazu EWiR 1992, 363 *(v. Gerkan)*;

BGH, Urt. v. 9.3.1992 – II ZR 168/91,
ZIP 1992, 616;

BGH, Urt. v. 7.11.1994 – II ZR 270/93,
BGHZ 127, 336, 344 f = ZIP 1994, 1934,
dazu EWiR 1995, 157 *(H.P. Westermann)*;

ferner
BGH, Urt. v. 28.11.1994 – II ZR 77/93,
ZIP 1995, 23,
dazu EWiR 1995, 367 *(Fleck)*;

BGH, Urt. v. 19.12.1994 – II ZR 10/94,
ZIP 1995, 280,
dazu EWiR 1995, 261 *(v. Gerkan)*;

BGH, Urt. v. 26.6.2000 – II ZR 370/98,
ZIP 2000, 1442;

BGH, Urt. v. 23.2.2004 – II ZR 207/01,
ZIP 2004, 1049.

An die Möglichkeit, die Krise wenigstens erkennen zu **können**, dürfen indessen keine hohen Anforderungen gestellt werden, vielmehr ist nach der 70

III. Zeitpunkt

gefestigten Rechtsprechung diese Erkennbarkeit prinzipiell als gegeben anzusehen, weil dem „normalen" Gesellschafter, also dem, der weder das Kleinbeteiligungs- noch das Sanierungsprivileg für sich in Anspruch nehmen kann, ein Recht, den Geschicken der Gesellschaft mit Desinteresse zu begegnen, nicht zugebilligt wird.

> BGH, Urt. v. 7.11.1994 – II ZR 270/93,
> BGHZ 127, 336, 346:
> „Die grundsätzliche Verantwortlichkeit des Gesellschafters für eine seriöse Finanzierung der im Rechtsverkehr auftretenden GmbH ... folgt schon allein aus der Stellung eines Gesellschafters. Um dieser Verantwortung gerecht zu werden, muss der Gesellschafter von sich aus sicherstellen, dass er laufend zuverlässig über die wirtschaftliche Lage der Gesellschaft, insbesondere den eventuellen Eintritt der Krise, informiert ist. Aus diesem Grunde geht der Senat in ständiger Rechtsprechung davon aus, dass dem Gesellschafter die wirtschaftlichen Umstände, welche die Umqualifizierung seiner Hilfe in Eigenkapital begründen, zumindest bekannt sein konnten und mussten."
>
> So schon
> BGH, Urt. v. 9.3.1992 – II ZR 168/91,
> ZIP 1992, 616;
>
> ferner
> BGH, Urt. v. 26.6.2000 – II ZR 370/98,
> ZIP 2000, 1442;
>
> BGH, Urt. v. 23.2.2004 – II ZR 207/01,
> ZIP 2004, 1049:
>
> „... vielmehr ist die Erkennbarkeit prinzipiell als gegeben anzusehen: Die grundsätzliche Verantwortlichkeit für eine seriöse Finanzierung der im Rechtsverkehr auftretenden GmbH folgt schon allein aus der Stellung eines Gesellschafters; um dieser Verantwortung gerecht zu werden, muss der Gesellschafter von sich aus sicherstellen, dass er **laufend** zuverlässig über die wirtschaftliche Lage der Gesellschaft, insbesondere den eventuellen Eintritt der Krise informiert ist. Deshalb ist ... anzunehmen, dass der Gesellschafter die wirtschaftlichen Umstände, welche die Umqualifizierung seiner Hilfe in funktionales Eigenkapital begründen, gekannt hat oder jedenfalls hätte erkennen können."

71 Nur in besonderen **Ausnahmesituationen** hat der II. Zivilsenat dem betroffenen Gesellschafter in einer Reihe von – zufällig in engem zeitlichen Zusammenhang ergangenen – Entscheidungen den Einwand gestattet, er habe keine Möglichkeit gehabt, die Krise zu erkennen und deswegen nach den Maßstäben eines ordentlichen Geschäftsmanns verantwortungsvoll zu handeln. Eine solche besondere Lage ist z. B. anerkannt worden bei fehlerhafter Buchführung durch einen außenstehenden Fachmann, die erst bei dessen krankheitsbedingtem Ausfall entdeckt worden ist,

> BGH, Urt. v. 7.11.1994 – II ZR 270/93,
> BGHZ 127, 336 = ZIP 1994, 1934,
> dazu EWiR 1995, 157 *(H.P. Westermann)*,

bei „Schönung" der Bilanz durch einen Fremdgeschäftsführer und nicht einfach zu erstellender Fortbestehensprognose,

3. Spätere Umqualifizierung, insbesondere Stehenlassen

BGH, Urt. v. 28.11.1994 – II ZR 77/93,
ZIP 1995, 23,
dazu EWiR 1995, 367 *(Fleck)*,

oder bei fehlerhafter Bewertung von Grundstücken durch außenstehende Fachleute mit zu hohem Wertausweis.

BGH, Beschl. v. 9.1.1995 – II ZR 51/94,
DStR 1995, 191 m. Anm. *Goette*.

Die **Darlegungs- und Beweislast** dafür, dass der Gesellschafter ausnahmsweise keine Kenntnis von der Krisensituation gehabt hat, trägt er und nicht die Gesellschaft. 72

BGH, Urt. v. 17.2.1992 – II ZR 154/91,
ZIP 1992, 618, 620,
dazu EWiR 1992, 481 *(v. Gerkan)*;

BGH, Urt. v. 7.11.1994 – II ZR 270/93,
BGHZ 127, 336, 347 = ZIP 1994, 1934,
dazu EWiR 1995, 157 *(H.P. Westermann)*;

BGH, Urt. v. 15.6.1998 – II ZR 17/97,
ZIP 1998, 1352:

„Nach der ständigen Rechtsprechung des Senats trägt die Darlegungs- und Beweislast dafür, dass der Gesellschafter ausnahmsweise von der Krisensituation keine Kenntnis hat haben können, nicht die Gesellschaft bzw. im Falle von deren Konkurs nicht der Konkursverwalter, sondern der Gesellschafter selbst."

Ferner
BGH, Urt. v. 23.2.2004 – II ZR 207/01,
ZIP 2004, 1049.

Dies hat der II. Zivilsenat in einem Fall bekräftigt, in welchem eine Person, die als außenstehender Dritter der Gesellschaft ein Grundstück vermietet hatte, später Erbe des bisherigen Alleingesellschafters geworden war. Es war klar, dass der bisher außenstehende Vermieter vor Ablauf der Ausschlagungsfrist nicht Normadressat der Eigenkapitalersatzregeln sein konnte. Streitig war aber, von welchem Zeitpunkt nach dem Verstreichen der Ausschlagungsfrist der nunmehrige Gesellschafter Kenntnis von der Krise hat erlangen können. Das Berufungsgericht hatte rechtsfehlerhaft den von dem Gesellschafter angebotenen Beweis, dass er in den beiden ersten Monaten nach Erlangung der Stellung eines Gesellschafters diese Kenntnis nicht gehabt habe, nicht erhoben.

BGH, Urt. v. 15.6.1998 – II ZR 17/97,
ZIP 1998, 1352.

Die **objektive Wahlmöglichkeit**, die der Gesellschafter haben muss, will 73
man ihn im Wege der Umqualifizierung seiner Leistung in funktionales Eigenkapital in die **Finanzierungsfolgenverantwortung** nehmen, kann in verschiedener Richtung bestehen. Im Vordergrund steht dabei die nach allgemeinen schuldrechtlichen Regeln (§§ 775 Satz 1 Nr. 1, 671, 490 BGB)

III. Zeitpunkt

gegebene Befugnis, das Engagement als Bürge, Sicherungs- oder Darlehensgeber bei Eintritt der Krise zu beenden.

> BGH, Urt. v. 18.11.1991 – II ZR 258/90,
> ZIP 1992, 177, 179:
> „Wenn der Beklagte die Bürgschaften zugunsten der Gemeinschuldnerin noch zu einem Zeitpunkt abgegeben hat, in dem diese noch kreditwürdig war, so dokumentiert der Eintritt der Kreditunwürdigkeit im Allgemeinen ohne weiteres eine wesentliche Verschlechterung ihrer Vermögensverhältnisse, die ihn zur Ausübung seines Rechts aus § 775 Abs. 1 Nr. 1 BGB berechtigt hätte."
>
> BGH, Beschl. v. 14.12.1992 – II ZR 185/92,
> DStR 1993, 251;
>
> BGH, Urt. v. 6.2.1995 – II ZR 41/94,
> ZIP 1995, 646, 648,
> dazu EWiR 1995, 475 *(v. Gerkan)*;
>
> ferner
> BGH, Urt. v. 23.2.2004 – II ZR 207/01,
> ZIP 2004, 1049.

74 Das kann unter Umständen aber auch anders liegen, und zwar ohne dass ein Fall der Krisenfinanzierung vorliegt,

> siehe oben Rz. 65,

wie folgender Fall zeigt: Die beklagte Bank war Mitgesellschafterin einer inzwischen in Konkurs gefallenen Bau-GmbH. Dieser hatte sie u. a. Erfüllungs- und Gewährleistungsbürgschaften gewährt, welche durch eine erstrangige, werthaltige Grundschuld an einem der GmbH gehörenden Grundstück gesichert waren. Der Konkursverwalter hat diese „Avalkredite" als eigenkapitalersetzende Leistung eingestuft und die Bank deswegen in Anspruch genommen; diese hat mit der Widerklage wegen eines erstrangigen Teilbetrages von 600.000 DM Duldung der Zwangsvollstreckung aus der Grundschuld verlangt. Letzterem Begehren hat das Oberlandesgericht entsprochen, die Revision des Klägers ist von dem II. Zivilsenat nicht angenommen worden, wobei es in dem Nichtannahmebeschluss wie folgt heißt:

> BGH, Beschl. v. 14.12.1992 – II ZR 185/92,
> DStR 1993, 251 f:
> „War das mit den Gewährleistungsbürgschaften verbundene Risiko der Bank mithin nach dem eigenen Vorbringen des Klägers ausreichend durch die ... Grundschuld abgedeckt, so fehlte der Bank auch bei Verschlechterung der Vermögensverhältnisse der GmbH ... das Recht, unter Berufung auf § 775 BGB Befreiung von dieser Bürgschaft wegen Gefährdung ihres Bürgenregressanspruchs zu verlangen. Ein freiwilliges Stehenlassen der Bürgschaft bei Eintritt der Krise, das Voraussetzung für die Umqualifizierung der Bürgschaft in Eigenkapital wäre, kommt damit ... in Ermangelung einer Möglichkeit der Bank, sich von der Bürgenverpflichtung zu lösen, nicht in Betracht."

Der Fall belegt im Übrigen den Grundsatz, dass nicht undifferenziert angenommen werden kann, bei Eintritt einer Krise würden sämtliche von einem Gesellschafter der GmbH als Dritter geleistete Hilfen in funktionales Ei-

3. Spätere Umqualifizierung, insbesondere Stehenlassen

genkapital umqualifiziert, sondern dass für jede **einzelne Leistung** geprüft werden muss, ob sie den Eigenkapitalersatzregeln untersteht. Die Bank hatte ihrer GmbH neben den Gewährleistungsbürgschaften nämlich auch noch ungesicherte Kontokorrentkredite zur Verfügung gestellt, welche nach den unangegriffenen tatrichterlichen Feststellungen nicht anderweitig gesichert waren und die bei Eintritt der Krisensituation deswegen zur Vermeidung der Umqualifizierung hätten gekündigt werden können.

Der Grundgedanke, der die Umqualifizierung erfordert und rechtfertigt, würde indessen verfehlt, wenn man – wie dies in der gerichtlichen Praxis immer wieder geschieht – annehmen wollte, eine eigenkapitalersetzende Leistung liege immer dann nicht vor, wenn es dem Gesellschafter nicht möglich ist, seine Gesellschafterhilfe in der Krise abzuziehen. Die dem Gesellschafter abverlangte **Wahl** geht nämlich nicht dahin, seine Hilfe abzuziehen oder sie zu belassen, sondern die eingetretene Krise durch Zuführung neuen haftenden Kapitals abzuwenden oder für eine sofortige Beendigung der werbenden Tätigkeit der GmbH zu sorgen. Deswegen muss immer geprüft werden, ob der betroffene Gesellschafter die Möglichkeit gehabt hat, die **Liquidation der Gesellschaft** herbeizuführen. Gegenüber Missverständnissen, die sich teilweise in der instanzgerichtlichen Rechtsprechung gezeigt hatten, hat dies der II. Zivilsenat in einer grundlegenden Entscheidung, die die Frage des Eigenkapitalersatzcharakters einer Gebrauchsüberlassung im Rahmen einer Betriebsaufspaltung betraf, besonders herausgestellt.

75

BGH, Urt. v. 14.12.1992 – II ZR 298/91,
BGHZ 121, 31, 36 f:

„Die Beklagte stand nicht vor der Situation eines gesellschaftsfremden Dritten, der ohne Kündigungsrecht gegen den Willen des Mieters den Mietgegenstand nicht zurückerlangen kann. Die Gesellschafter brauchten sich vielmehr ... nur darüber schlüssig zu werden, ob sie, indem sie der Gemeinschuldnerin das Anlagevermögen weiter beließen, deren Geschäftsbetrieb fortführen oder ob sie durch Herausnahme der Gegenstände die Gesellschaft – mit oder ohne Konkurs – beenden wollten... Eine der Gesellschaft zu gesunden Zeiten gewährte Gesellschafterleistung wird nach Eintritt der Krise auch dann zu Eigenkapitalersatz, wenn der Gesellschafter die Leistung zwar nach allgemeinen schuldrechtlichen Regeln nicht abziehen kann, er aber von der ihm – zumindest objektiv – gegebenen **Möglichkeit**, die Gesellschaft unter Entzug der ihr zur Verfügung gestellten Mittel **zu liquidieren**, keinen Gebrauch macht. Darauf, ob in der gleichen Lage ein nicht über diesen gesellschaftsrechtlichen Einfluss verfügender Außenstehender das der Leistung zugrunde liegende Rechtsverhältnis einseitig hätte beenden können, kommt es dann nicht an."

Dazu auch EWiR 1993, 155 *(Fleck)*.

Vgl. dazu auch das 2. Revisionsurteil
BGH, v. 19.12.1994 – II ZR 10/94,
ZIP 1995, 280,
dazu EWiR 1995, 261 *(v. Gerkan)*.

III. Zeitpunkt

Diese **gesellschaftsrechtliche Möglichkeit** hat nicht nur der Alleingesellschafter, sondern auch der mit der für die Auflösung der GmbH notwendigen Mehrheit (§ 60 Abs. 1 Nr. 2 GmbHG) ausgestattete Gesellschafter; sie besteht vor allem auch bei Gesellschafteridentität der Betriebs-GmbH und der Besitzkommanditgesellschaft.

BGH, Urt. v. 11.7.1994 – II ZR 146/92,
BGHZ 127, 1, 6:

„Im Übrigen wären die Beklagten unabhängig von der schuldrechtlichen Möglichkeit, das Pachtverhältnis bei Eintritt der Krise zu beenden, als die einzigen Gesellschafter sowohl der Besitz- als auch der Betriebsgesellschaft in der Lage gewesen, die letztere rechtzeitig zu liquidieren. Wird diese Maßnahme unterlassen, so führt schon das allein zur Umqualifizierung der der Gesellschaft gewährten Unterstützung in Eigenkapitalersatz."

Dazu auch EWiR 1994, 1201 *(Timm)*.

Ferner
BGH, Urt. v. 16.6.1997 – II ZR 154/96,
ZIP 1997, 1375, 1378:

„Denn nach der ständigen Rechtsprechung des Senats setzt die Anwendung der Eigenkapitalersatzregeln bei nach der Gewährung der Gesellschafterhilfe eintretender Krise voraus, dass der Gesellschafter die Leistung zurückfordern oder die Gesellschaft zumindest liquidieren kann. Beide Möglichkeiten standen der lediglich mit 26 % am Stammkapital der Gemeinschuldnerin beteiligten [Gesellschafterin] nicht zu Gebote."

Dazu auch EWiR 1997, 753 *(v. Gerkan)*.

76 In der Praxis ist im Allgemeinen die Frage, **binnen welcher Frist** der Gesellschafter die ihm bei Eintritt der Krise abverlangte Entscheidung treffen muss, ohne Relevanz.

Vgl. BGH, Urt. v. 17.11.1997 – II ZR 224/96,
ZIP 1998, 243.

Es gibt jedoch Ausnahmefälle, in denen diese Frage auch in der höchstrichterlichen Rechtsprechung eine wesentliche Rolle gespielt hat. In dem Fall, in welchem es darum ging, ob eine Gebrauchsüberlassung im Rahmen einer Betriebsaufspaltung eigenkapitalersetzend geworden war,

1. Revisionsurteil
BGH, v. 14.12.1992 – II ZR 298/91,
BGHZ 121, 31 = ZIP 1993, 189,
dazu EWiR 1993, 155 *(Fleck)*,

hatte sich in dem zweiten Berufungsverfahren ergeben, dass am 24.9.1987 Konkursantrag gestellt worden war, während nach den revisionsrechtlich als zutreffend zu unterstellenden tatrichterlichen Feststellungen die Krise am 10.9.1987 eingetreten war. Dies warf die Frage auf, ob die Gesellschafter rechtzeitig genug ihre Entscheidung getroffen hatten, oder ob es zu einer Umqualifizierung der Nutzungsüberlassung gekommen war; der Senat hat hierbei die Wertentscheidungen des Gesetzgebers zur Höchstdauer der

3. Spätere Umqualifizierung, insbesondere Stehenlassen

Überlegungsfrist, bis ein Insolvenzantrag gestellt werden muss, mit herangezogen.

BGH, Urt. v. 19.12.1994 – II ZR 10/94,
ZIP 1995, 280, 281:

„Eine zweiwöchige Überlegungsfrist ist zumindest im Regelfall jedenfalls nicht zu lang bemessen (vgl. § 64 Abs. 1 Satz 1 GmbHG); besondere Umstände, die für den vorliegenden Fall eine andere Beurteilung rechtfertigten, sind nicht ersichtlich. Die Konkursantragstellung am 24.9.1987 reichte daher aus, die Umqualifizierung ..., falls sie nicht zu einem früheren Zeitpunkt eingetreten war, zu verhindern. Denn damit wurde gerade das getan, was ein Gesellschafter tun muss, um es nicht zur Fortführung der aus eigener Kraft nicht mehr lebensfähigen Gesellschaft unter einseitiger Risikoverlagerung auf die Gläubiger kommen zu lassen."

Dazu auch EWiR 1995, 261 *(v. Gerkan)*.

Ähnlich
BGH, Urt. v. 11.12.1995 – II ZR 128/94,
ZIP 1996, 273, 275:

„... und darauf nicht durch Abzug seiner Kredithilfe ... oder durch Liquidation der Gesellschaft reagiert hat, wofür ihm, nicht unähnlich dem Geschäftsführer, allenfalls eine Überlegungsfrist von zwei bis drei Wochen zur Verfügung steht."

Dazu auch EWiR 1996, 171 *(v. Gerkan)*.

Für den Fall des außenstehenden Dritten, der der später in Konkurs gefallenen Gesellschaft ein Grundstück vermietet hatte und dann als Erbe in die Stellung des Alleingesellschafters eingerückt war, hat der II. Zivilsenat in diesem Zusammenhang ausgeführt:

BGH, Urt. v. 15.6.1998 – II ZR 17/97,
ZIP 1998, 1352 f:

„In der Krise der Gesellschaft muss der betroffene Gesellschafter die ihm zur Vermeidung der Umqualifizierung seiner Gesellschafterleistung in funktionales Eigenkapital abverlangte Entscheidung zwar nicht sofort, aber binnen angemessener Frist treffen, wobei die in § 64 Abs. 1 GmbHG niedergelegten Maßstäbe zu beachten sind. Solange er nach Feststellung der rechnerischen Überschuldung bei sorgfältiger und mit der gebotenen Beschleunigung veranlassten Prüfung von einer positiven Fortbestehensprognose der Gesellschaft ausgehen darf und nach objektiver Beurteilung erfolgversprechende Verhandlungen über die Beseitigung der Krise führt, bleibt dem Gesellschafter die Wahlmöglichkeit erhalten; allerdings wird dabei nur unter besonderen Verhältnissen ... die in § 64 Abs. 1 GmbHG niedergelegte Frist von drei Wochen überschritten werden dürfen."

IV. Gegenstand
1. Übersicht

Gegenständlich konzentrieren sich die Regeln zum Eigenkapitalersatz zunächst auf das Gesellschafterdarlehen, also auf die Zufuhr liquider Finanzmittel an die Gesellschaft in der Form von Fremdkapital. Um jedoch diese Regeln gegen naheliegende Umgehungsversuche abzusichern, hatte der Bundesgerichtshof schon recht früh, 77

> BGH, Urt. v. 27.9.1976 – II ZR 162/75,
> BGHZ 67, 171, 182,

die sogenannten Gesellschafter-besicherten Drittdarlehen den Regeln zum Eigenkapitalersatz unterstellt. Hier stammen die Darlehensvaluten nicht vom Gesellschafter, sondern von einem gesellschaftsfremden Dritten; dessen Rückzahlungsanspruch gegen die Gesellschaft sichert jedoch der Gesellschafter gegenüber dem Dritten ab. Gegenstand der Regeln zum Eigenkapitalersatz ist daher konsequent die Sicherheitsleistung des Gesellschafters, so dass der Rückzahlungsanspruch des Dritten von Verstrickungen frei bleibt.

Ganz erheblich hat der Bundesgerichtshof das Recht des Eigenkapitalersatzes seinem Gegenstande nach durch die Rechtsprechung zur sogenannten Eigenkapitalersetzenden Gebrauchsüberlassung ausgeweitet. 78

> Näher unten Rz. 102 ff und eingehend
> *Haas/Dittrich,* in: v. Gerkan/Hommelhoff, Handbuch
> des Kapitalersatzrechts, Teil 8.

Hierunter werden jene Fälle gezählt, in denen der Gesellschafter der Gesellschaft keine baren Mittel zur Verfügung stellt, sondern lediglich Gegenstände (wie Grundstücke, Maschinen, Patente etc.) zur Nutzung. Der Einbeziehung dieser Fälle in das Recht des Eigenkapitalersatzes stand das Schrifttum zunächst eher ablehnend gegenüber.

> Vgl. vor allem
> *Knobbe-Keuk,* BB 1984, 1.

Erst als im Schrifttum der Gegenstand der Gesellschafterleistung präzise dahin beschrieben werden konnte, dass der Gesellschaft das Nutzungsrecht bzw. die Nutzung am überlassenen Gegenstand übertragen werde,

> *Brandes,* ZGR 1989, 244,

entschied sich der Bundesgerichtshof in seinen Lagergrundstücks-Fällen,

> unten Rz. 102 ff,

auch die Gebrauchsüberlassung den Regeln zum Eigenkapitalersatz zu unterstellen. Damit wurde ihr sachlicher Geltungsbereich zum Recht bzw. zur Möglichkeit hin, einen Gegenstand zu nutzen, erweitert.

IV. Gegenstand

79 Diese gegenständliche Aufweitung hat dazu geführt, dass im Recht des Eigenkapitalersatzes nicht mehr von eigenkapitalersetzenden Gesellschafterdarlehen gesprochen wird, sondern von Gesellschafter**leistungen**. Kein tauglicher Leistungsgegenstand sind dagegen Dienstleistungsversprechen der Gesellschafter.

> Lutter/Homelhoff/*Lutter/Hommelhoff*, GmbHG,
> §§ 32a/b Rz. 154 m. w. N.;
> a. A. *Haas/Dittrich*, in: v. Gerkan/Hommelhoff, Handbuch
> des Kapitalersatzrechts, Rz. 8.87;
> *Johlke/Schröder*, in: v. Gerkan/Hommelhoff, Handbuch
> des Kapitalersatzrechts, Rz. 5.75 ff.

Denn in der Gesellschafter-Dienstleistung liegt weder eine Kreditgewährung noch eine Rechtshandlung, die der Kreditgewährung wirtschaftlich entspricht. Rechtsprechung liegt insoweit allerdings noch nicht vor.

80 Im folgenden Abschnitt wird zunächst das Darlehen als Gegenstand des Eigenkapitalersatzrechts dargestellt (Rz. 82 ff). Dabei ist besonders auf die Rechtsfigur des Sanierungsdarlehens einzugehen (Rz. 85 ff), wie sie durch das Gesetz zur Kontrolle und Transparenz im Unternehmensbereich (KonTraG, 1998) in § 32a Abs. 3 Satz 3 GmbHG eingeführt worden ist und zur Freistellung bestimmter Sanierungsgesellschafter von den Verstrickungen des Eigenkapitalersatzrechts geführt hat.

> Eingehend
> *Dauner-Lieb*, in: v. Gerkan/Hommelhoff, Handbuch
> des Kapitalersatzrechts, Teil 4;
> *Kleindiek*, in: Festschrift U. Hüttemann, S. 173 ff.

Hieran schließen sich die verschiedenen Kreditsicherheiten als Leistungsgegenstand des Gesellschafters an (Rz. 95 ff) und daran die Gebrauchsüberlassung (Rz. 102 ff). Schließlich werden andere Leistungsgegenstände wie vor allem die Stundung des Gesellschafters behandelt (Rz. 108 ff).

81 Im Abschnitt „Gegenstand" sind gegenüber der **Vorauflage** die Erläuterungen zu den Sanierungsdarlehen (Rz. 85 ff) fortgeschrieben worden, nachdem der II. Zivilsenat hierzu erstmals näher Stellung genommen hat (Rz. 94). Außerdem wird die fortgeführte Rechtsprechung zu den Kreditsicherheiten eines Gesellschafters und zu Versuchen zur Umgehung der Eigenkapitalersatzregeln erläutert (vgl. Rz. 98).

2. Darlehen

82 Der einfachste Weg, die Krise – scheinbar – abzuwenden, ohne der Gesellschaft neues haftendes Kapital zuzuführen, ist die Gewährung eines **Darlehens** durch den Gesellschafter. Diese Variante der eigenkapitalersetzenden Hilfe stand deswegen nicht von ungefähr am Beginn der immer weiter differenzierten höchstrichterlichen Rechtsprechung, vgl.

2. Darlehen

BGH, Urt. v. 14.12.1959 – II ZR 187/57,
BGHZ 31, 258 ff.

Dieser „Lufttaxi"-Fall zeigt indessen, dass die Zuführung solcher Drittmittel allenfalls eine etwa bestehende Zahlungsunfähigkeit beseitigen kann, dass aber – bilanziert man richtig – eine Überschuldung fortbesteht, weil dem zugeflossenen Geldbetrag ein entsprechend hoher Passivposten entspricht, die Krisensituation also gerade nicht beseitigt ist. Auch für den Gesetzgeber der Novelle 1980 zum GmbHG war das Darlehen das Modell, an dem sich seine punktuelle und insgesamt nicht sonderlich geglückte

BGH, Urt. v. 26.3.1984 – II ZR 14/84,
BGHZ 90, 370 ff = ZIP 1984, 698 ff

Kodifizierung der von der Rechtsprechung entwickelten Prinzipien orientiert hat. Aus der Sicht der Gesellschafter und ihrer Berater hat dabei die Darlehensgewährung nicht nur den Vorteil der sofortigen Beseitigung von Problemen der Zahlungsfähigkeit und den großer Flexibilität bei der Aufbringung der erforderlichen Mittel einschließlich steuerlich interessanter Gestaltungen; sie eröffnet dem Gesellschafter auch die Möglichkeit, „rechtzeitig" vor Eröffnung des Insolvenzverfahrens den als Drittleistung gegebenen Kredit wieder abzuziehen.

BGH, Urt. v. 29.9.1977 – II ZR 157/76,
BGHZ 69, 274, 281;

BGH, Urt. v. 26.11.1979 – II ZR 104/77,
BGHZ 75, 334, 336 = ZIP 1980, 115;

BGH, Urt. v. 26.3.1984 – II ZR 171/83,
BGHZ 90, 381, 388 f:

„... müssen die Überlegungen sein, aus denen der Senat Gesellschafterdarlehen in der GmbH unter bestimmten Voraussetzungen haftendem Eigenkapital gleichgestellt hat. Mit dieser Gleichstellung soll verhindert werden, dass ein Gesellschafter, der die Not leidende Gesellschaft nicht durch die sonst gebotene Hergabe fehlenden Eigenkapitals, sondern durch Darlehen über Wasser zu halten sucht, das damit verbundene Finanzierungsrisiko auf außenstehende Gläubiger abwälzen kann; ein solcher Gläubiger soll nicht in der Erwartung, sein Geld aufgrund besserer Informationsmöglichkeiten notfalls noch beizeiten in Sicherheit bringen zu können, auf dem Rücken der Gesellschaftsgläubiger spekulieren dürfen. Hat er das Darlehen anstelle der dringend benötigten Eigenmittel gegeben, um der Gesellschaft das Überleben zu ermöglichen, und hat er so den Anschein ausreichender Kapitalausstattung hervorgerufen, so setzt er sich entgegen Treu und Glauben und dem Zweck der gesetzlichen Kapitalerhaltungsvorschriften in Widerspruch zu seinem Verhalten, wenn er der Gesellschaft die Darlehensvaluta wieder entzieht, bevor der mit ihrer Hergabe verfolgte Zweck nachhaltig erreicht ist ..."

Unter diese Gruppe fällt es auch, wenn ein Gesellschafter der GmbH nach 83 Eintritt der Krise die **bindende Zusage** gibt, ihr finanzielle Mittel zur Verfügung zu stellen; wird dieses Versprechen erst nach Eröffnung des Insolvenzverfahrens erfüllt, behandelt die höchstrichterliche Rechtsprechung

IV. Gegenstand

diesen Vorgang so, als seien die Darlehensmittel der Gesellschaft schon im Zeitpunkt der Zusage gegeben worden.

BGH, Urt. v. 19.9.1996 – IX ZR 249/95,
ZIP 1996, 1829, 1830:
„Schon die bindende Zusage, die kurzfristig benötigten Mittel zur Verfügung zu stellen, ermöglicht es der Gesellschaft, den Geschäftsbetrieb vorläufig aufrechtzuerhalten statt sogleich die Liquidation einzuleiten. Die Gesellschaft wird dadurch ... in die Lage versetzt, bestimmte Waren bei Lieferanten abzunehmen und auf diesem Wege eigene Pflichten gegenüber ihren Kunden zu erfüllen oder neue Verträge abzuschließen. Bereits die schuldrechtliche Vereinbarung kann bei Dritten den Eindruck erwecken, die Gesellschaft sei noch lebensfähig, und sich damit wirtschaftlich ähnlich wie die Übernahme einer Bürgschaft oder die Einräumung einer Kreditlinie auswirken."

Dazu auch EWiR 1996, 1087 *(Fleck)*.

84 Vor allem in der Variante des **Stehenlassens** erscheint das eigenkapitalersetzende Darlehen auch heute noch häufig in der gerichtlichen Praxis, vgl. in jüngerer Zeit z. B.

BGH, Urt. v. 26.6.2000 – II ZR 370/98,
ZIP 2000, 1491;

BGH, Urt. v. 17.2.2003 – II ZR 281/00,
ZIP 2003, 625;

BGH, Urt. v. 8.11.2004 – II ZR 300/02,
ZIP 2005, 82 = DStR 2005, 117;

BGH, Urt. v. 15.11.2004 – II ZR 299/02,
ZIP 2005, 163 = DStR 2005, 119;

BGH, Urt. v. 19.9.2005 – II ZR 229/03,
ZIP 2005, 2016,
dazu EWiR 2005, 883 *(v. Gerkan)*;

BGH, Urt. v. 30.1.2006 – II ZR 357/03,
ZIP 2006, 466,
dazu EWiR 2006, 247 *(Noack)*;

BGH, Urt. v. 26.6.2006 – II ZR 133/05,
ZIP 2006, 2272.

Dagegen sind die Fälle heute, nachdem sich allgemein herumgesprochen hat, dass bei dieser Verfahrensweise die Umqualifizierung der Hilfe in funktionales Eigenkapital droht, seltener, in denen – ohne Abgabe einer Rangrücktrittserklärung – erst bei Auftreten der Krise der Kredit gewährt wird.

Vgl. aber z. B.
BGH, Urt. v. 26.6.2000 – II ZR 21/99,
ZIP 2000, 1489,
dazu EWiR 2001, 19 *(v. Gerkan)*.

Im Fallmaterial des II. Zivilsenats treten solche Fälle häufiger aber dann auf, wenn die die Gesellschaft kreditierende Bank ultimativ die Rückführung des Saldos fordert und die Gesellschafter sich nicht in der ihnen gesetzten kurzen Frist darüber einigen können, wie dem Verlangen der Bank entsprochen werden soll, und einzelne Gesellschafter im Vorgriff auf eine spätere Vereinbarung – etwa über eine Kapitalerhöhung – den Saldo aus eigenen Mitteln zurückführen.

3. Sanierungsdarlehen

a) Schon seit langer Zeit wurde dem Eigenkapitalersatzrecht seine Sanierungsfeindlichkeit entgegengehalten: In der Gesellschaftskrise hindere es vor allem die Hausbank, aber auch andere Gesellschaftsgläubiger, sich als Gesellschafter mit dem Ziel zu engagieren, zur Rettung der Gesellschaft beizutragen. Denn wegen ihrer Gesellschaftereigenschaft müssten es diese Unterstützungswilligen hinnehmen, dass ihre Ansprüche gegen die Gesellschaft als Eigenkapitalersatz eingestuft würden. 85

> Dazu *Dauner-Lieb*, in: v. Gerkan/Hommelhoff,
> Handbuch des Kapitalersatzrechts, Rz. 4.4 f.

Es mag dahinstehen, ob diese Gefahr wirklich unter allen Umständen drohte; jedenfalls hat diese Gefahr das Verhalten insbesondere der Kreditinstitute ganz wesentlich bestimmt. Um dem zu begegnen, hat der Gesetzgeber mit Wirkung vom 1.5.1998 (Art. 10, 14 KonTraG) für bestimmte Gesellschafter ein Sanierungsprivileg in § 32a Abs. 3 Satz 3 GmbHG eingeführt.

Das Sanierungsprivileg befreit sowohl von der Anwendung der Novellenregeln (§§ 32a, b GmbHG, §§ 39 Abs. 1 Nr. 5, 135 InsO) als auch der Rechtsprechungsregeln zum Eigenkapitalersatz (§§ 30, 32 GmbHG); das folgt aus der Formulierung in § 32a Abs. 3 Satz 3 GmbHG: „Regeln über den Eigenkapitalersatz". 86

> Vgl. BGH, Urt. v. 21.11.2005 – II ZR 277/03,
> BGHZ 165, 106 = ZIP 2006, 279,
> dazu EWiR 2006, 525 *(Westpfahl/Janjuah)* und
> *Pentz*, ZIP 2006, 1169.

Gegenstand dieser Privilegierung sind nach dem Gesetzeswortlaut an die Gesellschaft ausgereichte Darlehen – und zwar **vor** der Gesellschaftskrise gewährte Altkredite ebenso wie **in** der Krise zum Zwecke der Sanierung ausgereichte Neukredite. Über die Darlehen hinaus wird man die Privilegierung auf andere Leistungen wie die Besicherung von Drittdarlehen und die Einräumung von Nutzungsmöglichkeiten erstrecken müssen. Der insoweit engere Gesetzeswortlaut lässt keinen dahingehenden Beschränkungswillen des Gesetzgebers erkennen.

> Im Ergebnis wie hier
> *Dauner-Lieb*, in: v. Gerkan/Hommelhoff, Handbuch des Kapitalersatzrechts, Rz. 4.23 f.

IV. Gegenstand

Das Darlehen muss im Übrigen nicht zwingend vor dem Beteiligungserwerb gewährt werden; vielmehr sind gegebenenfalls auch nach Erwerb der Gesellschafterstellung ausgereichte Darlehen privilegiert.

> *Dauner-Lieb*, in: v. Gerkan/Hommelhoff, Handbuch des Kapitalersatzrechts, Rz. 4.43 f;
> ebenso OLG Düsseldorf, Urt. v. 19.12.2003
> – I-17 U 77/03, ZIP 2004, 508, 509 f.

87 Die Neuregelung in § 32a Abs. 3 Satz 3 GmbHG enthält freilich kein allgemeines Sanierungsprivileg für Gesellschafter. Denn in den Genuss der Freistellung kann nur jener Neugesellschafter gelangen, der bislang in der Gesellschaft keine mitgliedschaftliche oder gesellschaftergleiche Finanzierungsverantwortung trug. Konsequent kann als Sanierungsgesellschafter kein Altgesellschafter privilegiert werden: Gewiss nicht im Sinne einer „Entstrickung" eigenkapitalersetzender Altkredite, richtigerweise aber auch nicht im Sinne einer Priviligierung neu gewährter Sanierungskredite im Zuge einer Aufstockung der Beteiligung.

> Insoweit strittig, wie hier etwa
> *Dauner-Lieb*, in: v. Gerkan/Hommelhoff, Handbuch des Kapitalersatzrecht, Rz. 4.45 ff;
> *Kleindiek*, in: Festschrift U. Hüttemann, S. 173, 182 ff;
> Lutter/Hommelhoff/*Lutter/Hommelhoff*, GmbHG, §§ 32a/b Rz. 80;
> a. A. *Pentz*, in: Rowedder/Schmidt-Leithoff, GmbHG, 4. Aufl., 2003, § 32a Rz. 115.

Anders aber der nach § 32a Abs. 3 Satz 2 GmbHG freigestellte Kleingesellschafter:

> unten Rz. 134.

Da er bislang keine Finanzierungsverantwortung in der Gesellschaft trug, kann er sich nun in ihrer Krise als Sanierer privilegiert engagieren. Er braucht freilich seine Beteiligung nicht aufzustocken, wenn er der Gesellschaft in deren Krise eine Leistung erbringen will.

88 Mit dem Sanierungsprivileg „belohnt" das Gesetz das freiwillige Engagement des Neugesellschafters, sein Bekenntnis zur Gesellschaft und ihre Sanierungswürdigkeit sowie die Signalwirkung innerhalb und außerhalb der Gesellschaft, die andere Gläubiger, die Arbeitnehmer und einzelne Gesellschafter veranlassen kann, sich mit eigenen Beiträgen an der Sanierung zu beteiligen („Anreizfunktion des Sanierungsprivilegs").

89 **b)** Außer den Altgesellschaftern kann jedermann Sanierungsgesellschafter werden. Die Privilegierung ist nicht auf Kreditinstitute beschränkt,

> zutreffend
> *Dauner-Lieb*, in: v. Gerkan/Hommelhoff, Handbuch des Kapitalersatzrechts, Rz. 4.42,

und auch nicht auf solche Personen, die im Augenblick der Gesellschaftskrise bereits Gesellschaftsgläubiger sind. Deshalb kann sogar ein professioneller Sanierer, aber auch der bisherige Fremdgeschäftsführer der Gesellschaft Sanierungsgesellschafter werden.

Lutter/Hommelhoff/*Lutter/Hommelhoff*, GmbHG,
§§ 32a/b Rz. 81.

An den Erwerb des Geschäftsanteils stellt das Gesetz keinerlei Voraussetzungen. Deshalb kann der Sanierer die Rolle eines Minderheitsgesellschafters ebenso übernehmen wie die eines Alleingesellschafters. Ebenso wenig bedeutsam ist, ob er seinen Geschäftsanteil aus einer Kapitalerhöhung erhält oder von einem oder mehreren der bisherigen Altgesellschafter. Konsequent hängt das Sanierungsprivileg nicht davon ab, ob der Sanierer der Gesellschaft neues Haftkapital oder eine sonstige Leistung zuführt. Schon und allein sein Engagement als Gesellschafter begründet die Privilegierung.

Dauner-Lieb, in: v. Gerkan/Hommelhoff, Handbuch
des Kapitalersatzrechts, Rz. 4.33 f.

c) Nach dem Gesetzeswortlaut muss der Sanierer die Geschäftsanteile zum Zweck erwerben, die Gesellschaftskrise zu überwinden. Aber auf die allein subjektive Motivation des Sanierers kann es nicht ankommen; anderenfalls würden die Interessen der übrigen Gesellschaftsgläubiger in ihrem Stellenwert allein von der Sanierermotivation abhängen; dieser hätte die Befriedigungschancen der übrigen Gläubiger frei in der Hand. Deshalb muss das Tatbestandsmerkmal des Sanierungszwecks objektiv bestimmt werden.

90

Strittig, siehe zum Meinungsstand
Dauner-Lieb, in: v. Gerkan/Hommelhoff, Handbuch
des Kapitalersatzrechts, Rz. 4.55.

Nach der pflichtgemäßen Einschätzung eines objektiven Dritten im Augenblick des Anteilserwerbs müssen die Gesellschaft in diesem Moment **sanierungsfähig** und die Summe der für ihre Sanierung in Angriff genommenen Maßnahmen zusammen **objektiv geeignet** sein, die Gesellschaft in überschaubarer Zeit durchgreifend zu sanieren.

Lutter/Hommelhoff/*Lutter/Hommelhoff*, GmbHG,
§§ 32a/b Rz. 84;
näher *Dauner-Lieb*, in: v. Gerkan/Hommelhoff, Handbuch
des Kapitalersatzrechts, Rz. 4.56 f;
Kleindiek, in: Festschrift U. Hüttemann, S. 173, 185 ff;
ebenso OLG Düsseldorf, Urt. v. 19.12.2003
– I-17 U 77/03, ZIP 2004, 508, 510 f;
vgl. jetzt auch
BGH, Urt. v. 21.11.2005 – II ZR 277/03,
BGHZ 165, 106 = ZIP 2006, 279
(siehe näher unten Rz. 94);
dazu *Pentz*, ZIP 2006, 1169.

IV. Gegenstand

Regelmäßig ist eine solche ex ante-Prognose nur auf der Grundlage eines dokumentierten Sanierungsplans relevant; er liefert sogleich den Nachweis für den subjektiven Sanierungszweck des Anteilserwerbs. Hinsichtlich aller Tatbestandsvoraussetzungen des Sanierungsprivilegs ist der Anteilserwerber darlegungs- und beweisbelastet.

Dauner-Lieb, in: v. Gerkan/Hommelhoff, Handbuch
des Kapitalersatzrechts, Rz. 4.62 m. N.

Die Privilegierung der Sanierungsleistungen hängt nicht vom tatsächlichen Eintritt des Sanierungserfolges ab.

91 d) Privilegiert sind sämtliche Leistungen des Sanierers; d. h. sowohl seine Altleistungen **vor** der Gesellschaftskrise als auch die zur Krisenüberwindung. Ihre privilegierte Behandlung dauert bei **geretteter** Gesellschaft bis zu ihrer durchgreifenden Sanierung an; danach sind die Leistungen des ehemaligen Sanierers normale Gesellschafterleistungen, die bei „Stehenlassen" nach Eintritt einer neuerlichen Krise aber kapitalersetzend werden können (Letzteres str.). Sollte dagegen der Sanierungsversuch **scheitern**, so nimmt der Sanierungs-Gesellschafter mit seinen Ansprüchen als normaler Insolvenzgläubiger (§ 38 InsO) ohne Nachrang am Insolvenzverfahren der Gesellschaft teil.

Vertiefend
Dauner-Lieb, in: v. Gerkan/Hommelhoff, Handbuch
des Kapitalersatzrechts, Rz. 4.59 ff;
Kleindiek, in: Festschrift U. Hüttemann, S. 173, 189 ff;
Lutter/Hommelhoff/*Lutter/Hommelhoff*, GmbHG,
§§ 32a/b Rz. 88.

92 e) Zur Rechtsfigur des „Sanierungsaktionärs"

näher *Bayer*, in: v. Gerkan/Hommelhoff, Handbuch
des Kapitalersatzrechts, Rz. 11.25 f;
Dauner-Lieb, in: v. Gerkan/Hommelhoff, Handbuch
des Kapitalersatzrechts, Rz. 4.27.

93 f) Das Sanierungsprivileg gilt nur für Anteilserwerbe zu Sanierungszwecken vom 1.5.1998 an.

BGH, Urt. v. 27.11.2000 – II ZR 179/99,
ZIP 2001, 115,
dazu EWiR 2001, 379 *(v. Gerkan)*.

Allerdings können die so privilegierten Gesellschafterleistungen schon vor diesem Stichtag der Gesellschaft erbracht und nun als Altleistung dem Anwendungsbereich des Ersatzkapitalrechts entzogen bleiben, obwohl der Leistende als Gesellschafter (freilich zu Sanierungszwecken) mittlerweile beigetreten ist.

3. Sanierungsdarlehen

g) Inzwischen hat der II. Zivilsenat erstmals zu dem neuen Tatbestand Stellung genommen und sich damit in die disparate Diskussion im Schrifttum eingeschaltet. 94

BGH, Urt. v. 21.11.2005 – II ZR 277/03,
BGHZ 165, 106 = ZIP 2006, 279,
dazu EWiR 2006, 525 *(Westpfahl/Janjuah)* und
Pentz, ZIP 2006, 1169.

Der Senat hat ausgeführt, dass – selbstverständlich – der Wille des Gesellschafters, die GmbH zu sanieren, für sich allein nicht ausreicht, um von der Geltung der Eigenkapitalersatzregeln freigestellt werden zu können. Dass er dies noch einmal ausdrücklich ausgesprochen hat, erklärt sich aus den Einsichten, die er bei einer größeren Zahl von Fällen gewonnen hat, in denen es nicht zur Zulassung der Revision und Verhandlung mit anschließender Publikation eines Urteils gekommen ist, in denen aber von in Anspruch genommenen Gesellschaftern immer wieder der Versuch unternommen worden war, unter Hinweis auf diese Sanierungsabsicht eine Verurteilung abzuwenden.

Vgl. auch BGH, Urt. v. 23.2.2004 – II ZR 207/01,
ZIP 2004, 1049.

Wie oben in Rz. 90 vorgeschlagen, kann auch nach Ansicht des II. Zivilsenats nur eine solche Sanierung privilegiert werden, die nach objektiver Betrachtung aus der ex ante-Sicht Aussicht auf Erfolg hat. Deswegen muss die Gesellschaft nicht nur sanierungsfähig sein; die in Angriff genommenen Maßnahmen müssen auch geeignet sein, den Erfolg herbeizuführen und dies binnen überschaubarer Zeit. Man wird daraus herleiten müssen, dass nach der Auffassung des II. Zivilsenats das unerlässliche Sanierungskonzept eine zeitliche Komponente enthalten muss, nach deren Verstreichen die Gesellschafter die Ergebnisse zu überprüfen und gegebenenfalls zu entscheiden haben, ob im Falle des Scheiterns der Bemühungen ein weiterer Sanierungsversuch gestartet oder aber die Gesellschaft nach den allgemeinen Regeln der eigenkapitalersetzenden Leistungen aufgelöst und abgewickelt werden soll. Auch wenn das **Scheitern** des erfolgversprechenden Sanierungsversuchs das Sanierungsprivileg nicht rückwirkend entfallen lässt,

siehe auch oben Rz. 91,

so dürfen sich die Gesellschafter andererseits nicht damit beruhigen, dass sie eine Sanierung eingeleitet haben. Zusammenfassend heißt es in der neuen Entscheidung

BGH, Urt. v. 21.11.2005 – II ZR 277/03,
BGHZ 165, 106 = ZIP 2006, 279 Tz. 14, 15:

„Der Sanierungszweck ist dabei – soll das Privileg überhaupt einen vernünftigen Sinn haben – vorrangig objektiv zu bestimmen. Danach müssen – neben dem im Regelfall als selbstverständlich zu vermutenden Sanierungswillen – nach der pflichtgemäßen Einschätzung eines objektiven Dritten im Augenblick des Anteilserwerbs die Gesellschaft (**objektiv**) sanierungsfähig und die für ihre

IV. Gegenstand

Sanierung konkret in Angriff genommenen Maßnahmen zusammen objektiv geeignet sein, die Gesellschaft in **überschaubarer Zeit** durchgreifend zu sanieren ... Auf die lediglich subjektive Motivation des Sanierers kann es nach dem Gesetzeszweck schon deshalb nicht entscheidend ankommen, weil andernfalls die schutzwürdigen Interessen der übrigen Gesellschaftsgläubiger in ihrer Wertigkeit nur von dessen Behauptung, er verfolge Sanierungsabsichten, abhingen und deren Befriedigungschancen allein in seiner Hand lägen.

Regelmäßig kann die vorzunehmende „ex ante"-Prognose nur auf der Grundlage eines **dokumentierten Sanierungskonzepts** relevant sein, das zugleich den Nachweis für den subjektiven Sanierungszweck des Anteilserwerbs liefert. Jedoch hängt die Privilegierung der Sanierungsleistungen nicht von dem tatsächlichen Eintritt des Sanierungserfolges ab."

4. Kreditsicherheiten

95 Aus der Sicht der Gesellschaft – und natürlich ebenso ihrer Gläubiger – macht es keinen grundlegenden Unterschied, ob der Gesellschafter ihr in der Krise dadurch hilft, dass er ihr Darlehensmittel zuführt oder früher gewährte Kredite nicht abzieht, oder ob er lediglich die **Sicherheit** zur Verfügung stellt, ohne welche ein außenstehender Dritter – regelmäßig ein Kreditinstitut – der GmbH kein (weiteres) Darlehen gewähren würde. Den Ausweg, statt durch Hingabe von Geld durch eine für fremden Kredit gegebene Sicherheit die Anwendung der Regeln des Eigenkapitalersatzes zu Lasten der Gesellschaftsgläubiger zu vermeiden, hat die Rechtsprechung schon alsbald versperrt.

BGH, Urt. v. 27.9.1976 – II ZR 162/75,
BGHZ 67, 171, 182:

„Denn auch die Bürgschaftsübernahme durch einen Gesellschafter kann wie eine Einlageleistung zu behandeln sein, wenn sie nichts weiter als ein Weg ist, einer vor dem wirtschaftlichen Zusammenbruch stehenden Gesellschaft durch persönlichen Vermögenseinsatz, aber unter Vermeidung einer sonst gebotenen Kapitalerhöhung, neue Mittel zuzuführen, wenn wirtschaftlich also derselbe Erfolg eintritt, wie wenn der Gesellschafter in gleicher Lage unmittelbar ein Darlehen gewährt."

96 Wenn demgemäß – wirtschaftlich betrachtet – die **Kreditsicherheit** und nicht das von der Bank gewährte und derart besicherte Darlehen die der Abwendung der Krise dienende Hilfe darstellt, hat dies Auswirkungen, wenn der Kredit fällig gestellt und dann etwa von der Gesellschaft aus ihr zur Verfügung stehenden anderen Mitteln oder durch Verwertung von ihr selbst gestellten (weiteren) Sicherheiten getilgt wird, obwohl die Stammkapitalziffer nicht durch Gesellschaftsvermögen gedeckt ist. Denn diese Leistungen aus dem gebundenen Vermögen **befreien** zugleich den Gesellschafter von seiner **Sicherungsverpflichtung**: Dies wird nach den Rechtsprechungsregeln wie eine verbotene Rückzahlung haftenden Kapitals behandelt. In dieser Verfahrensweise kommt zum Ausdruck, dass es im Verhältnis zwischen Gesellschafter und Gesellschaft Sache des Ersteren ist, in der Krise die GmbH vor einer Inanspruchnahme durch den außenstehenden Gläubiger zu bewahren,

4. Kreditsicherheiten

also jedenfalls nunmehr der Gesellschaft selbst die Kreditmittel zur Verfügung zu stellen (**Freistellungsanspruch**), vgl. z. B.

> BGH, Urt. v. 6.7.1998 – II ZR 284/94,
> ZIP 1998, 1437,
> dazu EWiR 1998, 747 *(v. Gerkan)*;
> Leitsatz *Goette* (DStR 1998, 1225):
> „Hat eine GmbH & Co. KG formularmäßig revolvierende Kreditsicherheiten bestellt, welche die kreditgebende Bank zur Rückführung des Darlehens verwertet, dann kann der Kommanditist, der durch diese Leistungen aus dem Gesellschaftsvermögen von durch ihn gewährten eigenkapitalersetzend wirkenden Sicherheiten befreit worden ist, sich nicht wegen Fehlens einer ausdrücklichen Freigaberegelung auf die Unwirksamkeit der formularmäßig bestellten Sicherheit berufen (vgl. BGH, Beschl. v. 27.11.1997 – GSZ 1/97, DStR 1998, 256), sondern ist, nachdem die Anfechtungsfrist des § 41 KO verstrichen ist, entsprechend §§ 30, 31 GmbHG zur Erstattung des entsprechenden Betrages an die Gesellschaft verpflichtet."

> BGH, Urt. v. 23.2.2004 – II ZR 207/01,
> ZIP 2004, 1049
> *(Höchstbetrags-Nebenbürgschaft)*;
> BGH, Urt. v. 14.3.2005 – II ZR 129/03,
> ZIP 2005, 659;
> BGH, Urt. v. 22.12.2005 – IX ZR 190/02,
> ZIP 2006, 243;
> siehe näher unten Teil VII und
> Lutter/Hommelhoff/*Lutter/Hommelhoff*, GmbHG,
> §§ 32a/b Rz. 121 ff.

Für die **Novellenregeln** findet sich – bei nicht deckungsgleichen Rechtsfolgen – der entsprechende Tatbestand in § 32a Abs. 2 GmbHG. 97

> *Fleischer*, in: v. Gerkan/Hommelhoff, Handbuch
> des Kapitalersatzrechts, Teil 6.

Entsprechendes kann gelten, wenn nicht ein Kreditinstitut die Darlehensmittel zur Verfügung stellt, sondern ein naher Angehöriger den Kredit gewährt und der Gesellschafter diesen intern von seiner Haftung gegenüber dem Kreditinstitut freistellt, bei dem der nahe Angehörige den an die Gesellschaft weitergereichten Kredit aufgenommen hat; 98

> BGH, Urt. v. 26.6.2000 – II ZR 21/99,
> ZIP 2000, 1489:
> „Der Gesellschafter einer GmbH kann sich seiner Finanzierungsfolgenverantwortung und damit den Rechtsfolgen des Eigenkapitalersatzes nicht dadurch entziehen, dass er die von der GmbH in ihrer Krise benötigten Finanzierungsmittel durch gemeinschaftliche Darlehensaufnahme zusammen mit einem Dritten beschafft und diesen dann – unter interner Freistellung von dessen Rückzahlungspflicht – als Darlehensnehmer gegenüber der GmbH einschaltet."

> Dazu auch EWiR 2001, 19 *(v. Gerkan)*.

IV. Gegenstand

Das ist ein typischer, aber untauglicher Versuch der **Umgehung** der Eigenkapialersatzregeln, wie er auch sonst immer wieder begegnet und den Kritikern dieser Rechtsfigur „Material" für ihre unberechtigte Kritik liefert, die Rechtsprechung sei unklar und unverständlich.

Vgl. zur Umgehung auch
BGH, Urt. v. 28.2.2005 – II ZR 103/02,
ZIP 2005, 660;

BGH, Urt. v. 26.6.2006 – II ZR 133/05.

ZIP 2006, 2272:
„Tritt der Gesellschafter eine zu funktionalem Eigenkapital umqualifizierte Darlehensforderung an einen Dritten ab, der gleichzeitig seine Gesellschafterstellung übernimmt, dann teilt die dadurch erlangte Kaufpreisforderung das Schicksal der Darlehensforderung. Dem bisherigen Gesellschafter ist es deswegen verwehrt, diese Kaufpreisforderung dazu zu verwenden, einen gegen ihn bestehenden Anspruch der Gesellschaft – sei es durch Aufrechnung, sei es durch Weiterverkauf an die Gesellschaft – zum Erlöschen zu bringen."

99 Im Vordergrund unter den derart unter Umständen als funktionales Eigenkapital zu behandelnden Kreditsicherheiten steht die **Bürgschaft** des Gesellschafters. Die für die Eingehung der Bürgenverpflichtung notwendige Form ist, anders als dies für Immobiliarsicherheiten gilt, unschwer zu erfüllen. Dies und die Übung der Banken, von den Gesellschaftern, selbst wenn die fehlende Bonität der Kreditnehmerin hierzu keinen Anlass gibt, vgl.

BGH, Urt. v. 9.10.1986 – II ZR 58/86,
ZIP 1987, 169, 170,
dazu EWiR 1986, 1209 *(v. Gerkan)*;

BGH, Urt. v. 28.9.1987 – II ZR 28/87,
ZIP 1987, 1541 f,
dazu EWiR 1988, 67 *(Fleck)*;

BGH, Urt. v. 27.11.1989 – II ZR 310/88,
ZIP 1990, 95, 96,
dazu EWiR 1990, 61 *(Kort)*;

BGH, Urt. v. 14.3.2005 – II ZR 129/03,
ZIP 2005, 659.

Bürgschaften für Gesellschaftskredite einzufordern, weil sie darin ein nach außen sichtbares Zeichen für die Identifizierung des Mitglieds mit seiner GmbH erblicken, dürfte zu der starken Verbreitung dieses Sicherungsmittels beigetragen haben. Nur ausnahmsweise – etwa wenn nicht der Gesellschafter selbst die Bürgschaft für das Darlehen der Gesellschaft übernimmt, sondern ein Dritter sich für ein von dem Gesellschafter gewährtes Darlehen verbürgt – bedarf die Bürgschaft der Auslegung, ob sie auch das Kapitalersatzrisiko abdecken soll.

BGH, Urt. v. 15.2.1996 – IX ZR 245/94,
BGHZ 133, 298 = ZIP 1996, 538
= DStR 1996, 877:
„Der Sicherungszweck der Bürgschaft für ein Gesellschafterdarlehen umfasst das Kapitalersatzrisiko regelmäßig jedenfalls dann, wenn der Bürge bei der

Übernahme der Bürgschaft weiß, dass der Darlehensgeber Gesellschafter einer GmbH ist und diese sich in der finanziellen Krise befindet." Dazu auch EWiR 1996, 501 (v. Gerkan).

Auch bei der Bürgschaft stehen jedoch in der höchstrichterlichen Rechtsprechung die Fälle der Umqualifizierung durch **Stehenlassen** im Vordergrund, vgl. z. B.

BGH, Urt. v. 7.11.1994 – II ZR 270/93,
BGHZ 127, 336 ff = ZIP 1995, 1752,
dazu EWiR 1996, 127 (Reimann);

BGH, Beschl. v. 9.1.1995 – II ZR 51/94,
DStR 1995, 191;

BGH, Urt. v. 6.2.1995 – II ZR 41/94,
ZIP 1995, 646,
dazu EWiR 1995, 475 (v. Gerkan);

BGH, Urt. v. 14.1.1999 – IX ZR 208/97,
BGHZ 140, 270 = ZIP 1999, 289
= DStR 1999, 467,
dazu EWiR 1999, 1005 (H. Mohrbutter);

BGH, Urt. v. 23.2.2004 – II ZR 207/01,
ZIP 2004, 1049.

Neben normalen Bürgschaften, vgl. z. B.

BGH, Urt. v. 18.11.1991 – II ZR 258/90,
ZIP 1992, 177,
dazu EWiR 1992, 363 (v. Gerkan);

BGH, Urt. v. 9.12.1991 – II ZR 43/91,
ZIP 1992, 108,
dazu EWiR 1992, 277 (Hunecke);

BGH, Urt. v. 16.12.1991 – II ZR 110/91,
DStR 1992, 330,
dazu EWiR 1992, 787 (Wissmann);

BGH, Urt. v. 20.9.1993 – II ZR 151/92,
ZIP 1993, 1614,
dazu EWiR 1993, 1217 (Paulus);

BGH, Urt. v. 7.11.1994 – II ZR 270/93,
BGHZ 127, 336 ff = ZIP 1994, 1934,
dazu EWiR 1995, 157 (H.P. Westermann);

BGH, Urt. v. 6.2.1995 – II ZR 41/94,
ZIP 1995, 646,
dazu EWiR 1995, 475 (v. Gerkan);

BGH, Urt. v. 11.12.1995 – II ZR 128/94,
ZIP 1996, 273,
dazu EWiR 1996, 171 (v. Gerkan);

BGH, Urt. v. 15.2.1996 – IX ZR 245/94,
BGHZ 133, 298 = ZIP 1996, 538,
dazu EWiR 1996, 501 (v. Gerkan);

100

IV. Gegenstand

BGH, Urt. v. 18.11.1996 – II ZR 207/95,
ZIP 1997, 115;

BGH, Urt. v. 14.1.1999 – IX ZR 208/97,
ZIP 1999, 289 = DStR 1999, 467,
dazu EWiR 1999, 1005 *(H. Mohrbutter)*,

können auch **Erfüllungs-** oder **Gewährleistungsbürgschaften** eigenkapitalersetzenden Charakter besitzen oder bei späterem Eintritt der Krise annehmen, wie dies beispielsweise in einem Fall zu prüfen war, in welchem eine an einer Bau-GmbH beteiligte Bank „Avalkredite" für die Gesellschaft übernommen hatte, die den Bauherren die Sicherheit geben sollten, dass die Bauvorhaben überhaupt und obendrein mängelfrei erstellt wurden.

BGH, Beschl. v. 14.12.1992 – II ZR 185/92,
DStR 1993, 251.

Besonders – das gilt vor allem in Hinsicht auf die Rechtsfolgen (siehe unten Teil VII), welche hier zusätzliche Prüfungsschritte erfordern – zu beachten sind Höchstbetrags- und Nebenbürgschaften.

BGH, Urt. v. 23.2.2004 – II ZR 207/01,
ZIP 2004, 1049.

101 Alle **anderen Sicherheiten**, die als Kreditunterlage dienen können, werden ebenso behandelt und können, wenn die tatbestandlichen Voraussetzungen vorliegen, deswegen ebenfalls zu funktionalem Eigenkapital **umqualifiziert** werden.

Fleischer, in: v. Gerkan/Hommelhoff, Handbuch des
Kapitalersatzrechts, Rz. 6.16 ff;
Lutter/Hommelhoff/*Lutter/Hommelhoff*, GmbHG,
§§ 32a/b Rz. 116.

Das gilt z. B. für **Schuldversprechen**,

BGH, Urt. v. 9.3.1992 – II ZR 168/91,
ZIP 1996, 616,

für **Kautionen**,

BGH, Urt. v. 12.12.1988 – II ZR 378/87,
ZIP 1989, 161,

für die **sicherungsweise Übereignung** von Gegenständen,

BGH, Urt. v. 18.11.1991 – II ZR 258/90,
ZIP 1992, 177,
dazu EWiR 1992, 363 *(v. Gerkan)*;
siehe auch
BGH, Urt. v. 23.2.2004 – II ZR 207/01,
ZIP 2004, 1049,

für die Bestellung **dinglicher Sicherheiten** an den Gesellschaftern gehörenden **Immobilien**,

BGH, Urt. v. 18.11.1991 – II ZR 258/90,
ZIP 1992, 177;

BGH, Urt. v. 26.6.2000 – II ZR 21/99,
ZIP 2000, 1489,
dazu EWiR 2001, 19 (v. *Gerkan*);
BGH, Urt. v. 27.11.2000 – II ZR 179/99,
ZIP 2001, 115,
dazu EWiR 2001, 379 (v. *Gerkan*);
BGH, Urt. v. 22.12.2005 – IX ZR 190/02,
ZIP 2006, 243,

für **Sicherungszessionen** oder für die **Verpfändung von Bankkonten**

BGH, Urt. v. 18.11.1991 – II ZR 258/90,
ZIP 1992, 177

oder für **Garantieerklärungen.**

Selbst die einer Bank seitens des Gesellschafters gegebene Zusage, er wolle dem Kreditinstitut durch die Gesellschaft zur Sicherheit übereignete Gegenstände **zum „Einstandspreis" ankaufen,** kann in Höhe der Differenz zwischen dem vereinbarten Preis und dem zum Stichtag bestehenden niedrigeren Verkehrswert eine entsprechend zu behandelnde Sicherheit sein.

BGH, Beschl. v. 5.7.1999 – II ZR 260/98,
DStR 1999, 1409;
Leitsatz *Goette*:
„Die gegenüber einem Kreditgeber der Gesellschaft eingegangene Verpflichtung eines Gesellschafters, von der Gesellschaft zur Kreditsicherung übereignete Gegenstände zum „Einstandspreis" anzukaufen, sofern die Gesellschaft ihre Verpflichtungen aus dem Darlehen nicht erfüllt, kann in Höhe der Differenz des Wertes der Gegenstände beim Einkauf und bei der Erfüllung der Ankaufsverpflichtung eine eigenkapitalersetzende Gesellschaftersicherheit darstellen."

5. Gebrauchsüberlassung

Ob überhaupt und in welchem Umfang die Überlassung von beweglichen Wirtschaftsgütern oder von Grundstücken zum Gebrauch durch die Gesellschaft eine eigenkapitalersetzende Leistung sein kann, ist **früher** Gegenstand heftiger Auseinandersetzungen im Schrifttum, 102

siehe Lutter/Hommelhoff/*Lutter/Hommelhoff*, GmbHG,
§§ 32a/b Rz. 140 m. N.,

gewesen; in jüngerer Zeit sind die Stimmen derjenigen, die einer Qualifizierung der Gebrauchsüberlassung als Gesellschafterhilfe kritisch gegenüberstehen – es handelt sich dabei nicht um die Insolvenzverwalter, sondern die Berater der betroffenen Gesellschafter und deren Gutachter aus der Wissenschaft – lauter geworden mit der Folge, dass der Referentenentwurf zum MoMiG,

siehe dazu oben Rz. 19,

IV. Gegenstand

die Gebrauchsüberlassung nicht mit den Residuen des Eigenkapitalersatzrechts in die Insolvenzordnung transplantieren will. Die höchstrichterliche Rechtsprechung sieht dies anders. Nachdem der II. Zivilsenat in einer ganzen Reihe von – teilweise unter der Bezeichnung „Lagergrundstück Nr. ..." in den Fachzeitschriften publizierten – Judikaten anerkannt hat, dass auch auf diese Weise der Gesellschafter – dem Gebot, sich wie ein ordentlicher Geschäftsmann zu verhalten, zuwider – der GmbH Hilfe leisten kann, um ihren Fortbestand ohne Zuführung neuen haftenden Kapitals zu sichern,

BGH, Urt. v. 16.10.1989 – II ZR 307/88,
BGHZ 109, 55 = ZIP 1989, 1542,
dazu EWiR 1990, 371 *(Fabritius)*;

BGH, Urt. v. 14.12.1992 – II ZR 298/91,
BGHZ 121, 31 = ZIP 1993, 189,
dazu EWiR 1993, 155 *(Fleck)*;

BGH, Urt. v. 14.6.1993 – II ZR 252/92,
ZIP 1993, 1072,
dazu EWiR 1993, 1207 *(v. Gerkan)*;

BGH, Urt. v. 11.7.1994 – II ZR 146/92,
BGHZ 127, 1 = ZIP 1994, 1261,
dazu EWiR 1994, 1201 *(Timm)*;

BGH, Urt. v. 11.7.1994 – II ZR 162/92,
BGHZ 127, 17 = ZIP 1994, 1441,
dazu EWiR 1994, 1107 *(Fleck)*;

BGH, Urt. v. 16.6.1997 – II ZR 154/96,
ZIP 1997, 1375,
dazu EWiR 1997, 753 *(v. Gerkan)*;

BGH, Urt. v. 15.6.1998 – II ZR 17/97,
ZIP 1998, 1352;

BGH, Urt. v. 7.12.1998 – II ZR 382/96,
BGHZ 140, 147 = ZIP 1999, 65,
dazu EWiR 2000, 31 *(v. Gerkan)*;

BGH, Urt. v. 31.1.2000 – II ZR 309/98,
ZIP 2000, 455 = ZfIR 2000, 480;

BGH, Urt. v. 26.6.2000 – II ZR 370/98,
ZIP 2000, 1491;

BGH, Urt. v. 18.12.2000 – II ZR 191/99,
ZIP 2001, 242;

BGH, Urt. v. 28.2.2005 – II ZR 103/02,
ZIP 2005, 660;

BGH, Urt. v. 2.2.2006 – IX ZR 67/02,
BGHZ 166, 125 = ZIP 2006, 578,

hatte sich die **Praxis** darauf eingestellt, dass auch die Gebrauchsüberlassung eigenkapitalersetzend sein kann. Das eigentliche Problem dieser Fallgruppe besteht deswegen auch mehr in der Bestimmung der durch die Charakterisierung der Überlassung als eigenkapitalersetzend eintretenden Rechtsfolgen.

5. Gebrauchsüberlassung

Tatbestandlich setzt die Behandlung der Gebrauchsüberlassung als eigenkapitalersetzend voraus, dass die Gesellschaft, wenn nicht insolvenzreif, dann aber **überlassungsunwürdig** ist. Soweit sie über die Mittel verfügt, den betreffenden Gegenstand selbst zu erwerben, kann sich die Frage der Überlassungsunwürdigkeit nicht stellen: Eine Gesellschaft, die sogar die notwendigen Mittel zum Erwerb des anzumietenden oder anzupachtenden Gegenstandes hat, ist kreditwürdig, mit ihr würde auch ein Eigentümer, der nicht Gesellschafter ist, einen Miet- oder Pachtvertrag schließen.

103

BGH, Urt. v. 16.10.1989 – II ZR 307/88,
BGHZ 109, 55, 62 f:
„Der Gesichtspunkt der Kreditunwürdigkeit ist auch bei der Gebrauchsüberlassung nicht ohne Bedeutung. ... kommt es darauf an, ob die Gesellschaft, wenn sie schon nicht selbst über ausreichende Zahlungsmittel verfügte, wenigstens ohne Hilfe ihrer Gesellschafter aus dem Kapitalmarkt einen Kredit hätte beschaffen können, der es ihr ermöglicht hätte, das benötigte Wirtschaftsgut selbst zu kaufen, ohne dass ihre sonstigen Zahlungsverpflichtungen darunter litten. Ist eine Gesellschaft zu einer solchen Investition finanziell in der Lage, kann regelmäßig nicht angenommen werden, der Gesellschafter habe durch die Gebrauchsüberlassung eine Gesellschaft am Leben erhalten, die ohne sie liquidationsreif war. ... Das Unvermögen einer Gesellschaft, die Investitionskosten für ein bestimmtes Wirtschaftsgut aus eigener Kraft aufbringen oder beschaffen zu können, reicht aber in Fällen der Gebrauchsüberlassung allein nicht aus, um ... die Umqualifizierung der Gesellschafterleistung in haftendes Kapital annehmen zu können. Es muss hinzukommen, dass anstelle des Gesellschafters kein außenstehender Dritter zur Überlassung des Gebrauchs bereit gewesen wäre."

Kommt es dagegen auf die Prüfung der **Überlassungswürdigkeit**, also darauf an, ob ein nicht zum Kreis der Gesellschafter gehörender Dritter den Gegenstand zu den gleichen Bedingungen überlassen hätte, dann stellt die höchstrichterliche Rechtsprechung entscheidend darauf ab, ob es sich um ein **Standardwirtschaftsgut** oder um einen Gegenstand handelt, der auf die Belange des konkreten Mieters oder Pächters **zugeschnitten** ist. Denn dann ist für den gedachten Dritten als Überlassenden die Frage von entscheidender Bedeutung, ob er im Falle der Nichterfüllung des Vertrages durch die Gesellschaft das Gut ohne große Schwierigkeiten anderweit vermieten oder verpachten kann; bestehen hier Schwierigkeiten, weil etwa die Immobilie erst noch für eine Überlassung an einen neuen Nutzer hergerichtet werden muss, führt dies zwangsläufig zu einer kritischeren Prüfung der Bonität der Gesellschaft.

104

BGH, Urt. v. 16.10.1989 – II ZR 307/88,
BGHZ 109, 55, 63 f = ZIP 1989, 1542.

Auch wenn die Gebrauchsüberlassung, um als eigenkapitalersetzende Leistung in der Krise eingestuft werden zu können, keiner **schuldrechtlichen Grundlage** bedarf, wird ihr regelmäßig ein schuldrechtliches Rechtsgeschäft zugrunde liegen. In erster Linie sind in der Praxis entgeltliche Vertragsverhältnisse, nämlich **Miete**,

105

IV. Gegenstand

BGH, Urt. v. 22.10.1990 – II ZR 238/89,
ZIP 1990, 1593, 1595:

„... bedarf keiner Entscheidung, ob das zwischen der Gemeinschuldnerin und der Beklagten bestehende Rechtsverhältnis ein Finanzierungsleasing beinhaltet oder ob es – wie das Berufungsgericht meint – eher die Merkmale eines Miet- oder Pachtverhältnisses aufweist. Denn die Gebrauchsüberlassung innerhalb eines Mietverhältnisses kann entgegen der Ansicht des Berufungsgerichts ebenfalls kapitalersetzend sein. Lagen die Voraussetzungen dafür vor, so wäre die Beklagte entsprechend § 31 GmbHG verpflichtet, die Leasingraten zu erstatten, falls ihr diese aus Mitteln ausgezahlt worden sind, die zur Deckung des Stammkapitals ... erforderlich waren."

Ferner
BGH, Urt. v. 11.7.1994 – II ZR 162/ 92,
BGHZ 127, 17 = ZIP 1994, 1441,
dazu EWiR 1994, 1107 *(Fleck)*;

BGH, Urt. v. 16.10.1989 – II ZR 307/88,
BGHZ 109, 55 = ZIP 1989, 1542;

BGH, Urt. v. 31.1.2000 – II ZR 309/98,
ZIP 2000, 455 = ZfIR 2000, 480;

BGH, Urt. v. 26.6.2000 – II ZR 370/98,
ZIP 2000, 1491;

BGH, Urt. v. 18.12.2000 – II ZR 191/99,
ZIP 2001, 242;

BGH, Urt. v. 28.2.2005 – II ZR 103/02,
ZIP 2005, 660;

BGH, Urt. v. 2.2.2006 – IX ZR 67/02,
ZIP 2006, 578;

oder **Pacht,**

BGH, Urt. v. 11.7.1994 – II ZR 146/92,
BGHZ 127, 1 = ZIP 1994, 1261,
dazu EWiR 1994, 1201 *(Timm)*;

BGH, Urt. v. 7.12.1998 – II ZR 382/96,
BGHZ 140, 147 = ZIP 1999, 65,
dazu EWiR 2000, 31 *(v. Gerkan)*,

ebenso aber auch **Leasingverhältnisse,**

BGH, Urt. v. 22.10.1990 – II ZR 238/89,
ZIP 1990, 1593, 1595 f,
dazu EWiR 1991, 67 *(v. Gerkan)*,

anzutreffen. Denkbar ist aber auch eine von vornherein unentgeltliche Überlassung in Form einer **Leihe.**

106 Von besonderer praktischer Bedeutung sind die Fälle der **Betriebsaufspaltung,** wenn also ein Unternehmen in eine Besitz- und eine Betriebsgesellschaft gespalten wird. Hier geht es nämlich um die Frage, ob die Betriebsaufspaltung von Anfang an und immer eigenkapitalersetzenden Charakter

hat. Mit dieser Frage hat sich der II. Zivilsenat in einem – zweimal in die Revision gelangten

> BGH, Urt. v. 14.12.1992 – II ZR 298/91,
> BGHZ 121, 31 = ZIP 1993, 189,
> dazu EWiR 1993, 155 *(Fleck)*;
> BGH, Urt. v. 19.12.1994 – II ZR 10/94,
> ZIP 1995, 280,
> dazu EWiR 1995, 261 *(v. Gerkan)*

– Fall beschäftigt, in welchem eine ein Bauunternehmen betreibende Kommanditgesellschaft die von ihr selbst angemieteten Betriebsgrundstücke und ihr ganzes Betriebsvermögen an eine neu gegründete, personenidentische GmbH mit dem Ziel vermietet hatte, das Bauunternehmen von dieser GmbH fortführen zu lassen. Nachdem die GmbH in Konkurs gefallen war, hatte ihr Konkursverwalter die Auffassung vertreten, die Betriebsaufspaltung habe von Anfang an eigenkapitalersetzenden Charakter gehabt, so dass die Kommanditgesellschaft keine Mietzahlungen fordern könne. Der II. Zivilsenat hat ausgeführt:

> BGH, Urt. v. 14.12.1992 – II ZR 298/91,
> BGHZ 121, 31, 38 f:
>
> „... wäre ihr diese Nutzungsmöglichkeit auch von dritter Seite eingeräumt worden, lässt sich nicht sagen, der Gesellschafter habe durch die Gebrauchsüberlassung die sonst liquidationsreife Gesellschaft am Leben erhalten. Die Umqualifizierung einer solchen Gesellschafterhilfe in Eigenkapitalersatz kommt erst dann in Betracht, wenn gerade diese konkrete Leistung auf dem allgemeinen Markt nicht zu beschaffen gewesen wäre. Auch dieser Maßstab ist freilich für die Beurteilung eines Falles der Betriebsaufspaltung ... nur bedingt geeignet, weil es im Allgemeinen an einem Markt für die Vermietung und Verpachtung kompletter Betriebseinrichtungen fehlen wird. Daraus lässt sich gleichwohl nicht folgern, in solchen Fällen liege immer Eigenkapitalersatz vor. Der Umstand, dass ein Wirtschaftsgut allgemein auf dem freien Markt nicht zu bekommen ist, zwingt für sich allein den Gesellschafter, wenn er es seiner Gesellschaft, die darauf angewiesen ist, selbst zur Verfügung stellt, nicht dazu, dies in Form einer Eigenkapitalzuführung zu tun; die Vermietung oder Verpachtung des Wirtschaftsguts kann aus seiner Sicht auch, wenn es keinen Markt dafür gibt, im Einzelfall sinnvoll sein. Ob dies mit den **Gepflogenheiten eines ordentlichen Kaufmanns** zu vereinbaren ist, hängt davon ab, ob ein vernünftig handelnder Vermieter oder Verpächter, der nicht an der Gesellschaft beteiligt ist und sich auch nicht an ihr beteiligen will, der Gesellschaft die Gegenstände unter denselben Verhältnissen und zu denselben Bedingungen überlassen hätte."

Gebrauchsüberlassungen mit eigenkapitalersetzendem Charakter können 107 – entgegen der von dem OLG Köln in einem Streitfall vertretenen Ansicht – auch im Rahmen eines **Unternehmenskaufs** auftreten.

> BGH, Urt. v. 16.6.1997 – II ZR 154/96,
> ZIP 1997, 1375:
>
> „Denn auch als Folge eines Unternehmenskaufs, an dem – wie hier – teilweise dieselben Personen als Gesellschafter auf der Veräußerer- und der Erwerberseite beteiligt sind, kann sich jene Krisensituation einstellen, bei der trotz

IV. Gegenstand

Überschuldung oder Kreditunwürdigkeit der erwerbenden Gesellschaft ihre Gesellschafter sich weder zur Liquidation entschließen noch das Unternehmen mit zusätzlichem Eigenkapital ausstatten, sondern ihr Überleben allein durch die Gewährung von Gesellschafterhilfen sicherstellen. Wollte man in einem solchen Fall an der formalen Einordnung der Gesellschafterhilfe als Drittleistung anknüpfen, bliebe unbeachtet, dass diese Leistungen fehlendes oder verloren gegangenes Eigenkapital ersetzen, und es würde den Gesellschaftern die Möglichkeit eröffnet, das mit der unzureichenden Kapitalausstattung verbundene Risiko auf die gegenwärtigen und künftigen Gläubiger der Gesellschaft abzuwälzen. ... Zu einer sanktionslosen Verlagerung der Folgen der Finanzierungsentscheidung der Gesellschafterin auf die Gesellschaftsgläubiger führt es aber, wenn das Berufungsgericht die Eigenkapitalersatzregeln auf den Unternehmenskauf schlechthin nicht anwenden will. Es geht – ... – nicht darum, den vereinbarten Kaufpreis für das Unternehmen und die Zahlungsmodalitäten einer Preiskontrolle zu unterwerfen; vielmehr ist zu verhindern, dass die sowohl an der veräußernden wie an der erwerbenden Gesellschaft beteiligte Gesellschafterin das Risiko, dass die Erwerberin nach ihrer finanziellen Ausstattung außerstande ist, sowohl den vereinbarten Kaufpreis für das Unternehmen als auch den marktüblichen Mietpreis für das Betriebsgrundstück zu entrichten, jedenfalls teilweise den übrigen Gläubigern der Gesellschaft aufbürdet. Stundungen des Kaufpreises können deswegen, soweit die übrigen Voraussetzungen für die Anwendbarkeit der Eigenkapitalersatzregeln vorliegen, ebenso eine eigenkapitalersetzende Leistung der Gesellschafterin sein wie die mietweise Überlassung des Betriebsgrundstücks. Zu einer von dem Berufungsgericht als 'unerträglich' oder 'widersinnig' bezeichneten Preiskontrolle führt dies nicht, weil durch die Heranziehung der Eigenkapitalersatzregeln nicht der Preis für das Unternehmen herabgesetzt, sondern lediglich gewährleistet wird, dass der Gesellschafter, dessen Hilfe funktionales Eigenkapital darstellt, dasselbe nicht zu Lasten des das Stammkapital deckenden Vermögens abziehen, sondern die vereinbarte Gegenleistung für die Unternehmensübertragung erst dann entgegennehmen darf, wenn dies ohne Verletzung der Kapitalerhaltungsvorschriften geschehen kann."

6. Andere Gegenstände

108 Da es bei der Anwendung der Eigenkapitalersatzregeln darum geht, den Gesellschafter für die **Folgen** seiner **Finanzierungsentscheidung** verantwortlich zu machen, also ihn daran festzuhalten, dass er in der Krisensituation keine der beiden allein ihm zur Verfügung stehenden Maßnahmen – Zuführung neuen haftenden Kapitals oder Einleitung der Liquidation – ergriffen hat, werden über die bisher erörterten Fallgruppen hinaus sämtliche Gesellschafterhilfen in **funktionales Eigenkapital umqualifiziert** und denselben Regeln unterworfen, die im wirtschaftlichen Ergebnis wie Darlehen, Kreditsicherheit oder Gebrauchsüberlassung geeignet sind, den „Todeskampf" der GmbH zu verlängern. Für die Novellenregeln findet sich dieses Prinzip in § 32a Abs. 3 Satz 1 GmbHG niedergelegt.

109 In der Praxis begegnet die **Stundung** fälliger Gesellschafter-Forderungen als Form der Gesellschafterhilfe außerordentlich häufig, wenn eine Krise auftritt. Sie bietet sich einerseits deswegen besonders an, weil sie keinerlei Aktivitäten erfordert.

6. Andere Gegenstände

Ebenso wenig wie bei sonstigen eigenkapitalersetzenden Leistungen eine **Finanzierungsabrede** erforderlich ist,

> BGH, Urt. v. 18.11.1991 – II ZR 258/90,
> ZIP 1992, 177,
> dazu EWiR 1992, 363 *(v. Gerkan)*;
> BGH, Urt. v. 14.12.1992 – II ZR 298/91,
> BGHZ 121, 31, 41 f = ZIP 1993, 189,
> dazu EWiR 1993, 155 *(Fleck)*;
> BGH, Urt. v. 28.11.1994 – II ZR 77/93,
> ZIP 1995, 23,
> dazu EWiR 1995, 367 *(Fleck)*,

bedarf auch die Stundung keiner entsprechenden Einigung zwischen Gesellschaft und Gesellschafter; das **schlichte Nichteinfordern** des fälligen Anspruchs führt, sofern der Gesellschafter – wie regelmäßig – die Krise jedenfalls hat erkennen können, zur Umqualifizierung.

> BGH, Urt. v. 18.11.1991 – II ZR 258/90,
> ZIP 1992, 177, 179:
> „... nicht erforderlich, dass das Stehenlassen einer noch zurzeit der Gesundheit der Gesellschaft gewährten Gesellschafterhilfe bei Eintritt der Krise auf einer **Stundungsabrede** mit der Gesellschaft beruht. Es reicht vielmehr aus, dass der Gesellschafter in dieser Situation nicht von einer ihm zur Verfügung stehenden Möglichkeit Gebrauch macht, seine Hilfe zurückzuziehen oder unmittelbar die Liquidation der Gesellschaft einzuleiten."
>
> BGH, Urt. v. 17.2.2003 – II ZR 281/00,
> ZIP 2003, 625.

Der Eintritt der Krise muss ferner auf diese Weise nicht – mit unter Umständen weiteren unerwünschten Folgen für den Kredit der Gesellschaft – nach außen getragen werden, und schließlich handelt es sich um ein äußerst flexibel einsetzbares Instrument, bei dem sich der Gesellschafter seinen Informationsvorsprung als Insider gegebenenfalls zunutze machen kann. Zur Umqualifizierung kann es auch hier durch „**Stehenlassen**" kommen.

> BGH, Urt. v. 28.11.1994 – II ZR 77/93,
> ZIP 1995, 23:
> „Wie das 'Stehenlassen' einer Kredithilfe bewirkt auch das Unterlassen der Geltendmachung einer dem Gesellschafter aus einem Verkehrsgeschäft gegen die Gesellschaft zustehenden Forderung die Umqualifizierung der Mittel nur dann, wenn der Gesellschafter wenigstens die Möglichkeit hatte, die den Eintritt der Krise begründenden Umstände zu erkennen."

Stehenlassen eines fälligen Anspruchs als erste – und unglücklicherweise oft einzige – Reaktion auf das Auftreten der Krise ist eine geradezu reflexhafte Reaktion des Gesellschafters, wenn er noch eine Chance für die Weiterführung der Gesellschaft sieht; auch dies erklärt, warum diese Variante einer Gesellschafterhilfeleistung heute in einer derart dominierenden Häufigkeit in der gerichtlichen Praxis auftritt.

110 **Beispiele** aus der höchstrichterlichen Rechtsprechung betreffen die Stundung **nicht entnommener Gewinne**,

> BGH, Urt. v. 16.11.1979 – II ZR 104/77,
> BGHZ 75, 334 f = ZIP 1980, 115,

oder des dem Gesellschafter-Geschäftsführer nicht **ausgezahlten Gehalts**,

> BGH, Urt. v. 24.3.1980 – II ZR 213/77,
> BGHZ 76, 326 = ZIP 1980, 361,

oder von **Spesen** und **Tantiemen**,

> BGH, Urt. v. 28.9.1981 – II ZR 223/80,
> BGHZ 81, 365 = ZIP 1997, 1375,
> dazu EWiR 1997, 753 (v. Gerkan),

oder einer **Abfindung**,

> BGH, Urt. v. 19.9.2005 – II ZR 229/03,
> ZIP 2005, 2016,
> dazu EWiR 2005, 883 (v. Gerkan),

oder von **Provisionsansprüchen**.

> BGH, Urt. v. 2.4.2001 – II ZR 261/99,
> ZIP 2001, 839.

Ferner hat der II. Zivilsenat dies für die Stundung des **Kaufpreises** im Rahmen eines Unternehmenskaufs,

> BGH, Urt. v. 16.6.1997 – II ZR 154/96,
> ZIP 1997, 1375,
> dazu EWiR 1997, 753 (v. Gerkan),

oder für Zahlungsansprüche aus **Warengeschäften** bejaht,

> BGH, Urt. v. 13.7.1981 – II ZR 256/79,
> BGHZ 81, 252, 263 = ZIP 1981, 974;
>
> BGH, Urt. v. 17.2.2003 – II ZR 281/00,
> ZIP 2003, 625,

sofern ein fremder Dritter in derselben Lage auf sofortiger Bezahlung bestanden hätte. Ebenso ist jede andere fällige Forderung eines Gesellschafters – etwa auf Zahlung von **Miete, Mietnebenkosten** oder **Pacht** –, die in der Krise nicht eingefordert wird, bei Vorliegen der weiteren Voraussetzungen eine durch Stundung umqualifizierte Gesellschafterleistung.

> Vgl. BGH, Urt. v. 28.2.2005 – II ZR 103/02,
> ZIP 2005, 660;
>
> BGH, Urt. v. 2.2.2006 – IX ZR 67/02,
> ZIP 2006, 578.

111 Als eigenkapitalersetzende Gesellschafterhilfe hat der II. Zivilsenat auch **systematische Zahlungszielüberschreitungen** in folgendem Fall behandelt: Die Beklagte war Gesellschafterin der späteren Gemeinschuldnerin, die

6. Andere Gegenstände

wechselseitigen Forderungen aus Stahllieferungen bzw. der Bearbeitung des Stahls sollten verrechnet werden. Die Beklagte hat ihre Forderungen teilweise um Monate verspätet verrechnen oder bezahlen lassen; hierin hat der Konkursverwalter später eine Kredithilfe mit eigenkapitalersetzendem Charakter gesehen.

> BGH, Urt. v. 28.11.1994 – II ZR 77/93,
> ZIP 1995, 23:
> „Dadurch, dass die Gemeinschuldnerin die Begleichung ihrer Verbindlichkeiten aus den Warenlieferungen ständig über die üblichen Zahlungsziele hinaus vor sich herschob, verschaffte sie sich einen fortlaufend bestehen bleibenden Kredit in Höhe der Gesamtsumme des jeweiligen überfälligen Forderungsbestandes. Die Nutzung der auf diese Weise zur Verfügung stehenden Finanzmittel bedeutet bei Vorliegen der sonstigen Voraussetzungen Ersatz von Eigenkapital. Der Höhe nach besteht dieser Kapitalersatz in dem durchschnittlichen Saldo der 'gestundeten' Forderungen."

Da von einer Gesellschafterhilfe, die dem in § 32a Abs. 1 GmbHG aufgestellten Kriterium entspricht, dass ein ordentlicher Kaufmann – wenn er die Gesellschaft nicht auflösen oder in die Insolvenz entlassen, sondern sie fortführen will – der GmbH neues Eigenkapital zugeführt hätte, nicht die Rede sein kann, wenn eine einzelne offene Forderung bei Überschreitung des eingeräumten Zahlungsziels nicht sogleich nachhaltig verfolgt wird, hat der II. Zivilsenat die dahingehende, den Anwendungsbereich des Eigenkapitalersatzrechts viel zu weit ausdehnende Auffassung des Berufungsgerichts verworfen: Nur eine systematische, fortlaufend gewährte Hinnahme von Zahlungszielüberschreitungen hat für die Gesellschaft ähnliche Wirkungen wie eine Darlehensgewährung. Werden jeweils Forderungen in das Verrechnungsverhältnis eingestellt, treten zwangsläufig Schwankungen hinsichtlich der von dem Gesellschafter gewährten Hilfe ein; nur bei längerfristiger Betrachtung lässt sich feststellen, dass der Gesellschafter durch **faktische Stundung** der GmbH Kredit einräumt und wie hoch die Kredithilfe ist. Der Umfang dieser Kapitalhilfe soll nach der Revisionsentscheidung aufgrund des durchschnittlichen Saldos der „gestundeten" Forderungen zu ermitteln sein. Eine verbotene und den Rückgewähranspruch auslösende Zahlung liegt deswegen nur dann vor, wenn durch die Forderungsverrechnung in der Krise dieser Durchschnittssaldo zurückgeführt worden ist. Dagegen scheint der II. Zivilsenat sich die Reduzierung der offenen Rechnungen auf den durchschnittlichen Saldo als Rückführung einer lediglich **kurzfristigen Gesellschafterhilfe** vorzustellen. Hier ist indessen mit Rücksicht auf die grundlegenden Bedenken gegen diese Rechtsfigur,

siehe Rz. 54,

äußerste Vorsicht angezeigt; die Einstufung einer solchen Rückführung als nicht dem Eigenkapitalersatzrecht unterfallende Leistung kann nur anerkannt werden, wenn hinsichtlich der Fristen die aus § 64 Abs. 1 GmbHG ersichtlichen Grenzen nicht überschritten werden.

IV. Gegenstand

Vgl. BGH, Urt. v. 17.7.2006 – II ZR 106/05,
ZIP 2006, 2130:

„Maßstab für die Beurteilung, ob ein „kurzfristiger Überbrückungskredit" vorliegt und das Darlehen ausnahmsweise nicht als funktionales Eigenkapital zu behandeln ist, sind die in § 64 Abs. 1 GmbHG niedergelegten Wertungen; die Laufzeit darf danach die dort genannte Höchstfrist von drei Wochen nicht überschreiten."

Anderenfalls wird man auch einzelne Rechnungen als eigenkapitalersetzend wirkende Gesellschafterhilfe durch Stundung einstufen müssen, deren Rückführung verboten ist und den Erstattungsanspruch auslöst.

112 Selbst die einer Bank seitens des Gesellschafters gegebene Zusage, er wolle dem Kreditinstitut durch die Gesellschaft zur Sicherheit übereignete Gegenstände **zum „Einstandspreis" ankaufen,** kann in Höhe der Differenz zwischen dem vereinbarten Preis und dem zum Stichtag bestehenden niedrigeren Verkehrswert eine entsprechend zu behandelnde Sicherheit sein.

BGH, Beschl. v. 5.7.1999 – II ZR 260/98,
DStR 1999, 1409;
Leitsatz *Goette*:

„Die gegenüber einem Kreditgeber der Gesellschaft eingegangene Verpflichtung eines Gesellschafters, von der Gesellschaft zur Kreditsicherung übereignete Gegenstände zum 'Einstandspreis' anzukaufen, sofern die Gesellschaft ihre Verpflichtungen aus dem Darlehen nicht erfüllt, kann in Höhe der Differenz des Wertes der Gegenstände beim Einkauf und bei der Erfüllung der Ankaufsverpflichtung eine eigenkapitalersetzende Gesellschaftersicherheit darstellen."

113 In jüngerer Zeit hatte der II. Zivilsenat sich mit einem Fall zu befassen, in dem eine Gesellschafterin ihrer GmbH ein Grundstück verkauft und die Zahlung des Kaufpreises in zehn gleichen Jahresraten vereinbart, nach Eintritt der Krise aber zunächst von der Durchsetzung der weiteren Kaufpreisansprüche Abstand genommen und schließlich den Rücktritt vom Kaufvertrag erklärt hatte. Der Insolvenzverwalter forderte Erstattung der beiden von der Gemeinschuldnerin geleisteten Kaufpreisraten, die Muttergesellschaft versuchte, mit ihrem aufgrund des Rücktritts vom Kaufvertag entstandenen Nutzungsentschädigungsanspruch aufzurechnen. Dem ist der II. Zivilsenat entgegengetreten.

BGH, Urt. v. 2.7.2001 – II ZR 264/99,
ZIP 2001, 1360:

„Der durch den in der Krise der Gesellschaft erklärten Rücktritt vom Kaufvertrag entstandene Nutzungsentschädigungsanspruch des Gesellschafters teilt das Schicksal des bis dahin gestundeten Kaufpreisanspruchs und ist wie dieser als eigenkapitalersetzende Gesellschafterhilfe einzuordnen."

V. Exkurs: Finanzplankredit

Dem Eigenkapitalersatz wirtschaftlich-funktional benachbart sind die soge- 114
nannten Finanzplankredite, Einlagen-gleiche Gesellschafterleistungen, die
als Quasi-Kapital besonderem Risiko ausgesetzt sind. Trotz ihrer wirtschaftlichen Nähe zum Eigenkapitalersatz sind sie nach der Rechtsprechung
des Bundesgerichtshofs,

> BGH, Urt. v. 28.6.1999 – II ZR 272/98,
> BGHZ 142, 116 = ZIP 1999, 1263,
> dazu EWiR 1999, 843 *(Dauner-Lieb)*;
>
> *Fleischer*, DStR 1999, 1774;
> *Kleindiek*, WuB II C. § 32a GmbHG 4.01,

dennoch rechtsdogmatisch streng gegenüber diesen abzugrenzen, weil sie
einem Rechtsregime unterliegen, das in mehrfacher Hinsicht vom Recht des
Eigenkapitalersatzes zum Teil gravierend abweicht. Rechtstatsächlich kommen als Einlagen-gleiches Quasi-Kapital Mittelzusagen bei gesellschaftlichen Reorganisationen zur Krisenüberwindung in Betracht, um diese abzustützen oder überhaupt erst zu ermöglichen,

> BGH, Urt. v. 19.9.1996 – IX ZR 249/95,
> BGHZ 133, 298, 302 f = ZIP 1996, 1829;
> dazu EWiR 1996, 1087 *(Fleck)*,

aber auch und vor allem Gesellschafterleistungen in der Startphase einer Gesellschaft oder bei angestrebten Erweiterungen oder Innovationen oder bei
langfristigen Investitionen.

> Lutter/Hommelhoff/*Lutter/Hommelhoff*, GmbHG,
> §§ 32a/b Rz. 179.

1. Erfasste Gesellschafterleistungen

Während das Recht des Eigenkapitalersatzes allein **tatsächlich erbrachte** 115
Gesellschafterleistungen erfasst, kann sich das Recht des Quasi-Kapitals
(„Finanzplankredite") auch auf Leistungen beziehen, die der Gesellschafter
der Gesellschaft zu erbringen versprochen, aber eben noch nicht erbracht
hat. Ansatz für das Recht des Quasi-Kapitals bieten damit zum einen Gesellschafterleistungen, die fernab von einer Krise der Gesellschaft dieser
etwa mit Blick auf einen später möglichen Kriseneintritt versprochen worden sind, daneben aber auch solche Gesellschafterleistungen, die während
einer bestehenden oder bevorstehenden Gesellschaftskrise versprochen,
aber der Gesellschaft noch nicht tatächlich erbracht worden sind. Ebenfalls
dem Recht des Quasi-Kapitals mögen im Einzelfall krisenfern tatsächlich
zugeführte Gesellschafterleistungen unterfallen, wenn dies mit Blick auf
einen möglichen Kriseneintritt zur Stärkung der Gesellschaft geschehen ist.

V. Exkurs: Finanzplankredit

116 Unter bestimmten Voraussetzungen ist dieses Quasi-Kapital der Gesellschaft gebunden; dies findet seine Rechtfertigung zunächst und vor allem im Konsens zwischen der Gesellschaft und dem Gesellschafter über den Leistungszweck.

> Lutter/Hommelhoff/*Lutter/Hommelhoff*, GmbHG,
> §§ 32a/b Rz. 171.

Kraft seiner privatautonom begründeten Verpflichtung kann der Gesellschafter gegebenenfalls auch auf Auszahlung eines versprochenen „Finanzplankredits" in Anspruch genommen werden.

Jedenfalls vor Kriseneintritt steht es den Beteiligten in Ausübung ihrer Privatautonomie allerdings frei, sich vom Zweckkonsens wieder zu lösen. Die Regeln über die Kapitalherabsetzung brauchen nicht eingehalten zu werden. Nach Eintritt der Krise will der Bundesgerichtshof,

> BGH, Urt. v. 28.6.1999 – II ZR 272/98,
> BGHZ 142, 116, 121 = ZIP 1999, 1263, 1264,
> dazu EWiR 1999, 843 *(Dauner-Lieb)*,

selbst eine einvernehmliche Aufhebung der Bindung mit Rücksicht auf ihre einlageähnliche Wirkung indes nicht zulassen. Angesichts des vom Prinzip der Privatautonomie geprägten Grundverständnisses des „Finanzplanrechts" wird im Schrifttum hingegen sehr kontrovers darüber debattiert, ob – und in welcher Richtung – der Aufhebbarkeit der Bindung nach Kriseneintritt Schranken gesetzt sind.

> Weiterführend
> *Dauner-Lieb*, in: v. Gerkan/Hommelhoff, Handbuch
> des Kapitalersatzrechts, Rz. 4.16 ff;
> *Kleindiek*, WuB II C. § 32a GmbHG 4.01.

2. Quasi-Kapital und Eigenkapitalersatz: Unterschiede in den Rechtsfolgen

117 Wenn Quasi-Kapital fernab von einer bestehenden oder bevorstehenden Gesellschaftskrise tatsächlich gewährt worden ist (namentlich, wenn dies mit Blick auf deren möglichen Eintritt geschehen sein sollte), tritt nach den in Rz. 116 zitierten Feststellungen des Bundesgerichtshofs ein Rückleistungsverbot mit Krisenbeginn in Kraft; der Gesellschafter hat danach keine Entscheidungsfreiheit mehr, weil er seine Entscheidung schon zuvor mit dem Zweckkonsens getroffen hatte. – Anders beim Stehenlassen eines bislang ungebundenen normalen Gesellschafterdarlehens: Hier kann der Gesellschafter bei Kriseneintritt noch wählen, ob er wie jeder andere Gesellschaftsgläubiger auch die Rückzahlung seines Darlehens betreiben will.

> Siehe oben Teil III.

3. Tatbestand des Quasi-Kapitals

Entsprechendes gilt für Darlehens- und andere Leistungszusagen: Während **118** die Regeln zum Eigenkapitalersatz dem Gesellschafter die Freiheit belassen, seine Darlehenszusage gemäß § 490 BGB bei Kriseneintritt zu widerrufen, muss der Gesellschafter zugesagtes Quasi-Kapital trotz oder gar wegen des Kriseneintritts erbringen und kann von dieser Verpflichtung sogar im Einvernehmen aller Beteiligten nicht befreit werden.

Sollte ein Gesellschafter Quasi-Kapital zunächst nur versprochen, dann aber **119** tatsächlich der Gesellschaft erbracht haben, so ist diese Gesellschafterleistung mit Kriseneintritt nach den Regeln des Eigenkapitalersatzrechts und nach den besonderen Regeln für Quasi-Kapital gebunden.

> Zum Nebeneinander von Finanzplanfinanzierung und Eigenkapitalersatz vertiefend
> *Dauner-Lieb*, in: v. Gerkan Hommelhoff, Handbuch des Kapitalersatzrechts, Rz. 9.11 ff;
> Lutter/Hommelhoff/*Lutter/Hommelhoff*, GmbHG, §§ 32a/b Rz. 173.

Zu weiteren Einzelheiten bei den **Rechtsfolgen** des Quasi-Kapitals **120**

> vgl. Lutter/Hommelhoff/*Lutter/Hommelhoff*, GmbHG, §§ 32a/b Rz. 171, 181 ff.

3. Tatbestand des Quasi-Kapitals

In seinem Tatbestand ist Quasi-Kapital trotz seines Ausweises als Fremdka- **121** pital der Gesellschaft durch seine materielle Eigenkapitalfunktion, durch seine Einlagen-Gleichheit gekennzeichnet: Die Beteiligten betrachten und behandeln die Gesellschafterleistung wie eine Einlage,

> BGH, Urt. v. 21.3.1988 – II ZR 238/87,
> BGHZ 104, 33, 38 ff = ZIP 1988, 638,

insbesondere, wenn die Gesellschafterleistung nach dem Konsens der Beteiligten die Gesellschaft für den Fall einer (momentan noch ganz fern liegenden) Krise stützen soll.

> Siehe
> BGH, Urt. v. 9.3.1992 – II ZR 168/91,
> ZIP 1992, 616, 617.

Daneben ist eine Gesellschafterleistung dann als Quasi-Kapital einzustufen, wenn sie nach der von den Gesellschaftern initiierten oder auch nur akzeptierten Finanzierungsvorschau dem Risikokapital der Gesellschaft zugewiesen sein soll.

> Näher
> Lutter/Hommelhoff/*Lutter/Hommelhoff*, GmbHG, §§ 32a/b Rz. 175;
> siehe auch *Dauner-Lieb*, in: v. Gerkan/Hommelhoff, Handbuch des Kapitalersatzrechts, Rz. 9.8 ff.

V. Exkurs: Finanzplankredit

122 Um diese materielle Eigenkapitalfunktion der Gesellschafterleistung festzustellen, ist der gesamte ihr zugrunde liegende Vertrag samt seiner näheren Umstände zu würdigen.

> BGH, Urt. v. 9.12.1996 – II ZR 34/95,
> GmbHR 1997, 498, 499.

Zu den Indizien für diese Funktion im Einzelnen mit weiteren Nachweisen

> Lutter/Hommelhoff/*Lutter/Hommelhoff*, GmbHG,
> §§ 32a/b Rz. 176 ff.

VI. Persönlicher Geltungsbereich

1. Übersicht

Adressat der Regel zum Eigenkapitalersatz sind die Gesellschafter, nicht außenstehende Dritte. Denn diese sind für die Finanzierung der Gesellschaft nicht verantwortlich zu machen und können deshalb auch nicht die Finanzierungsfolgenverantwortung tragen – das zentrale Element, um die Umqualifizierung vermeintlichen Fremdkapitals in Eigenkapitalersatz zu legitimieren. 123

Oben Rz. 7 ff.

Allerdings war die Rechtsprechung in Einzelfällen immer schon gezwungen, auch Nichtgesellschafter dem Recht des Eigenkapitalersatzes zu unterstellen, um Versuchen der Praxis entgegenzuwirken, die darauf abzielten, die strengen Regeln des Eigenkapitalersatzrechtes rechtsgestaltend zu umgehen.

Vgl. etwa BGH, Urt. v. 28.9.1981 – II ZR 223/80, BGHZ 81, 365 = ZIP 1981, 1332.

Diese Linie hat der Bundesgerichtshof für verbundene Unternehmen (Rz. 142 f) und maßgebliche Beteiligungen (Rz. 144) ebenso konkretisiert wie etwa für Leistungen naher Angehöriger (Rz. 150) oder für gemeinschaftliche Finanzoperationen von Eheleuten (Rz. 152).

Im Ergebnis ist allen diesen Versuchen zur rechtsgestaltenden Vermeidung kein Erfolg beschieden gewesen; sie haben jedoch hier und an anderen Stellen zu umfangreichem Rechtsprechungsmaterial geführt.

Dazu *Goette*, ZHR 162 (1998), 223, 225 f.

Im Kapitalaufnahmeerleichterungsgesetz von 1998 hat der Gesetzgeber den nur mit einer Kleinbeteiligung von 10 % und weniger engagierten Gesellschafter von der Anwendung der Regeln zum Eigenkapitalersatz freigestellt, sofern dieser nicht die Geschäfte der Gesellschaft führt (§ 32a Abs. 3 Satz 2 GmbHG). Damit hat der Gesetzgeber u. a. den nur geringfügig beteiligten Gesellschafter von mitunternehmerischer Finanzierungsverantwortung freistellen wollen, ohne ihm das steuerliche Schachtelprivileg vorzuenthalten. – Diese Neuregelung ist auf teilweise massive rechtspolitische Kritik gestoßen. 124

Siehe *v. Gerkan*, in: v. Gerkan/Hommelhoff, Handbuch des Kapitalersatzrechts, Rz. 3.16 m. w. N.

Ihr wird entgegengehalten, dass nichtunternehmerisch beteiligte Familienangehörige, Erben und auch Kapitalbeteiligungs-Gesellschaften einen Status relativer „Unverantwortlichkeit" in Rechtssicherheit benötigen, die ihnen die Rechtsprechung im konkreten Einzelfall, wenn überhaupt, dann erst in dritter Instanz bieten könnte.

Lutter/Hommelhoff/*Lutter/Hommelhoff*, GmbHG, §§ 32a/b Rz. 66.

VI. Persönlicher Geltungsbereich

125 Der Bundesgerichtshof hat jedenfalls klargestellt, dass die Freistellung von Kleinbeteiligungen erst von dem Zeitpunkt an wirkt, da die Regelung des § 32a Abs. 3 Satz 2 GmbHG in Kraft getreten ist, also nicht für den Zeitraum davor (Rz. 137).

126 Die nachfolgenden Darlegungen befassen sich außer mit dem Zeitpunkt der Gesellschafter-Eigenschaft (Rz. 130 ff) vor allem mit jenen Personen, die trotz ihrer fehlenden Gesellschafterrolle als Adressat des Eigenkapitalersatzrechts in Betracht kommen: verbundene Unternehmen (Rz. 142 ff), qualifiziert ausgestattete Sicherungsnehmer (Rz. 149) und Familienangehörige (Rz. 150 ff). Schließlich ist auf das Kleinbeteiligungsprivileg einzugehen (Rz. 134 ff).

Im Vergleich zur **Vorauflage** hat der Bundesgerichtshof seine Rechtsprechung zur Einbeziehung eines Aktionärsdarlehens in das Eigenkapitalersatzrecht (vgl. Rz. 128) sowie zur zeitlichen Geltung des Kleinbeteiligungsprivilegs (Rz. 137) fortgeschrieben. Außerdem hatte er über die Folgen der Veräußerung eines Grundstücks zu entscheiden, das der Gesellschafter als bisheriger Eigentümer an die Gesellschaft vermietet hatte (vgl. Rz. 132).

2. Grundsatz: Gesellschafter

127 Nach dem Gesetz, das den bewährten Regeln der Rechtsprechungsregeln folgt, ist **Adressat** der Regeln der Gesellschafter der GmbH, ohne dass es – von der noch zu behandelnden **Ausnahme der Kleinbeteiligung** (unten Rz. 134 ff) abgesehen – auf eine bestimmte Beteiligungshöhe oder die Verfolgung bestimmter unternehmerischer Interessen ankäme; vielmehr ist – wie schon der Wortlaut des § 32a Abs. 1 GmbHG nahelegt – grundsätzlich jeder Gesellschafter gemeint.

> BGH, Urt. v. 19.9.1988 – II ZR 255/87,
> BGHZ 105, 168:
>
> „Allein durch die Tatsache seiner Beteiligung an der Gesellschaft übernimmt der Gesellschafter die Verantwortung dafür, dass er die GmbH durch Finanzierungsleistungen in Zeiten am Leben hält, in denen ihr die Gesellschafter als ordentliche Kaufleute Eigenkapital zugeführt hätten."
>
> Dazu auch EWiR 1988, 1095 (*Fleck*).

128 Insofern unterscheidet sich das für die GmbH – Entsprechendes gilt für die GmbH & Co. KG (dazu unten Rz. 185 ff) – zu beachtende Regelungssystem von der Lage bei der **Aktiengesellschaft**; bei dieser ist nach der höchstrichterlichen Rechtsprechung grundsätzlich eine Beteiligung von **mehr als 25 %** erforderlich, um den Aktionär als von dem unternehmerischen Interesse geleitet anzusehen, das neben der Möglichkeit, zwischen den beiden für das Eingreifen der Eigenkapitalersatzregeln konstitutiven

2. Grundsatz: Gesellschafter

Handlungsvarianten wählen zu können, erforderlich ist, wenn man Hilfen des Aktionärs in der Krise als funktionales Kapital behandeln will.

BGH, Urt. v. 26.3.1984 – II ZR 171/83,
BGHZ 90, 381 = ZIP 1984, 572;

BGH, Urt. v. 9.5.2005 – II ZR 66/03,
ZIP 2005, 1316:

„Die Grundsätze des Eigenkapitalersatzes sind auf Finanzierungshilfen eines Aktionärs in der Regel nur dann sinngemäß anzuwenden, wenn er mehr als 25 % der Aktien der Gesellschaft hält oder – bei geringerer, aber nicht unbeträchtlicher Beteiligung – verbunden mit weiteren Umständen über gesellschaftsrechtlich fundierte Einflussmöglichkeiten in der Gesellschaft verfügt, die einer Sperrminorität vergleichbar sind. Ein Vorstands- oder Aufsichtsratsamt genügt dafür nicht (Ergänzung zum Sen.Urt. v. 26.3.1984 – II ZR 171/83, BGHZ 90, 381 ff.)"

Siehe näher unten Rz. 192 f.

Der Referentenentwurf zum MoMiG,

dazu oben Rz. 19,

der einzelne Elemente des bisherigen Eigenkapitalersatzrechts trotz seiner generellen Abschaffung in die Insolvenzordnung überführen will – das gilt z. B. für das Kleinbeteiligungs- und das Sanierungsprivileg –, will die genannte Schwelle aufheben und alle Gesellschaften gleichmäßig behandeln.

Siehe schon oben Rz. 20.

Bei der **GmbH & Co. KG**, bei der keine natürliche Person als Komplementär vorhanden ist, ist die Situation insofern anders, als die Eigenkapitalersatzregeln auch zu Lasten des sogenannten „Nur"-Kommanditisten anwendbar sind. 129

BGH, Urt. v. 19.2.1990 – II ZR 268/88,
BGHZ 110, 342 ff = ZIP 1990, 578 ff,
dazu EWiR 1990, 479 *(Bergmann)*;
siehe näher unten Rz. 188 f.

Da die Eigenkapitalersatzregeln an die **Gesellschafterstellung** anknüpfen, muss der Betreffende in dem **entscheidenden Zeitpunkt** der Hilfegewährung – mag es sich um eine bei Auftreten der Krise zur Verfügung gestellte Leistung, um ihre Umqualifizierung durch Stehenlassen oder um die auch auf den Krisenfall bezogene verbindliche Zusage handeln – Mitglied der GmbH sein. 130

Deswegen verliert ein eigenkapitalersetzendes Gesellschafterdarlehen nicht diese Qualität und wird nicht automatisch wieder zu einem normalen Drittgläubigerrecht, wenn der Gesellschafter aus der Gesellschaft **ausscheidet**. 131

BGH, Urt. v. 24.3.1954 – II ZR 23/53,
BGHZ 13, 49, 54;

BGH, Urt. v. 13.7.1981 – II ZR 256/79,
BGHZ 81, 252, 258 = ZIP 1981, 974;

BGH, Urt. v. 6.5.1985 – II ZR 132/84,
ZIP 1985, 1075, 1077,
dazu EWiR 1985, 685 *(Fleck)*;

BGH, Urt. v. 19.2.1990 – II ZR 268/88,
BGHZ 110, 342, 353 = ZIP 1990, 578,
dazu EWiR 1990, 479 *(Bergmann)*;

BGH, Urt. v. 11.7.1994 – II ZR 146/92,
BGHZ 127, 1, 6 f:

„Eine der Gesellschaft in der Krise gewährte oder belassene Gesellschafterleistung verliert die Eigenschaft als Kapitalersatz nicht dadurch, dass der Gesellschafter später aus der Gesellschaft ausscheidet."

BGH, Urt. v. 15.2.1996 – IX ZR 245/94,
BGHZ 133, 298 = ZIP 1996, 538,
dazu EWiR 1996, 501 *(v. Gerkan)*.

Ferner
BGH, Urt. v. 21.6.1999 – II ZR 70/98,
ZIP 1999, 1314 = DStR 1999, 1497;

BGH, Urt. v. 2.4.2001 – II ZR 261/99,
ZIP 2001, 839;

BGH, Urt. v. 8.11.2004 – II ZR 300/02,
ZIP 2005, 82 = DStR 2005, 117;

BGH, Urt. v. 15.11.2004 – II ZR 299/02,
ZIP 2005, 163 = DStR 2005, 119.

Ebenso wenig endet der eigenkapitalersetzende Charakter dadurch, dass der Gesellschafter die Ansprüche aus seiner Hilfeleistung an einen außenstehenden Dritten **abtritt**.

BGH, Urt. v. 21.3.1988 – II ZR 238/87,
BGHZ 104, 33, 43:

„Die auf Darlehensrückgewähr gerichteten Ansprüche der Gesellschafter müssen deshalb hinter die Ansprüche der außenstehenden Gläubiger zurücktreten und dürfen erst nach diesen befriedigt werden ... Dies muss auch die Klägerin gegen sich gelten lassen. Die auf seiner schon **vor** der Abtretung begründeten Eigenkapitalfunktion beruhende Bindung des Darlehens zugunsten der Gesellschaftsgläubiger richtet sich gegen die Durchsetzbarkeit des Rückzahlungsanspruchs. Sie ist nicht an die Person des Abtretenden gebunden und kann deshalb nach § 404 BGB auch dem Zessionar entgegengehalten werden."

Ferner
BGH, Urt. v. 2.4.2001 – II ZR 261/99,
ZIP 2001, 839;

BGH, Urt. v. 26.6.2006 – II ZR 133/05,
ZIP 2006, 2272.

Dem **Gesellschafter** hilft es auch nicht aus der Finanzierungsfolgenverantwortung, wenn er ein eigenkapitalersetzendes Gesellschafterdarlehen in eine **stille Einlage** umwandelt.

2. Grundsatz: Gesellschafter

BGH, Urt. v. 8.11.2004 – II ZR 300/02,
ZIP 2005, 82 = DStR 2005, 117:

„Dieser Bindung kann sich der Gesellschafter nicht dadurch entziehen, dass er
... aus der Gesellschaft ausscheidet. War das Darlehen zu diesem Zeitpunkt
eigenkapitalersetzend, bleibt es der Bindung auch nach dem Ausscheiden des
Gesellschafters unterworfen. Wird es im Rahmen der Gründung einer stillen
Gesellschaft in eine Einlage des stillen Gesellschafters umgewandelt, ändert
sich auch dadurch an der Bindung nichts."

Ist die rechtliche Grundlage für die Gesellschafterleistung geschaffen worden, als der Betreffende noch Gesellschafter war, etwa indem er eine auf **Krisenfinanzierung** angelegte **Zahlungszusage** erteilt hat, dann wird eine der Gesellschaft beim Ausscheiden belassene Hilfe auch dann in funktionales Eigenkapital umqualifiziert, wenn die Krise erst nach dem Ausscheiden eintritt. Umgekehrt kommt es nicht zur Umqualifizierung, wenn der Gesellschafter, ohne dass eine derartige zu gesteigerten Pflichten führende Abrede vorliegt, vor Eintritt der Krise ausscheidet und der GmbH das Darlehen oder die sonstige Leistung belässt. 132

BGH, Urt. v. 13.7.1981 – II ZR 256/79,
BGHZ 81, 252, 258 f = ZIP 1981, 974;

BGH, Urt. v. 6.5.1985 – II ZR 132/84,
ZIP 1985, 1075, 1077;
dazu EWiR 1985, 685 *(Fleck)*;

BGH, Urt. v. 2.4.2001 – II ZR 261/99,
ZIP 2001, 839.

Dann bleibt er in der Stellung eines außenstehenden Gläubigers und wird, da er nicht mehr zu einer Finanzierungsentscheidung aufgerufen sein kann, nicht in die Finanzierungsfolgenverantwortung eingebunden.

Wegen der Besonderheiten des **Mietrechts**, die sich aus § 571 BGB a. F. bzw. § 566 BGB n. F. ergeben – es entsteht kraft Gesetzes ein neues Mietverhältnis zwischen dem neuen Eigentümer und dem bisherigen Mieter –, geht der eigenkapitalersetzende Charakter eines Mietverhältnisses verloren, wenn der Gesellschafter das an die Gesellschaft vermietete Grundstück an einen außenstehenden Dritten veräußert,

BGH, Urt. v. 2.2.2006 – IX ZR 67/02,
BGHZ 166, 125 = ZIP 2006, 578:

„Tritt ein außenstehender Dritter infolge des Erwerbs eines Grundstücks von einem Gesellschafter als Vermieter in dessen Mietverhältnis mit seiner Gesellschaft ein, ist er nicht verpflichtet, der Gesellschaft das Grundstück nach den Eigenkapitalersatzregeln unentgeltlich zur Nutzung zu überlassen, auch wenn der Verkäufer hierzu verpflichtet wäre."

Dann allerdings haftet der Verkäufer-Gesellschafter der GmbH wegen Entziehung des Rechts, die Immobilie während der Dauer der Krise unentgeltlich nutzen zu dürfen.

BGH, Urt. v. 2.2.2006 – IX ZR 67/02,
BGHZ 166, 125 = ZIP 2006, 578;

siehe dazu näher Rz. 174.

133 In dem umgekehrten Fall, dass ein außenstehender **Gläubiger** später **Mitglied** der Gesellschaft wird, ist dies dagegen anders. In diesem Fall muss der neu hinzugetretene Gesellschafter die Folgen der ihm abverlangten Entscheidung tragen, dass er bei Auftreten der Krise weder neues Kapital zugeführt noch die Liquidation eingeleitet, sondern seine Leistung **stehen gelassen** hat.

> BGH, Urt. v. 21.9.1981 – II ZR 104/80,
> BGHZ 81, 311, 317 f = ZIP 1981, 1200;
>
> BGH, Urt. v. 15.6.1998 – II ZR 17/97,
> ZIP 1998, 1352:
> „Vor die Entscheidung, welche die eigenkapitalersatzrechtliche Finanzierungsfolgenverantwortung auslöst, ob er nämlich die mietweise Überlassung des Betriebsgrundstücks beenden bzw. die spätere Gemeinschuldnerin in die Liquidation führen oder sie mit neuem Kapital ausstatten sollte, war der Kl. allerdings – wie das Berufungsgericht richtig angenommen hat – erst gestellt, nachdem er mit Ablauf der Erbausschlagungsfrist endgültig Alleingesellschafter der Gemeinschuldnerin geworden war und er von der Krisensituation hat Kenntnis nehmen und die Notwendigkeit einer derartigen Entscheidung hat erkennen können."

3. Ausnahme: Freistellung von Kleinbeteiligten

134 Die oben dargestellte Rechtslage, dass **jeder Gesellschafter** sowohl nach den Rechtsprechungs- wie nach den Novellenregeln in die **Finanzierungsfolgenverantwortung** eingebunden ist, hat mit dem Inkrafttreten des KapitalaufnahmeerleichterungsG eine grundlegende Änderung erfahren, indem nunmehr – im Anschluss an früher im Schrifttum geäußerte Vorschläge, aber unter Außerachtlassung der nahezu einhelligen Ablehnung dieser Ideen in Wissenschaft, Praxis und Judikatur – in § 32a Abs. 3 Satz 2 GmbHG sogenannte **Kleingesellschafter** von der Anwendung der Eigenkapitalersatzregeln **freigestellt** werden.

> Siehe näher
> Lutter/Hommelhoff/*Lutter/Hommelhoff*, GmbHG,
> §§ 32a/b Rz. 66 ff m. w. N.;
> v. *Gerkan*, in: v. Gerkan/Hommelhoff, Handbuch
> des Kapitalersatzrechts, Rz. 3.13 ff.

135 Voraussetzung für die Freistellung, die in der Regierungsbegründung mit zum Teil unzutreffender Interpretation des bis zum Inkrafttreten der neuen Bestimmung geltenden Rechtszustandes begründet wurde, ist, dass der in der Krise Hilfe leistende oder belassende Gesellschafter mit höchstens **10 %** am Stammkapital der Gesellschaft beteiligt **und** mit der **Geschäftsführung nicht** betraut ist. Diesem Konzept liegt die – vornehmlich anhand der Fallgruppe der sogenannten Witwen und Erbtanten entwickelte – Vorstellung zugrunde, dass ein solcher Gesellschafter nur „nichtunternehmerisch",

3. Ausnahme: Freistellung von Kleinbeteiligten

> Lutter/Hommelhoff/*Lutter/Hommelhoff*, GmbHG,
> §§ 32a/b Rz. 66,

beteiligt sei und deswegen überfordert werde, wenn man ihm die die Anwendung der Eigenkapitalersatzregeln legitimierende Finanzierungsfolgenverantwortung auferlege. Insofern wird an Überlegungen aus dem Bereich des Aktienrechts angeknüpft,

> siehe unten Rz. 192 f,

was im Gesetzgebungsverfahren sogar zu dem Vorschlag geführt hatte, wie im Aktienrecht die Schwelle für die Freistellung auf 25 % festzulegen.

Diese Neuregelung, die – nicht nur wegen Bedenken gegen ihre Sachgerechtigkeit, sondern auch wegen der Probleme ihrer konkreten Anwendung – bereits zu eingehenden Diskussionen geführt hat, **136**

> *v. Gerkan*, in: v. Gerkan/Hommelhoff, Handbuch
> des Kapitalersatzrechts, Rz. 3.16 ff,

wird von der höchstrichterlichen Rechtsprechung nicht allein im unmittelbaren **Anwendungsbereich** der §§ 32a/b GmbHG, sondern in gleicher Weise auch dann herangezogen werden, wenn die **Rechtsprechungsregeln** herangezogen werden müssen; vereinzelten Stimmen im Schrifttum, die Vorschrift allein im Rahmen der Novellenregeln anzuwenden, folgt der II. Zivilsenat – ebensowenig wie beim sogenannten Sanierungsprivileg – nicht.

> Vgl. BGH, Urt. v. 11.7.2005 – II ZR 285/03,
> ZIP 2005, 1638.

Eine **Übergangsregelung** enthält der neu gefasste § 32a Abs. 3 Satz 2 **137** GmbHG nicht; der II. Zivilsenat hatte in seiner – wegen der regelmäßig nicht näher begründeten Nichtannahmeentscheidungen nach § 554b ZPO nach außen nicht erkennbaren – Entscheidungspraxis nach Inkrafttreten der neuen Bestimmung **Altfälle** auf der Grundlage des früheren Rechts beurteilt, also Kleingesellschafter **nicht rückwirkend** aus der Finanzierungsfolgenverantwortung entlassen. Nunmehr hat er in einem Fall, in dem es um die Zurechnung der Gesellschafterhilfe einer Schwestergesellschaft bei personenidentischer, aber unterschiedlich hoher Beteiligung der Gesellschafter ging, diesen Grundsatz ausdrücklich ausgesprochen:

> BGH, Urt. v. 27.11.2000 – II ZR 179/99,
> ZIP 2001, 115:
> „Der Ausschluss der Eigenkapitalersatzregeln für nicht geschäftsführende Gesellschafter mit einer Beteiligung von bis zu 10 % gemäß § 32a Abs. 3 Satz 3 GmbHG gilt erst für nach In-Kraft-Treten dieser Vorschrift am 24.4.1998 ... verwirklichte Tatbestände des Eigenkapitalersatzes."
>
> Dazu auch EWiR 2001, 379 (*v. Gerkan*).

BGH, Urt. v. 11.7.2005 – II ZR 285/03,
ZIP 2005, 1638:
„Der Ausschluss der Eigenkapitalersatzregeln für nicht geschäftsführende Gesellschafter mit einer Beteiligung von bis zu 10 % gemäß § 32a Abs. 3 Satz 2 GmbHG gilt erst für nach Inkrafttreten dieser Vorschrift am 24.4.1998 (Art. 5 KapAEG v. 20.4.1988, BGBl I, 707) verwirklichte Tatbestände des Eigenkapitalersatzes (Bestätigung von BGH, Urt. v. 27.11.2000 – II ZR 179/99, ZIP 2001, 115)".

Soweit es um die **Ausfallhaftung** des Mitgesellschafters entsprechend § 31 Abs. 3 GmbHG geht, ist der für die Heranziehung der privilegierenden Vorschriften maßgebende Zeitpunkt nicht der der Inanspruchnahme des Mitgesellschafters, sondern derjenige der Gewährung der Hilfe in der Krise bzw. der des Stehenlassens.

BGH, Urt. v. 11.7.2005 – II ZR 285/03,
ZIP 2005, 1638:
„Bei einer Ausfallhaftung entsprechend § 31 Abs. 3 GmbHG kommt es auf den Zeitpunkt der eigenkapitalersetzenden Leistung – oder den der Umqualifizierung einer Leistung in funktionales Eigenkapital – und nicht auf den Zeitpunkt an, zu dem feststeht, dass der an sich zur Rückgewähr verpflichtete Gesellschafter dazu nicht in der Lage ist und daher die Ausfallhaftung der übrigen Gesellschafter eingreift."

138 Maßgebend ist also – für das Stehenlassen ist dies bedeutsam – der Zeitpunkt der Umqualifizierung.

Im Übrigen fehlt es bislang an einschlägiger höchstrichterlicher Judikatur. Es wird deswegen sicher noch eine geraume Zeit **Rechtsunsicherheit** bestehen, bis sich aus einer größeren Zahl von Entscheidungen eine Linie für die praktische Handhabung ersehen lässt. Die bisher schon in der gerichtlichen Praxis zutage getretene reiche **Phantasie** der Gesellschafter und mancher ihrer Berater, Schlupflöcher zu finden, um der Finanzierungsfolgenverantwortung zu entgehen, lässt befürchten, dass es in größerem Umfang zu **Umgehungsversuchen** kommen wird und dass die Insolvenzverwalter, die oftmals mit der Verfolgung der Erstattungsansprüche betraut sind, im Rechtsstreit zumindest vortragen werden, es liege eine solche Umgehung vor. Gewisse Erfahrungen ergeben sich schon aus dem bisher geltenden Recht, wenn Gesellschafter ihre minderjährigen Kinder oder andere nahe Angehörige als „Helfer" in der Krise einschalten, ihnen aber die für die Hilfeleistung erforderlichen Mittel aus ihrem eigenen Vermögen zur Verfügung stellen.

BGH, Urt. v. 14.6.1993 – II ZR 252/92,
ZIP 1993, 1072,
dazu EWiR 1993, 1207 *(v. Gerkan)*.

Dieser Umstand kann die Handhabung der Eigenkapitalersatzregeln in der instanzgerichtlichen Praxis weiterhin erschweren und ist dann natürlich für die an sich wünschenswerte Abkürzung der Verfahrensdauer nicht förderlich.

4. Erweiterung des Anwendungsbereichs: Erstreckung der Regeln auf Dritte

Andere Fragen, die die **Ermittlung des Schwellenwertes** – z. B. bei koordinierter Kreditvergabe

139

vgl. dazu (für die AG)
BGH, Urt. v. 9.5.2005 – II ZR 66/03,
ZIP 2005, 1316:
„Die Gesellschaftsbeteiligungen mehrerer eine Finanzierungshilfe gewährender Gesellschafter können jedenfalls dann nicht zusammengerechnet werden, wenn die Hilfe nicht auf Krisenfinanzierung angelegt ist, außerhalb einer Krise der Gesellschaft gewährt wird und ein 'koordiniertes Stehenlassen' der Hilfe in der Krise der Gesellschaft nicht festzustellen ist."

– betreffen oder aus **Änderungen der Beteiligungsquote** oder der etwa wechselnden **Geschäftsführerstellung** herrühren, dürften sich dagegen auf der Grundlage der Judikatur zum Einfluss vergleichbarer Veränderungen,

vgl. oben Rz. 131 ff,

lösen lassen.

4. Erweiterung des Anwendungsbereichs: Erstreckung der Regeln auf Dritte

Dritte unterliegen **normalerweise nicht** den Eigenkapitalersatzregeln, weil diese Anforderungen – wie in Rz. 127 ff ausgeführt – an sich nur den Gesellschafter treffen, der in der Krise vor der Wahl gestanden hat, die Gesellschaft sofort zu beenden, oder, wenn er sie fortsetzen will, ihr neues haftendes Kapital zuzuführen. In diese Entscheidungssituation kann ein nicht zum Gesellschafterkreis gehörender dritter Gläubiger normalerweise nicht geraten.

140

Wie im unmittelbaren Anwendungsbereich der §§ 30, 31 GmbHG,

141

siehe *Goette*, Die GmbH, 2. Aufl., § 3 Rz. 39 ff m. w. N.,

macht die höchstrichterliche Rechtsprechung von diesem Grundsatz **Ausnahmen**, die dadurch gekennzeichnet sind, dass der die Hilfe gewährende Dritte bei wirtschaftlicher Betrachtung einem **Gesellschafter gleichsteht** oder dass ein **Umgehungstatbestand** verwirklicht ist.

Vgl. auch BGH, Urt. v. 8.11.2004 – II ZR 300/02,
ZIP 2005, 82 = DStR 2005, 117 m. w. N.

In die erste Kategorie fallen **verbundene Unternehmen**, wie der II. Zivilsenat wiederholt ausgesprochen hat.

142

BGH, Urt. v. 21.9.1981 – II ZR 104/80,
BGHZ 81, 311, 315 f = ZIP 1981, 1200;

BGH, Urt. v. 28.9.1981 – II ZR 223/80,
BGHZ 81, 365, 368 = ZIP 1981, 1332;

BGH, Urt. v. 19.9.1988 – II ZR 255/87,
BGHZ 105, 168, 176 f = ZIP 1988, 1248,
dazu EWiR 1988, 1095 *(Fleck)*;

BGH, Urt. v. 18.2.1991 – II ZR 259/89,
ZIP 1991, 366,
dazu EWiR 1991, 681 *(Frey)*;

BGH, Urt. v. 16.12.1991 – II ZR 294/90,
ZIP 1992, 242, 244:

„... liegt eine wirtschaftliche Einheit vor, die es nach der Rechtsprechung des Senats rechtfertigt, die Verantwortung für die ordnungsgemäße Finanzierung einer Gesellschaft auch einem nicht unmittelbar an ihr beteiligten, aber in jene wirtschaftliche Einheit einbezogenen Unternehmen aufzuerlegen."

Dazu auch EWiR 1992, 279 *(Joost)*.

BGH, Beschl. v. 1.3.1999 – II ZR 362/97,
DStR 1999, 553 m. Anm. *Goette*;

BGH, Beschl. v. 5.7.1999 – II ZR 260/98,
DStR 1999, 1409 m. Anm. *Goette*;

BGH, Urt. v. 28.2.2005 – II ZR 103/02,
ZIP 2005, 660;

BGH, Urt. v. 26.6.2006 – II ZR 133/05,
ZIP 2006, 2272.

143 Dabei kann die Unternehmensverbindung in der Weise gestaltet sein, dass das hilfeleistende Unternehmen an dem anderen als Gesellschafterin **beteiligt** ist, eine Fallgestaltung, welche gegenüber den typischen Kategorien des Eigenkapitalersatzrechts, die natürlich auch den Fall der Einpersonengesellschaft einschließen, keine Besonderheiten aufweist und um die es in dem hier erörterten Zusammenhang nicht geht.

Vgl. z. B. BGH, Urt. v. 28.2.2005 – II ZR 103/02,
ZIP 2005, 660 für den die hilfeleistende Gesellschaft
beherrschenden Gesellschafter.

Vielmehr sind unter dem Stichwort Erstreckung der Eigenkapitalersatzregeln auf nicht zum Gesellschafterkreis gehörende Dritte allein solche Unternehmensverbindungen von Interesse, bei denen die – wenigstens partielle – Personenidentität der Gesellschafter in beiden Unternehmen die Frage aufwirft, ob nicht die im Eigenkapitalersatzrecht gebotene wirtschaftliche Betrachtungsweise dazu nötigt, wegen des von dem Gesellschafter hier wie dort ausgeübten Einflusses, auch das hilfeleistende Unternehmen **wie einen Gesellschafter** zu behandeln, das von ihm gewährte Darlehen, die gestellte Kreditsicherheit oder die sonstige Unterstützung also den Kapitalschutzregeln zu unterwerfen. Exemplarisch verdeutlicht wird diese Problematik an folgendem Fall:

BGH, Urt. v. 27.11.2000 – II ZR 179/99,
ZIP 2001, 115,
dazu EWiR 2001, 379 *(v. Gerkan)*,

4. Erweiterung des Anwendungsbereichs: Erstreckung der Regeln auf Dritte

bei dem die spätere Gemeinschuldnerin von der beklagten GmbH & Co. KG grunschuldbesicherte Kredite erhalten hatte und der Insolvenzverwalter im Konkurs Freigabe der Grundschulden mit der Begründung verlangte, dass die zu sichernden Darlehen eigenkapitalersetzenden Charakter hätten, nunmehr nicht bedient werden dürften und der Sicherungszweck damit entfallen sei. An beiden Gesellschaften waren dieselben Personen, nämlich WP, HP und IP beteiligt, und zwar an der Gemeinschuldnerin im Verhältnis von 2 % und je 49 %, an der kreditgebenden Gesellschaft hielten WP dagegen 90,3 % und seine Söhne HP ind IP je 4,85 %. Hier ist der II. Zivilsenat dem Insolvenzverwalter in der Beurteilung gefolgt, dass die beklagte Gesellschaft mit der Gemeinschuldnerin in dem oben beschriebenen Sinn „verbunden" sei und die Eigenkapitalersatzregeln deswegen auf die Beklagte zu erstrecken seien. Entscheidend dafür war die Erwägung, dass der in der kreditgewährenden Gesellschaft mit mehr als 90 % beteiligte WP dort seinen Willen durchsetzen konnte, der anderen Gesellschaft, an der er nur minderheitlich beteiligt war, Hilfe zu gewähren. Der Fall ist zum alten Recht ergangen; heute müsste wohl berücksichtigt werden, dass WP – auf seine Beteiligung an beiden Gesellschaften kommt es für die Bejahung eines verbundenen Unternehmens an – an der kreditnehmenden Gesellschaft weniger als 10 % des Stammkapitals hielt und auch nicht mit der Geschäftsführung betraut war, also nur „kleinbeteiligter" Gesellschafter war (§ 32a Abs. 3 Satz 3 GmbHG); nach neuem Recht dürfte deswegen die Erstreckung der Eigenkapitalersatzregeln in diesem Fall zu verneinen sein. Diese Rechtsprechung zu den „verbundenen Unternehmen" stellt im Interesse des Gläubigerschutzes entscheidend auf den Einfluss des beiderseits beteiligten Gesellschafters in der kreditgewährenden Gesellschaft ab; sie belastet damit zugleich die Gläubiger der letztgenannten Gesellschaft und außerdem die Mitgesellschafter, die nur nach den Regeln über die Wahrung der gesellschafterlichen Treuepflicht einen Beschluss über die Hilfegewährung an eine ihnen fremde GmbH verhindern können.

Bei einem mit einem Gesellschafter in dieser Weise verbundenen Unternehmen, welches der GmbH Kredit oder eine andere Gesellschafterhilfe gewährt, ist Voraussetzung für diese Erstreckung der Eigenkapitalersatzregeln, dass der Gesellschafter an dem hilfeleistenden Unternehmen „maßgeblich" beteiligt ist; wie hoch die Beteiligung an der anderen Gesellschaft ist, spielt demgegenüber keine entscheidende Rolle. 144

BGH, Urt. v. 22.10.1990 – II ZR 238/89,
ZIP 1990, 1593,
dazu EWiR 1991, 67 *(v. Gerkan)*;

BGH, Urt. v. 13.11.1995 – II ZR 113/94,
ZIP 1996, 68,
dazu EWiR 1996, 121 *(Crezelius)*;

BGH, Urt. v. 21.6.1999 – II ZR 70/98,
ZIP 1999, 1314,
dazu EWiR 2001, 379 *(v. Gerkan)*;

BGH, Urt. v. 27.11.2000 – II ZR 179/99,
ZIP 2001, 115.

Das Erfordernis der „maßgeblichen" Beteiligung darf allerdings **nicht** dahin verstanden werden, der Gesellschafter müsse **nahezu 100 %** der Anteile halten; es kommt vielmehr darauf an, ob der betreffende Gesellschafter **beherrschenden Einfluss** ausüben, insbesondere die Geschäftspolitik bestimmen und dem Geschäftsführer der hilfegewährenden Gesellschaft Weisungen, etwa hinsichtlich der Kreditgewährung an das andere Unternehmen erteilen kann; im Allgemeinen – soweit die Satzung nicht schärfere Beschlusserfordernisse aufstellt – ist dies bei einer mehrheitlichen Beteiligung der Fall, es reicht deswegen schon eine Beteiligung von mehr als 50 %.

BGH, Urt. v. 21.6.1999 – II ZR 70/98,
ZIP 1999, 1314:

„Ist der Gesellschafter einer GmbH an einer anderen Gesellschaft mit mehr als 50 % beteiligt, so ist diese für die Anwendung der Eigenkapitalersatzregeln (§§ 30, 31 GmbHG analog) grundsätzlich einem Gesellschafter der GmbH gleichzustellen."

145 Verbundenes Unternehmen in diesem Sinn kann auch eine öffentliche Körperschaft sein, wie der II. Zivilsenat durch

Nichtzulassungsbeschluss v. 12.6.2006 – II ZR 47/05
(unveröff.) zu OLG Brandenburg 7 U 97/94 (unveröff.)

der Sache nach bestätigt hat: Der Insolvenzverwalter einer GmbH wurde von einer Kreissparkasse wegen Vereitelung ihres Absonderungsrechts in Anspruch genommen, weil er ein an das Kreditinstitut zur Sicherheit übereignetes Flugzeug für die Masse verwertet hatte. Der Insolvenzverwalter machte demgegenüber mit Erfolg geltend, dass die gesicherten Darlehensforderungen eigenkapitalersetzenden Charakter gehabt hätten, weil an der GmbH der Landkreis als Gesellschafter mit 20 % beteiligt war und dieser zugleich der Gewährträger der klagenden Sparkasse war. Der Landkreis, gedacht als kreditgebender Gesellschafter, ist selbstverständlich Normadressat der Eigenkapitalersatzregeln; die Kreissparkasse ist eigenkapitalersatzrechtlich ein dem Gesellschafter gleichgestellter Dritter, weil der Kreis bestimmenden Einfluss auf das Kreditinstiut hat,

vgl. schon
BGH, Urt. v. 19.9.1988 – II ZR 255/87,
BGHZ 105, 168, 176 f = ZIP 1988, 1248,
dazu EWiR 1988, 1095 *(Fleck)*,

und die Vor- und Nachteile aus dem Kreditgeschäft ihn treffen.

146 Entsprechend wird der **Treugeber**, der nicht unmittelbar an der Gesellschaft beteiligt ist, in dessen Vermögen sich aber die finanziellen Auswirkungen der Gesellschaftsbeteiligung seines Treuhänders niederschlagen, eigenkapitalersatzrechtlich einem Gesellschafter gleichgestellt.

4. Erweiterung des Anwendungsbereichs: Erstreckung der Regeln auf Dritte

BGH, Urt. v. 22.10.1990 – II ZR 238/89,
ZIP 1990, 1593;

BGH, Urt. v. 18.2.1991 – II ZR 259/89,
ZIP 1991, 366,
dazu EWiR 1991, 681 *(Frey)*;

BGH, Beschl. v. 29.11.1993 – II ZR 47/93,
DStR 1994, 144;

BGH, Beschl. v. 1.3.1993 – II ZR 362/97,
DStR 1993, 553;

BGH, Beschl. v. 5.7.1999 – II ZR 260/98,
DStR 1999, 1409.

Den **Komplementär** einer Kommanditgesellschaft, der sich in dieser Eigenschaft für einen Kredit verbürgt hatte, den die GmbH, an welcher die Kommanditgesellschaft beteiligt war, aufgenommen hatte, hat der II. Zivilsenat aufgrund revisionsrechtlicher Unterstellung – das wiedereröffnete Berufungsverfahren hat erwiesen, dass der Komplementär sich nicht in dieser Eigenschaft, sondern als Geschäftsführer der kreditnehmenden GmbH verbürgt hatte 147

BGH, Beschl. v. 15.3.1999 – II ZR 337/97,
DStR 1999, 510

– nicht als außenstehenden Gläubiger behandelt, sondern die von ihm eingegangene Bürgschaft der Gesellschafterin zugerechnet; denn wegen seines **Freistellungsanspruchs** gegen die Kommanditgesellschaft (§§ 161 Abs. 2, 110 HGB) stammte die der GmbH gewährte Hilfe letztlich von deren Gesellschaftern, der Kommanditgesellschaft.

BGH, Urt. v. 18.11.1996 – II ZR 207/95,
ZIP 1997, 115:

„Übernimmt der Komplementär der Gesellschafterin einer GmbH unter seinem Namen eine Bürgschaft zugunsten der GmbH, dann scheidet seine Inanspruchnahme nach eigenkapitalersatzrechtlichen Regeln nicht von vornherein aus, falls der Kredit in der Krise aus Gesellschaftsmitteln zurückgeführt wird. Vielmehr ist der Komplementär einem Gesellschafter der GmbH dann gleich zu achten, wenn er die Kommanditgesellschaft beherrscht oder die Bürgschaft nicht als Privatperson, sondern in seiner Eigenschaft als deren Komplementär übernommen hat und deswegen einen Freistellungsanspruch nach §§ 161 Abs. 2, 110 HGB gegen die Kommanditgesellschaft erworben hat."

Zum Freistellungsanspruch siehe näher Rz. 96, 177.

Ob ein **Miteigentümer** eines eigenkapitalersetzend überlassenen Grundstücks auch dann in die Geltung der Eigenkapitalersatzregeln einbezogen werden muss, wenn er nicht an der mietenden Gesellschaft beteiligt ist, hat der II. Zivilsenat ausdrücklich offengelassen. 148

BGH, Urt. v. 16.6.1997 – II ZR 154/96,
ZIP 1997, 1375, 1377:

„Dabei bedarf es keiner Entscheidung, ob die Klägerin deswegen als den Eigenkapitalersatzregeln unterstehende „Dritte" anzusehen ist, weil sie das

VI. Persönlicher Geltungsbereich

> Gewerbegrundstück nicht nur an die Gemeinschuldnerin vermietet, sondern es ihr auch im Zusammenhang mit der Veräußerung des Unternehmens als Kreditsicherheit zur Verfügung gestellt hat. Denn der Beklagte hat seine erstinstanzliche Verurteilung hinsichtlich des auf die Klägerin entfallenden Teils des Mietzinsanspruchs hingenommen."
>
> Dazu auch EWiR 1997, 753 *(v. Gerkan)*.

Der Miteigentümer muss es sich aber dann zumindest gefallen lassen, dass der Mietzins in der Höhe aus Gründen des Eigenkapitalersatzes nicht durchsetzbar ist, der im Innenverhältnis auf den Miteigentümer entfällt, welcher an der mietenden Gesellschaft beteiligt ist.

> BGH, Urt. v. 16.6.1997 – II ZR 154/96,
> ZIP 1997, 1375 (Leitsatz):
>
> „Vermieten mehrere Miteigentümer ein Grundstück an eine GmbH, an welcher nur einer als Gesellschafter beteiligt ist, und stellt die Vermietung für ihn eine eigenkapitalersetzende Gesellschafterhilfe dar, so müssen sich die Miteigentümer die mit Rücksicht auf das Eingreifen der Eigenkapitalersatzregeln fehlende Durchsetzbarkeit der Mietzinsforderung in der Höhe entgegenhalten lassen, die der internen Berechtigung des Gesellschafters an dem Mietzinsanspruch entspricht."

149 Einen **Pfandgläubiger** – es handelte sich um die Hausbank einer GmbH & Co. KG, die sich die Kommanditanteile von den Kommanditisten hatte verpfänden lassen –, der sich nicht auf seine Rolle als Inhaber eines Pfandrechts beschränkt, sondern durch Entsendung von Vertrauenspersonen in die Geschäftsführung der Gesellschaft aktiv in die unternehmerischen Entscheidungen der Schuldnerin eingegriffen hat, hat der II. Zivilsenat – ausnahmsweise – in die Finanzierungsfolgenverantwortung einbezogen. Die mit dem Pfandrecht ausgestattete Bank hatte es auf diese Weise erreicht, dass Warenvorräte der Gesellschaft in großem Umfang veräußert und die dabei erzielten Erlöse zur Rückführung des Solls auf dem bei ihr geführten Geschäftskonto der späteren Gemeinschuldnerin verwendet wurden. Die auf Erstattung dieser Beträge gerichtete Klage des Konkursverwalters hat der II. Zivilsenat nicht – wie die Vorinstanzen – deswegen für unbegründet gehalten, weil ein Pfandgläubiger nicht in den Anwendungsbereich der Eigenkapitalersatzregeln einbezogen sein könne, sondern hat die Prüfung gefordert, ob das Kreditengagement der Bank eigenkapitalersetzenden Charakter hatte.

> BGH, Urt. v. 13.7.1992 – II ZR 251/91,
> BGHZ 119, 191:
>
> „Der Pfandgläubiger an dem Geschäftsanteil des Gesellschafters einer GmbH unterliegt den Grundsätzen über die Erhaltung des Stammkapitals im Allgemeinen nur dann, wenn er sich zusätzliche Befugnisse einräumen lässt, die es ihm ermöglichen, die Geschicke der GmbH ähnlich wie ein Gesellschafter (mit)zubestimmen."
>
> Dazu auch EWiR 1992, 999 *(v. Gerkan)*.

Die Entscheidung ist von der **Besonderheit der Fallgestaltung** geprägt, in der die Bank wie ein faktischer Geschäftsführer gehandelt hat; sie ist

4. Erweiterung des Anwendungsbereichs: Erstreckung der Regeln auf Dritte

schwerlich in der Weise verallgemeinerungsfähig, dass Pfandgläubiger oder Banken stets der Geltung der Eigenkapitalersatzregeln unterworfen werden können.

Bezüglich der Frage, ob Leistungen **naher Angehöriger** solchen eines Gesellschafters gleichzustellen sind, war die Behandlung früher nicht zweifelsfrei. Für den umgekehrten Fall, ob Auszahlungen aus dem gebundenen Vermögen der GmbH an Ehegatten oder minderjährige Kinder eines Gesellschafters Letzterem zugerechnet werden müssen, so dass eine Erstattungspflicht auch gegenüber den Angehörigen besteht, hatte der II. Zivilsenat angenommen, die Beurteilung sei typisierender Betrachtung zugänglich.

150

BGH, Urt. v. 28.9.1981 – II ZR 223/80,
BGHZ 81, 365, 368 f = ZIP 1981, 1332.

Eine Verallgemeinerung einer solcherart typisierenden Betrachtungsweise, die sich nur auf eine Analogie zu auf andere Situationen – Erstreckung des Zustimmungserfordernisses des Aufsichtsrates für die Kreditgewährung an Ehegatten und minderjährige Kinder von Gesellschaftsorganen – zugeschnittene aktienrechtliche Sondervorschriften (§§ 89 Abs. 3, 115 Abs. 2 AktG) stützen kann, erscheint indessen, weil der Vielgestaltigkeit der Verhältnisse schwerlich gerecht werdend, als problematisch.

Vgl. auch
BGH, Urt. v. 28.1.1991 – II ZR 29/90,
ZIP 1991, 396 = LM Nr. 27 BetrAVG m. w. N.,
dazu EWiR 1991, 337 *(Blomeyer)*.

Sie lässt sich nicht ohne weiteres auf den hier zu erörternden Fall übertragen, dass der nahe Angehörige eine Leistung an die Gesellschaft erbringt.

BGH, Urt. v. 18.2.1991 – II ZR 259/89,
ZIP 1991, 366:

„Denn gegen wen sich das Auszahlungsverbot des § 30 GmbHG richtet, beantwortet sich nicht in jeder Hinsicht nach denselben Maßstäben wie die Frage, wer außer den Gesellschaftern selbst mit etwaigen Leistungen an die Gesellschaft den Kapitalerhaltungsregeln unterworfen werden kann."

Vor allem wird eine auch zu Lasten naher Angehöriger gehende typisierende Betrachtungsweise – anders als dies für verbundene Unternehmen mit Rücksicht auf ihre typischerweise bestehenden Einflussmöglichkeiten gilt –,

BGH, Urt. v. 18.2.1991 – II ZR 259/89,
ZIP 1991, 366,

dem Gesichtspunkt nicht gerecht, dass allein der Gedanke der **Umgehung** der Eigenkapitalersatzregeln es rechtfertigen kann, auch den hilfeleistenden nahen Angehörigen in die Geltung dieser Regeln einzubeziehen.

In einer neueren Entscheidung hat der II. Zivilsenat dies deswegen mit Recht deutlich gemacht.

151

BGH, Urt. v. 8.2.1999 – II ZR 261/97,
DStR 1999, 810;
Leitsatz *Goette*:

„Die Tatsache für sich allein, dass der Fremdgeschäftsführer einer GmbH der Ehemann von deren Alleingesellschafterin ist, zwingt nicht dazu, ihn wegen der ihm gegen die Gesellschaft zustehenden Pachtzinsforderungen in die Geltung der Eigenkapitalersatzregeln einzubeziehen und ihm in der Krise der Gesellschaft die Aufrechnung gegen Forderungen, welche die GmbH gegen ihn hat, zu versagen."

Solange deswegen der nahe Angehörige der Gesellschaft wie ein außenstehender Dritter gegenübertritt und nicht etwa seine Hilfe aus dem **Vermögen des Gesellschafters** stammt, scheidet eine Erstreckung des Eigenkapitalersatzrechts auf ihn aus.

BGH, Urt. v. 18.2.1991 – II ZR 259/89,
ZIP 1991, 366:

„Finanzierungsmittel, die ein naher Angehöriger eines Gesellschafters der Gesellschaft in Krisenzeiten zur Verfügung stellt, werden nur dann von den Kapitalerhaltungsregeln erfasst, wenn entweder die Mittel vom Gesellschafter selbst stammen oder umgekehrt dieser den Geschäftsanteil treuhänderisch für den Kreditgeber hält."

Ferner
BGH, Urt. v. 14.6.1993 – II ZR 252/92,
ZIP 1993, 1072 f,
dazu EWiR 1993, 1207 *(v. Gerkan)*;

BGH, Beschl. v. 1.3.1993 – II ZR 197/92,
DStR 1993, 614 m. Anm. *Goette*.

152 Wenn allerdings die **Ehefrau** eines Gesellschafters unter Bestellung einer Grundschuld an einem allein ihr gehörenden Privatgrundstück einen Kredit aufnimmt, die Darlehensvaluta der Gesellschaft ihres Ehemannes zur Verfügung stellt und dieser nicht nur gegenüber der Bank die Mithaftung für das grundschuldbesicherte Darlehen übernimmt, sondern sich seiner Ehefrau darüber hinaus zur Freistellung von den aus der Darlehensaufnahme hergeleiteten Ansprüchen verpflichtet, scheidet eine Inanspruchnahme der Ehefrau auf Rückgewähr von in der Krise der Gesellschaft geleisteten Zins- und Tilgungsleistungen aus; der Gesellschafter aber ist dann selbst wegen einer in funktionales Eigenkapital umqualifizierten Gesellschafterhilfe gebunden und hat dem Insolvenzverwalter die von der Gesellschaft erbrachten Leistungen zu erstatten.

BGH, Urt. v. 26.6.2000 – II ZR 21/99,
ZIP 2000, 1489:

„Der Gesellschafter einer GmbH kann sich seiner Finanzierungsfolgenverantwortung und damit den Rechtsfolgen des Eigenkapitalersatzes nicht dadurch entziehen, dass er die von der GmbH in der Krise benötigten Finanzierungsmittel durch gemeinschaftliche Darlehensaufnahme zusammen mit einem Dritten beschafft und diesen dann – unter interner Freistellung von dessen Rückzahlungspflicht – als Darlehensgeber gegenüber der GmbH einschaltet."

VII. Rechtsfolgen
1. Übersicht

Die schon vor der GmbH-Novelle 1980 konsolidierte Rechtsprechung zum 153
Eigenkapitalersatz stützte sich von Anbeginn auf einen gesellschaftsrechtlichen Ansatz, nämlich auf die der Kapitalerhaltung dienenden Regeln der §§ 30, 31 GmbHG in entsprechender Anwendung. Der damit geschaffenen Rechtslage trug der Gesetzgeber der GmbH-Novelle nicht Rechnung und konzentrierte sich mit den Bestimmungen der §§ 32a, b GmbHG, § 32a KO auf einen konkursrechtlichen Lösungsansatz. Dieser hätte den Schutz der Gesellschaftsgläubiger wesentlich verschlechtert, wenn er den gesellschaftsrechtlichen Schutzansatz verdrängt hätte. Vor allem wäre das (insolvenzrechtliche) Schutzinstrumentarium zum Ersten nur dann zum Zuge gekommen, wenn tatsächlich der Konkurs über das Vermögen der Gesellschaft eröffnet wird, also nicht in jedem Falle, und zum Zweiten entfiel das insolvenzrechtliche Anfechtungsrecht ein Jahr nach Eröffnung des Konkursverfahrens (§ 32a KO), während der gesellschaftsrechtliche Erstattungsanspruch erst nach fünf Jahren verjährte (§ 31 Abs. 5 GmbHG a. F.). Deshalb hat der Bundesgerichtshof in seinem Aufsehen erregenden „Nutzfahrzeug"-Urteil,

> BGH, Urt. v. 26.3.1984 – II ZR 14/84,
> BHGZ 90, 370 = ZIP 1984, 698,

entschieden, dass der gesellschaftsrechtliche Schutzansatz mitnichten durch den insolvenzrechtlichen der GmbH-Novelle verdrängt werde, sondern dass beide Ansätze nebeneinander zur Anwendung kommen müssten. Dabei stützte sich das Gericht wesentlich auf die Erwägung, der Gesetzgeber habe nach seiner eigenen Erklärung den Gläubigerschutz nicht verschlechtern wollen.

Die Fortgeltung der Rechtsprechungsregeln hat der Gesetzgeber in der Sache mittlerweile bestätigt, indem er im neu eingeführten Kleinbeteiligungs- und Sanierungsprivileg (§ 32a Abs. 3 Sätze 2 und 3 GmbHG) jeweils von den „Regeln über den Eigenkapitalersatz" spricht: das erfasst Rechtsprechungs- und Novellenregeln gleichermaßen.

Im Ergebnis ruht das System des geltenden Eigenkapitalersatzrechts 154

> zur geplanten Reform im Zuge des MoMiG
> siehe oben Rz. 19 ff

damit auf zwei Säulen: den Rechtsprechungsregeln und den Novellenregeln. Dogmatische Untersuchungen sind freilich zu dem Ergebnis gekommen, dass die beiden Schutzregime nicht nebeneinander zum Zuge kommen, sondern in einem Stufenverhältnis zueinander stehen.

> *Hommelhoff*, in: v. Gerkan/Hommelhoff, Handbuch des Kapitalersatzrechts, Rz. 1.2 ff.

VII. Rechtsfolgen

Den Sockel des Schutzsystems bilden die §§ 30, 31 GmbHG; sie decken den Bereich von der Überschuldung über die Null-Linie bis hinauf zum statutarischen Stammkapital ab. Erst oberhalb der Stammkapitalziffer liegt der Wirkbereich der insolvenzrechtlichen Novellenregeln mit dem Anfechtungsrecht des Konkursverwalters (bzw. dem des Gesellschaftsgläubigers nach dem Anfechtungsgesetz) in ihrem Zentrum. Rechtstheoretisch führt dieses zweistufige Schutzsystem zwar zu einem komplizierten Gebäude von Rechtsfolgen; rechtspraktisch dagegen sind die meisten Fälle zum Eigenkapitalersatz so gelagert, dass die Gesellschaft in ihrer Insolvenz mit der Folge so weit überschuldet ist, dass schon der Einsatz der §§ 30, 31 GmbHG (Rechtsprechungsregeln) den Gesellschaftsgläubigern den in dieser Situation bestmöglichen Schutz gewährt.

155 Die Insolvenzordnung hat die bisherigen Regeln der Konkursordnung modifiziert; vor allem werden die eigenkapitalersetzenden Gesellschafterleistungen und ihre Rückabwicklung ins Insolvenzverfahren mit einbezogen (§ 39 Abs. 1 Nr. 5 InsO) und außerdem ist Referenzzeitpunkt für die einjährige Anfechtungsfrist nach § 135 InsO der des Antrags auf Verfahrenseröffnung. Weitergehende Regelungszwecke hat der Gesetzgeber mit jenen Bestimmungen, die sich in der Insolvenzordnung auf den Eigenkapitalersatz beziehen, nicht verfolgen wollen; insbesondere ist an keiner Stelle seine Absicht zu Tage getreten, mit Hilfe des insolvenzrechtlichen Schutzansatzes den gesellschaftsrechtlichen der §§ 30, 31 GmbHG außer Kraft zu setzen.

A. A. T. *Bezzenberger*, in: Festschrift Bezzenberger, S. 23, 45 ff.

Außerdem sind die im Grundsatz-Urteil des Bundesgerichtshofs herausgestellten Schutzlücken des insolvenzrechtlichen Ansatzes (oben Rz. 153) auch durch die Insolvenzordnung nicht hinreichend weit geschlossen worden. Konsequent muss es unverändert beim zweistufigen Schutzsystem bleiben.

156 Im Folgenden werden zunächst die Rechtsfolgen außerhalb der Gesellschaftsinsolvenz (Rz. 158 ff) unter besonderer Berücksichtigung der Kreditsicherheiten (Rz. 166 ff) und der Gebrauchsüberlassung (Rz. 169 ff) dargestellt, anschließend die Rechtsfolgen für den Fall, dass über das Vermögen der Gesellschaft das Insolvenzverfahren eröffnet ist (Rz. 178 ff).

157 Im Vergleich zur **Vorauflage** wird die fortgeführte Rechtsprechung des Bundesgerichtshofs nachgewiesen, die in der Sache aber keine grundsätzlich neuen Aspekte aufweist.

2. Außerhalb der Insolvenz

158 a) **Auszahlungssperre**: Da eigenkapitalersetzende Leistungen als funktionales Eigenkapital behandelt werden, sind auf sie die **Kapitalerhaltungsvorschriften** anzuwenden. Der Gesellschafter ist mit Rücksicht auf die Umqua-

2. Außerhalb der Insolvenz

lifizierung gehindert, die aus seiner formalrechtlichen Stellung als Drittgläubiger folgenden Befugnisse geltend zu machen. Dies führt aber weder zu einer Änderung des der Hilfeleistung zugrunde liegenden Rechtsverhältnisses,

> BGH, Urt. v. 7.12.1998 – II ZR 382/96,
> ZIP 1999, 65, 67:
>
> „... ändert sich der Rechtscharakter des Nutzungsverhältnisses nicht. Es bleibt ein Miet- oder Pachtverhältnis, dem vermietenden oder verpachtenden Gesellschafter wird lediglich für die Dauer der Krise verwehrt, den vereinbarten Miet- oder Pachtzins zu fordern."
>
> BGH, Urt. v. 2.2.2006 – IX ZR 67/02,
> BGHZ 166, 125 = ZIP 2006, 578.

noch zu einem Untergang der aus ihm herzuleitenden Ansprüche; die **Durchsetzungssperre** hat vielmehr nur die Funktion einer gesetzlich angeordneten Stundung.

> BGH, Urt. v. 7.12.1998 – II ZR 382/96,
> ZIP 1999, 65, 66, 68:
>
> „... wurde die Nutzungsüberlassung in funktionales Eigenkapital umqualifiziert. Nach der gefestigten Rechtsprechung des Senats hat dies zur Folge, dass der verpachtende Gesellschafter, der die Gesellschaft weder liquidiert noch ihr neues haftendes Kapital zugeführt, sondern durch die fortdauernde Gebrauchsüberlassung das Überleben der GmbH ermöglicht hat, von der Pächterin den vereinbarten Pachtzins so lange nicht fordern kann, wie dieser nicht aus ungebundenem Vermögen der Gesellschaft gezahlt werden kann ...
>
> Die nach den Eigenkapitalersatzregeln in der Krise der Gesellschaft eintretende Undurchsetzbarkeit des Anspruchs auf Auszahlung des vereinbarten Nutzungsentgelts hat dieselben Auswirkungen wie eine rechtsgeschäftliche Stundungsabrede, weil die Umqualifizierung ... nicht zu einem Erlöschen des Anspruchs, sondern nur dazu führt, dass die Gesellschaft für die Dauer der Krise das jeweils fällig werdende Nutzungsentgelt nicht zahlen, gleichwohl aber eine fristlose Kündigung des Miet- oder Pachtverhältnisses wegen Zahlungsverzuges nicht gewärtigen muss."
>
> Ferner
> BGH, Urt. v. 8.1.2001 – II ZR 88/99,
> BGHZ 146, 264 = ZIP 2001, 235
> m. Anm. *Altmeppen*, S. 240,
> dazu EWiR 2001, 329 *(Priester)*;
>
> BGH, Urt. v. 8.11.2004 – II ZR 300/02,
> ZIP 2005, 82 = DStR 2005, 117;
>
> BGH, Urt. v. 2.2.2006 – IX ZR 67/02,
> BGHZ 166, 125 = ZIP 2006, 578.

b) Dem Zweck der Regelungen entsprechend ist die **Dauer** der Auszahlungssperre begrenzt: Sobald die Krise – nicht nur vorübergehend, sondern nachhaltig – beendet und die Stammkapitalziffer wieder durch Gesellschaftsvermögen gedeckt ist, **endet** die Umqualifizierung der Gesellschaf-

159

VII. Rechtsfolgen

terleistung in funktionales Eigenkapital von selbst, der Gesellschafter kann
– soweit dies aus ungebundenem Vermögen geschehen kann –,

> BGH, Urt. v. 8.11.2004 – II ZR 300/02,
> ZIP 2005, 82 = DStR 2005, 117 m. w. N.;
> BGH, Urt. v. 19.9.2005 – II ZR 229/03,
> ZIP 2005, 2016,
> dazu EWiR 2005, 883 *(v. Gerkan)*,

seine Rechte als Drittgläubiger, und zwar einschließlich der während der Krise aufgelaufenen Rückstände,

> BGH, Urt. v. 15.2.1996 – IX ZR 245/94,
> BGHZ 133, 298 = ZIP 1996, 538,
> dazu EWiR 1996, 501 *(v. Gerkan)*;
> ferner
> BGH, Urt. v. 8.1.2001 – II ZR 88/99,
> BGHZ 146, 264 = ZIP 2001, 235,
> dazu EWiR 2001, 329 *(Priester)*,

geltend machen; auch hierin zeigt sich der Charakter der Auszahlungssperre als gesetzlich angeordnete Stundung.

> BGH, Urt. v. 2.12.1996 – II ZR 243/95,
> DStR 1997, 461, 462:
> „Die als Eigenkapitalersatz zu qualifizierenden Leistungen eines Gesellschafters verlieren diesen Charakter allerdings, wenn inzwischen eine durchgreifende Besserung der Lage der Gesellschaft eingetreten ist."
>
> BGH, Urt. v. 7.12.1998 – II ZR 382/96,
> ZIP 1999, 65, 68:
> „... nach Überwindung der Krise ist der Gesellschafter auch nicht gehindert, sich den rückständigen Mietzins auszahlen zu lassen, soweit dies geschehen kann, ohne dass das zur Deckung des Stammkapitals erforderliche Vermögen angegriffen wird."
>
> Dazu auch EWiR 2000, 31 *(v. Gerkan)*.
>
> Ferner
> BGH, Urt. v. 8.1.2001 – II ZR 88/99,
> ZIP 2001, 235 m. Anm. *Altmeppen*, S. 240,
> dazu auch EWiR 2001, 329 *(Priester)*;
> BGH, Urt. v. 8.11.2004 – II ZR 300/02,
> ZIP 2005, 82 = DStR 2005, 117.

Die durchgreifende Beendigung der Krise erlaubt es dem Gesellschafter im Übrigen, nunmehr ohne Bindung durch die Eigenkapitalersatzregeln seine Gesellschafterhilfe abzuziehen. Bleibt dagegen auch nach einem Forderungsverzicht eine **Unterbilanz** bestehen, endet der eigenkapitalersetzende Charakter der Leistung nicht, wie der **II. Zivilsenat** in einem Fall hat aussprechen müssen, in dem ein ausscheidender Gesellschafter durch Forderungsverzichte das Stammkapital „auf Null gestellt", anschließend aber Leistungen auf die verbliebenen Forderungen aus dem Gesellschaftsvermögen erhalten hatte.

> BGH, Urt. v. 15.11.2004 – II ZR 299/02,
> ZIP 2005, 163 = DStR 2005, 119.

c) Wie das Fallmaterial der höchstrichterlichen Rechtsprechung zeigt, wird die **Auszahlungssperre** in der Krise – sei es, dass die Verantwortlichen die Situation nicht, wie geboten, sorgfältig beobachten, sei es, dass sie sich bewusst über die aufgestellten Schranken hinwegsetzen – sehr häufig **nicht beachtet**. Sanktioniert wird dies durch die entsprechende Anwendung des § 31 GmbHG: der Gesellschafter – ausnahmsweise auch der ihm gleichgestellte Dritte 160

> siehe Rz. 140 ff

– sieht sich einem **Erstattungsanspruch** wegen der bezogenen Leistung ausgesetzt. In die Haftung einbezogen sein kann außerdem der Mitgesellschafter in entsprechender Anwendung von § 31 Abs. 3 GmbHG.

> BGH, Urt. v. 11.7.2005 – II ZR 285/03,
> ZIP 2005, 1638.

Da es sich hierbei um einen Rückgewähr-, nicht etwa um einen Schadenersatzanspruch handelt, beschränkt er sich der **Höhe** nach auf die Rückgabe des Erlangten. 161

> BGH, Urt. v. 23.2.2004 – II ZR 207/01,
> ZIP 2004, 1049:
> „Beschränken sich die von den Gesellschaftern für einen Bankkredit der GmbH als selbständige Nebenbürgschaften übernommenen eigenkapitalersetzenden Höchstbetragsbürgschaften jeweils auf einen Teil der Kreditsumme, so sind die Gesellschafter im Falle teilweiser Darlehenstilgung durch die GmbH dieser nur insoweit zur Erstattung verpflichtet, als der jeweilige Erstattungsbetrag zusammen mit dem Betrag, für den sie der Bank weiter verhaftet bleiben, die jeweilige Bürgschaftssumme nicht übersteigt (im Anschluss an Sen.Urt. v. 2.4.1990 – II ZR 149/89, ZIP 1990, 642 f)".

Im Anwendungsbereich der **Rechtsprechungsregeln**, die in Analogie zu §§ 30, 31 GmbHG lediglich gewährleisten sollen, dass das die Stammkapitalziffer deckende Gesellschaftsvermögen nicht dadurch geschmälert wird, dass im Gewande der Erfüllung scheinbarer Drittgläubigeransprüche gebundene Mittel an die Gesellschafter ausgezahlt werden, ist dieser Erstattungsanspruch bereits dann erfüllt, wenn durch die Rückzahlung des Gesellschafters die Stammkapitalziffer wieder durch Vermögen gedeckt ist.

> BGH, Urt. v. 24.3.1980 – II ZR 213/77,
> BGHZ 76, 326, 335.

Hat etwa bei einer mit dem gesetzlichen Mindeststammkapital von 25.000 € ausgestatteten GmbH der Gesellschafter in der Krise einen Darlehensrückzahlunganspruch samt Zinsen von 50.000 € durchgesetzt und ist danach die Gesellschaft mit 10.000 € überschuldet, dann geht der Erstattungsanspruch

VII. Rechtsfolgen

nicht etwa auf Leistung von 50.000 €; zurückzahlen muss der Gesellschafter vielmehr lediglich 35.000 €, die die Überschuldung und das fehlende Vermögen in Höhe der Stammkapitalziffer decken – natürlich vorausgesetzt, dass das Stammkapital nachhaltig wieder hergestellt ist.

162 Im unmittelbaren Anwendungsbereich der §§ 30, 31 GmbHG hatte der II. Zivilsenat früher ausgesprochen, mit der nachhaltigen Auffüllung des Gesellschaftsvermögens auf eine die Stammkapitalziffer deckende Höhe entfalle der Erstattungsanspruch von selbst, weil der Grund für diese Erstattungspflicht nunmehr entfallen sei.

> BGH, Urt. v. 11.5.1987 – II ZR 226/86,
> ZIP 1987, 1113 m. Anm. *H.P. Westermann*, S. 1115;
> dazu auch EWiR 1987, 1099 (*K. Müller*).

Angesichts der ursprünglichen Herleitung der Eigenkapitalersatzregeln aus den §§ 30, 31 GmbHG nicht überraschend hat der II. Zivilsenat diesen Gedanken auch auf den Anspruch angewandt, der durch die Leistung auf eine in funktionales Eigenkapital umqualifizierte Gesellschafterhilfe ausgelöst worden ist.

> BGH, Urt. v. 2.12.1996 – II ZR 243/95,
> DStR 1997, 461:
> „Die als Eigenkapital zu qualifizierenden Leistungen eines Gesellschafters verlieren diesen Charakter allerdings, wenn inzwischen eine durchgreifende Besserung der Lage der Gesellschaft eingetreten ist."

Nachdem der II. Zivilsenat inzwischen seine Rechtsprechung zu § 31 GmbHG geändert hat,

> BGH, Urt. v. 29.5.2000 – II ZR 118/98,
> BGHZ 144, 336 = ZIP 2000, 1251:
> „§ 31 Abs. 1 GmbHG setzt ausschließlich die Verletzung des § 30 Abs. 1 GmbHG voraus und ordnet generell die Erstattung der unter Verstoß gegen diese Kapitalerhaltungsvorschriften erbrachten Leistungen an.
> Ein einmal wegen Verstoßes gegen § 30 Abs. 1 GmbHG entstandener Erstattungsanspruch nach § 31 Abs. 1 GmbHG entfällt daher nicht von Gesellschafters wegen, wenn das Gesellschaftskapital zwischenzeitlich anderweit bis zur Höhe der Stammkapitalziffer nachhaltig wieder hergestellt ist."

stellt sich die Frage, ob und in welcher Weise diese Wendung der höchstrichterlichen Judikatur auch Geltung für das Eigenkapitalersatzrecht beansprucht. Dabei geht es nicht darum, den Grundsatz in Frage zu stellen, dass auch Leistungen auf als eigenkapitalersetzend eingestufte Gesellschafterhilfen „ohne Wenn und Aber" zurückzugewähren sind; entscheidend ist vielmehr das anschließende Problem, wie mit dem an die Gesellschaft zurückgezahlten Betrag zu verfahren ist, wenn zwischenzeitlich das Gesellschaftsvermögen nachhaltig wiederhergestellt, die Krise also überwunden ist. Nach der erwähnten Entscheidung vom 29.5.2000

2. Außerhalb der Insolvenz

„ist den Gesellschaftern vorbehalten, über die Verwendung der Rückzahlung nach Maßgabe der inneren Verhältnisse der Gesellschaft und etwa bestehender Verpflichtungen zu entscheiden."

Das wird für das Eigenkapitalersatzrecht bedeuten, dass der Gesellschafter in dieser Lage einen Anspruch auf Bedienung seiner nun wieder zu einer normalen Drittleistung zurückgestuften Hilfe hat, also z. B. Bezahlung der Darlehenszinsen und Tilgungsraten – und zwar auch für die Vergangenheit – fordern kann. Denn nach der höchstrichterlichen Rechtsprechung ändert sich der Charakter einer solchen Gesellschafterhilfe nicht dadurch, dass sie als funktionales Eigenkapital behandelt wird, es greift lediglich für die Dauer der Krise eine Durchsetzungssperre ein.

Siehe Rz. 158 ff.

Wenn danach der Gesellschafter regelmäßig einen Zahlungsanspruch gegen die GmbH besitzen wird, ist **ihm** jedoch die Aufrechnung verwehrt, nachdem entschieden worden ist, dass das Aufrechnungsverbot entsprechend § 19 Abs. 2 Satz 2 GmbHG auch gegenüber der auf § 31 GmbHG gestützten Erstattungsforderung gilt, vgl. dazu

163

BGH, Urt. v. 27.11.2000 – II ZR 83/00,
BGHZ 146, 105 = ZIP 2001, 157
= DStR 2001, 408,
dazu EWiR 2001, 327 *(H.P. Westermann)*;
vgl. auch
BGH, Urt. v. 10.7.2006 – II ZR 238/04,
ZIP 2006, 1488,
dazu EWiR 2006, 577 *(Lenz)*;
BGH, Urt. v. 26.6.2006 – II ZR 133/05,
ZIP 2006, 2272.

Die **Gesellschaft** dagegen ist, da nach Überwindung der Krise Bedenken gegen die Vollwertigkeit der von ihr zu erbringenden Forderung nicht mehr bestehen, wie bei einer Bareinlageleistung zur Erklärung der Aufrechnung befugt.

Lutter/Hommelhoff/*Lutter/Bayer*, GmbHG, § 19 Rz. 22 ff.

Dementsprechend ist auch eine einverständliche **Verrechnung möglich**, so dass es eines unnötigen Hin- und Herzahlens zwischen Gesellschafter und GmbH nicht bedarf; im Ergebnis führt dies also für das Eigenkapitalersatzrecht dazu, dass der eigenkapitalersatzrechtlich begründete Erstattungsanspruch durch eine schlichte Verrechnungsabrede zwischen den Beteiligten erledigt werden kann, er erlischt aber nicht von selbst, wenn die Stammkapitalziffer zwischenzeitlich nachhaltig wieder durch Gesellschaftsvermögen gedeckt ist. Das wird Auswirkungen in den Fällen haben, in denen eine solche Verrechnungsentscheidung bei Überwindung der Krise unterbleibt und die GmbH zu einem späteren Zeitpunkt abermals in eine entsprechende Situation gerät.

VII. Rechtsfolgen

164 In allen Fällen der als Eigenkapitalersatz zu qualifizierenden **Kreditgewährung** durch einen Gesellschafter erfasst der Erstattungsanspruch die verbotenerweise zurückgezahlte Gesellschafterhilfe als solche ebenso wie die für die Überlassung auf Zeit geschuldete Gegenleistung. Beim **Gesellschafterdarlehen** unterliegen in der Krise deswegen zunächst die **Zinsen** dem eigenkapitalersatzrechtlichen Auszahlungsverbot und gegebenenfalls der Erstattungspflicht; lässt es der Stand des Gesellschaftsvermögens zu, wenigstens die Zinsen – vielleicht auch nur teilweise – zu zahlen, kann eine gleichzeitige Rückzahlung auch der Darlehensvaluta zu einem auf deren Rückgewähr beschränkten Erstattungsanspruch führen.

165 Ebenso ist hinsichtlich aller anderen Formen der **Kreditierung**, die also etwa durch Stehenlassen von Geschäftsführervergütungen, Tantiemen, Gewinn- oder Provisionsansprüchen, Aufwendungsersatzforderungen oder Kaufpreisansprüchen gegeben worden ist,

siehe Rz. 108 ff,

zu verfahren: Bis zur Auffüllung des Gesellschaftsvermögens auf die statutarisch festgelegte Höhe ist der Gesellschafter der Erstattungspflicht ausgesetzt.

166 Bei eigenkapitalersetzenden **Kreditsicherheiten**,

siehe Rz. 95 ff,

bedarf es, um den Erstattungsanspruch ermitteln zu können, eines gedanklichen Zwischenschritts, vgl.

BGH, Urt. v. 18.11.1996 – II ZR 207/95,
ZIP 1997, 115;

BGH, Urt. v. 17.11.1997 – II ZR 224/96,
ZIP 1998, 243 = DStR 1998, 426,
dazu EWiR 1998, 179 *(v. Gerkan)*;

BGH, Urt. v. 6.7.1998 – II ZR 284/94,
ZIP 1998, 1437,
dazu EWiR 1998, 747 *(v. Gerkan)*;

BGH, Urt. v. 14.3.2005 – II ZR 129/03,
ZIP 2005, 659,
dazu EWiR 2005, 503 *(Flitsch)*.

Die Gesellschaft, die den gesicherten Kredit zurückführt, leistet aus ihrem Vermögen unmittelbar an den Kreditgeber und nicht, wie dies in §§ 30, 31 GmbHG vorausgesetzt wird, an den Gesellschafter. Gleichwohl liegt auch in diesem Vorgang eine verbotene Rückzahlung, weil und soweit,

BGH, Urt. v. 23.2.2004 – II ZR 207/01,
ZIP 2004, 1049;

BGH, Urt. v. 14.3.2005 – II ZR 129/03,
ZIP 2005, 659,

2. Außerhalb der Insolvenz

der Gesellschafter durch die **Tilgung** der Schuld seitens der GmbH seinerseits von der **Sicherungspflicht befreit** wird, die allein die Grundlage dafür war, dass der Gesellschaft überhaupt von dem außenstehenden Dritten ein Kredit gewährt bzw. belassen worden war. Da wirtschaftlich diese Kreditsicherheit funktionales Eigenkapital darstellt, darf dieses nicht auf dem Umweg über eine Leistung an den Gesellschaftsgläubiger dem Gesellschafter „zurückgewährt" werden; deswegen ist der Gesellschafter in Erfüllung seiner Finanzierungsfolgenverpflichtung gehalten, den Gegenwert an die Gesellschaft bzw. an die Masse zu leisten, soweit der eigenkapitalersetzende Charakter reicht.

Damit wird eben der Zustand herbeigeführt, der die wirtschaftliche Grundlage des gesellschafterbesicherten Kreditgeschäfts gewesen ist: Hätte der Kreditgeber den Gesellschafter statt der GmbH belangt, hätte der Sicherungsgeber gegen die Gesellschaft, solange die Krise andauert, keinen Regressanspruch; dasselbe gälte, wenn der Geschäftsführer der GmbH – wie geboten, 167

BGH, Urt. v. 9.12.1991 – II ZR 43/91,
ZIP 1992, 108,
dazu EWiR 1992, 277 *(Hunecke)*;
BGH, Urt. v. 14.3.2005 – II ZR 129/03,
ZIP 2005, 659,
dazu EWiR 2005, 503 *(Flitsch)*;
BGH, Urt. v. 22.12.2005 – IX ZR 190/02,
BGHZ 165, 343 = ZIP 2006, 243;
siehe ferner Rz. 96,

– den Gesellschafter rechtzeitig vor der Inanspruchnahme durch den Kreditgeber zur **Freistellung der GmbH** aufgefordert hätte. Davon, ob der Gesellschaftsgläubiger in der Krisensituation zunächst den Sicherungsgeber oder erst die Gesellschaft in Anspruch nimmt, darf es nicht abhängen, ob der Gesellschafter aus seiner der Gesellschaft und – mittelbar – ihren übrigen Gläubigern gegenüber eingegangenen Verpflichtung frei wird.

Mit einer solchen eigenkapitalersetzend wirkenden Kreditsicherheit darf nicht die Fallgestaltung verwechselt werden, bei der der Gesellschafter eine andere der GmbH gewährte Leistung – z. B. ein Darlehen – durch die Gesellschaft absichern lässt, etwa indem ihm diese eine Grundschuld an einem ihr gehörenden Grundstück bestellt. Unter eigenkapitalersetzendem Blickwinkel hat eine solche Kreditsicherheit insofern Bedeutung, als der Sicherungszweck entfällt und die Grundschuld zurückübertragen werden muss, wenn die GmbH dauerhaft in eine Krise gerät und die zu sichernde Gesellschafterdrittleistung in funktionales Eigenkapital umqualifiziert wird; wenn hier klar ist – etwa im Falle der Insolvenz der Gesellschaft –, dass der kreditgebende Gesellschafter sein Darlehen niemals zurückerhalten wird, kann der Insolvenzverwalter von ihm die Rückübertragung dieses Sicherungsrechts verlangen, vgl. 168

VII. Rechtsfolgen

BGH, Urt. v. 27.11.2000 – II ZR 179/99,
ZIP 2001, 115,
dazu EWiR 2001, 329 *(v. Gerkan)*.

bzw. einen an den Kreditgeber zur Sicherheit übereigneten Gegenstand verwerten und den Erlös zur Masse ziehen.

Siehe Rz. 145.

169 Bei der **Gebrauchsüberlassung**,

siehe Rz. 102 ff,

versteht sich von selbst, dass die Umqualifizierung – nicht anders als beim Darlehen – dazu führt, dass der vermietende oder verpachtende Gesellschafter den **Miet- oder Pachtzins** nicht fordern darf, soweit dieser nicht aus ungebundenem Vermögen geleistet werden kann, und dass ihm unter diesen Voraussetzungen auch das Recht abgeschnitten ist, das Nutzungsverhältnis **fristlos** zu beenden, vgl. zusammenfassend

BGH, Urt. v. 7.12.1998 – II ZR 382/96,
BGHZ 140, 147 ff = ZIP 1999, 65 ff,
dazu EWiR 2000, 31 *(v. Gerkan)*;

BGH, Urt. v. 31.1.2000 – II ZR 309/98,
ZIP 2000, 455 = ZfIR 2000, 480;

BGH, Urt. v. 26.6.2000 – II ZR 370/98,
ZIP 2000, 1491;

BGH, Urt. v. 18.12.2000 – II ZR 191/99,
ZIP 2001, 242.

Nach der Grundregel, dass die Umqualifizierung einer Gesellschafterdrittleistung in funktionales Eigenkapital lediglich zu einer **Durchsetzungssperre** führt, also ein **Abzugsverbot**, nicht jedoch ein **Zuführungsgebot** zur Folge hat,

BGH, Urt. v. 28.6.1999 – II ZR 272/98,
ZIP 1999, 1263,
dazu EWiR 1999, 843 *(Dauner-Lieb)*,

haben die Gesellschafter, welche in eigenkapitalersetzender Weise ihrer Gesellschaft ein Betriebsgrundstück überlassen hatten, sich dagegen gewehrt, die Kosten für die Versorgung der Immobilie mit Wärme, Wasser und Abwasser zu tragen, nachdem die Gesellschaft in die Gesamtvollstreckung geraten war.

BGH, Urt. v. 26.6.2000 – II ZR 370/98,
ZIP 2000, 1491.

Sie haben damit – anders als bei den Kosten der Stromversorgung – keinen Erfolg gehabt, weil der Mietvertrag ausdrücklich vorsah, dass die Gesellschafter das Grundstück unter Bereitstellung von Wärme sowie von Wasser- und Abwasserversorgung zu überlassen hatten:

2. Außerhalb der Insolvenz

„Die Umqualifizierung eines Miet- oder Pachtverhältnisses über ein Grundstück in funktionales Eigenkapital erstreckt sich grundsätzlich auf alle in dem Gebrauchsüberlassungsvertrag eingegangenen Verpflichtungen des Gesellschafters. Soweit der Gesellschafter nach diesem Vertrag auch die Versorgung des Grundstücks – etwa mit Wärme, Wasser oder Strom – schuldet, ist er verpflichtet, die während der Krise der Gesellschaft dafür entstehenden Kosten zu tragen, und kann einen etwa aufgrund einer vertragsgemäß jährlich vorzunehmenden Abrechnung entstehenden Erstattungsanspruch nicht durchsetzen."

Nach der Ausgestaltung des konkreten Überlassungsvertrages bestimmt sich also, ob der Gesellschafter in der Krise zusätzliche Leistungen (z. B. **Mietnebenkosten**) ohne Entgelt erbringen muss oder ob er sich darauf berufen kann, dass die Umqualifizierung einer Gesellschafterleistung in funktionales Eigenkapital ihn nicht zur Zuführung weiterer Mittel verpflichtet.

Darüber hinaus stellt sich in diesem Zusammenhang das Problem, welche Rechte in der Insolvenz der Insolvenzverwalter der Gesellschaft geltend machen kann.

170

> Siehe
> Lutter/Hommelhoff/*Lutter/Hommelhoff*, GmbHG,
> §§ 32a/b Rz. 145 ff;
> *Goette*, DStR 1994, 1658.

Inzwischen ist höchstrichterlich geklärt, dass die Eigenkapitalersatzregeln weder eine automatisch eintretende **dingliche Rechtsänderung** rechtfertigen können, noch dass der Insolvenzverwalter einen **Anspruch auf Eigentumsübertragung** oder darauf hat, den **Substanzwert** des überlassenen Gegenstandes zur Masse zu ziehen.

> BGH, Urt. v. 11.7.1994 – II ZR 146/92,
> BGHZ 127, 1 ff = ZIP 1994, 1261 ff,
> dazu EWiR 1994, 1201 *(Timm)*;
>
> BGH, Urt. v. 11.7.1994 – II ZR 162/92,
> BGHZ 127, 17 ff = ZIP 1994, 1441,
> dazu EWiR 1994, 1107 *(Fleck)*;
>
> ferner
> BGH, Urt. v. 16.6.1997 – II ZR 154/96,
> ZIP 1997, 1375,
> dazu EWiR 1997, 753 *(v. Gerkan)*;
>
> BGH, Urt. v. 15.6.1998 – II ZR 17/97,
> ZIP 1998, 1352;
>
> BGH, Urt. v. 7.12.1998 – II ZR 382/96,
> BGHZ 140, 147 = ZIP 1999, 65,
> dazu EWiR 2000, 31 *(v. Gerkan)*;
>
> BGH, Beschl. v. 1.3.1999 – II ZR 362/97,
> DStR 1999, 553 m. Anm. *Goette*;
>
> BGH, Urt. v. 31.1.2000 – II ZR 309/98,
> ZIP 2000, 455 = ZfIR 2000, 480.

VII. Rechtsfolgen

171 In den genannten Entscheidungen ist – den Ansatz, dass sich der Gesellschafter an den **Folgen** der von ihm getroffenen **Finanzierungsentscheidung** festhalten lassen muss, konsequent ausführend – vielmehr ausgesprochen worden, dass der Gesellschafter dem Verwalter das **Nutzungsrecht belassen** muss, ohne dass dieser hierfür ein Entgelt zu entrichten hätte.

172 Nutzung bedeutet nicht, dass der Konkursverwalter **selbst** nutzen müsste, er kann diese Nutzungsbefugnis auch **verwerten**, indem er die Güter oder das Betriebsgrundstück Dritten überlässt oder das Nutzungsrecht weiter überträgt. Das Problem liegt bei der **Dauer**: Extremposition wäre eine Überlassung bis zur Befriedigung aller Gläubiger ohne Rücksicht auf vereinbarte Fristen – das führte im Einzelnen zu einem Verbrauch der Substanz und widerspräche dem Sinn des geschlossenen Rechtsgeschäfts, nach dem nicht die Überlassung der Substanz, sondern nur die zeitweilige Benutzung des Gegenstandes geschuldet gewesen ist. Der II. Zivilsenat respektiert deswegen grundsätzlich die von den Vertragspartnern getroffenen Vereinbarungen. Allerdings sind **missbräuchliche** – offensichtlich nicht ernst gemeinte – Fristen nicht hinzunehmen. Es muss sich also um sachlich begründete Kündigungsregeln handeln, die regelmäßig daran zu messen sind, ob eine entsprechende Abrede auch mit einem Nichtgesellschafter getroffen worden wäre.

> BGH, Urt. v. 11.7.1994 – II ZR 146/92,
> BGHZ 127, 1, 10:
> „Vertraglich vereinbarten zeitlichen Begrenzungen ist jedoch nur insoweit eine Wirkung beizumessen, als sie ernst gemeint sind ..."
>
> Dazu auch EWiR 1994, 1201 *(Timm)*.

Für den Insolvenzverwalter eröffnet sich hier zwar ein Spielraum für Verhandlungen mit dem Gesellschafter, andererseits unterliegt er im Rechtsstreit einer gesteigerten Substantiierungspflicht, wenn er die von den Parteien vereinbarte Nutzungsfrist nicht gelten lassen will; auf eine nähere Ermittlung und Darlegung der Marktgegebenheiten wird dabei regelmäßig schwerlich verzichtet werden können.

173 Die **Nichtausübung** der Nutzungsbefugnis durch den Insolvenzverwalter löst nach der Rechtsprechung keinen Wertersatzanspruch aus. Es ist nicht das **Risiko** des Gesellschafters, dass nach dem Zusammenbruch der GmbH die überlassenen Güter nicht mehr wie vorgesehen verwendet werden können. Ein gleichwohl gewährter Wertersatzanspruch hätte zur Folge, dass der Gesellschafter verpflichtet würde, der Gesellschaft eine andere Hilfe zu geben, als die Nutzungsbefugnis, die allein er vereinbarungsgemäß zur Verfügung gestellt hat.

> BGH, Urt. v. 11.7.1994 – II ZR 146/92,
> BGHZ 127, 1:
> „Der Gesellschafter ist grundsätzlich nicht verpflichtet, anstelle der weiteren Überlassung der Gegenstände den Wert des Nutzungsrechts in Geld zu ersetzen."

2. Außerhalb der Insolvenz

Vgl. ferner
BGH, Beschl. v. 1.3.1999 – II ZR 362/97,
DStR 1999, 553, 555 m. Anm. *Goette*.

Ausnahmen ergeben sich nach den allgemeinen Regeln: Unzulässig ist eine 174
Entziehung des Nutzungsrechts seitens des Gesellschafters, indem er den
Gegenstand an sich nimmt, ihn verkauft oder anderweitig vermietet. Dabei
muss der Gesellschafter nicht selbst in die Nutzungsbefugnis eingreifen, es
reicht aus, wenn dies in ihm zurechenbarer Weise durch einen Dritten –
Beispiel ist das Einwirken eines Privatgläubigers auf den Gegenstand auf
dem Wege der Vollstreckung – geschieht (siehe Rz. 175). Derartige Verhaltensweisen führen deswegen zur Ersatzpflicht des Gesellschafters; auch sie
gehen aber nur auf den Ersatz der entzogenen Nutzungen, nicht auf den
Substanzwert der Sache.

BGH, Urt. v. 11.7.1994 – II ZR 146/92,
BGHZ 127, 1:

„Ein Anspruch auf Wertersatz besteht jedoch dann, wenn die weitere Nutzungsüberlassung dadurch unmöglich wird, dass der Gesellschafter die Gegenstände gegen den Willen der Gesellschaft oder des Konkursverwalters veräußert oder wenn diese einverständlich veräußert werden und zwischen den Beteiligten Einigkeit darüber besteht, dass der Erlös in Höhe des Restwerts des Nutzungsrechts der Gesellschaft oder der Konkursmasse zufließen soll."

BGH, Urt. v. 11.7.1994 – II ZR 162/92,
BGHZ 127, 17, 31 = ZIP 1994, 1441,
dazu EWiR 1994, 1107 *(Fleck)*.

Entsprechende Rechtsfolgen ergeben sich, wenn der Gesellschafter das vermietete Grundstück an einen außenstehenden Dritten veräußert.

BGH, Urt. v. 2.2.2006 – IX ZR 67/02,
ZIP 2006, 578;

siehe oben Rz. 132.

Ist das in eigenkapitalersetzender Weise zum Gebrauch überlassene Grund- 175
stück mit einem **Grundpfandrecht belastet**, setzt sich das Eigenkapitalersatzrecht nicht – wie dies in einem obiter dictum einer früheren Entscheidung des II. Zivilsenats angeklungen ist

BGH, Urt. v. 16.10.1989 – II ZR 307/88,
BGHZ 109, 55, 66 = ZIP 1989, 1542,
dazu EWiR 1990, 371 *(Fabritius)*

– schlechthin gegenüber dem Grundpfandrechtsgläubiger durch. Vielmehr
endet das Recht der Gesellschaft bzw. ihres Konkursverwalters mit der **Beschlagnahme** des Grundstücks auf dem Wege der **Zwangsverwaltung**.

BGH, Urt. v. 7.12.1998 – II ZR 382/96,
ZIP 1999, 65:

„Die Wirkung einer eigenkapitalersetzenden Gebrauchsüberlassung, dass nämlich die Gesellschaft ... das Grundstück unentgeltlich nutzen darf, endet, sofern das überlassene Grundstück mit einem Grundpfandrecht belastet war, in

VII. Rechtsfolgen

entsprechender Anwendung von §§ 146 ff ZVG, 1123, 1124 Abs. 2 BGB mit dem Wirksamwerden des im Wege der Zwangsverwaltung erlassenen Beschlagnahmebeschlusses, ohne dass es eines weiteren Tätigwerdens des Zwangsverwalters bedarf."

> Dazu auch EWiR 2000, 31 *(v. Gerkan)*.
> Bestätigt durch
> BGH, Urt. v. 31.1.2000 – II ZR 309/98,
> ZIP 2000, 455 = ZfIR 2000, 480;
>
> BGH, Urt. v. 28.2.2005 – II ZR 103/02,
> ZIP 2005, 660;
>
> vgl. ferner
> BGH, Urt. v. 2.2.2006 – IX ZR 67/02,
> ZIP 2006, 578.

Der II. Zivilsenat hat – ausgehend von der Wirkung einer Umqualifizierung einer Gesellschafterleistung in eine eigenkapitalersetzend wirkende Hilfe als Durchsetzungssperre – ausgesprochen, dass dies wie eine – allerdings kraft Gesetzes eintretende – Stundung des Mietzinses wirke und deswegen nach der Grundentscheidung des Gesetzgebers in §§ 1123, 1124 BGB von dem Grundpfandgläubiger, dessen Forderungen der Eigentümer/Gesellschafter nicht mehr erfüllt, auf Dauer nicht hingenommen werden muss. An dieser Judikatur zeigt sich also, dass der – auf schuldrechtlichem Wege – vermittelte Schutz der Gesellschaft und ihrer Gläubiger im Konfliktfall an den stärkeren sachenrechtlichen Grundsätzen scheitert. Dass der Gesellschafter in einem solchen Fall, in dem der Grundpfandgläubiger das Nutzungsrecht an sich zieht, der Gesellschaft bzw. dem für sie handelnden Insolvenzverwalter **ersatzpflichtig** wird (siehe Rz. 174),

> vgl. jetzt
> BGH, Urt. v. 31.1.2005 – II ZR 240/02,
> ZIP 2005, 484,
> dazu EWiR 2005, 355 *(Herbst)*;
>
> BGH, Urt. v. 28.2.2005 – II ZR 103/02,
> ZIP 2005, 660;
>
> BGH, Urt. v. 2.2.2006 – IX ZR 67/02,
> ZIP 2006, 578,

ist in diesen Fallgestaltungen ohne wirtschaftliche Bedeutung, weil ja regelmäßig gerade die Krise der Gesellschaft das auslösende Moment dafür ist, dass der Gesellschafter keine Miet- oder Pachtzahlungen mehr erhält und deswegen nicht mehr über die Mittel verfügt, seinen durch Grundpfandrecht an dem privaten Grundstück gesicherten Gläubiger zu befriedigen. Bei der Höhe des zu leistenden Ersatzes ist der zwischen dem Gesellschafter und der GmbH vereinbarte Miet- oder Pachtzins eine Richtschnur.

> BGH, Urt. v. 28.2.2005 – II ZR 103/02,
> ZIP 2005, 660.

2. Außerhalb der Insolvenz

d) Im unmittelbaren Anwendungsbereich der §§ 30, 31 GmbHG hatte der   176
II. Zivilsenat in seiner früheren Judikatur angenommen,

> BGH, Urt. v. 10.12.1984 – II ZR 308/83,
> BGHZ 93, 146 = ZIP 1985, 279,
> dazu EWiR 1985, 101 *(Priester)*,

dass auch die **Mitgesellschafter** über die engen Grenzen des § 31 Abs. 3 GmbHG hinaus dafür haften, wenn mit Ihrer Mitwirkung gebundenes Vermögen an einen anderen Gesellschafter ausgezahlt wird. Nachdem der Senat in einer weiteren Entscheidung,

> BGH, Urt. v. 27.3.1995 – II ZR 30/94,
> ZIP 1995, 736,

zu dieser Frage aus anderen Gründen nicht hat Stellung nehmen müssen, hat er inzwischen deutlich gemacht, dass er an dieser Rechtsprechung nicht uneingeschränkt festhält, weil sie geeignet ist, die zum Schutz der Mitgesellschafter erlassene Vorschrift des § 31 Abs. 3 GmbHG auszuhöhlen.

> BGH, Urt. v. 21.6.1999 – II ZR 47/98,
> BGHZ 142, 92 = ZIP 1999, 1352
> = DStR 1999, 1366:
>
> „Zu Lasten des Stammkapitals gehende Auszahlungen an einen oder mehrere Gesellschafter sind gemäß § 31 Abs. 1, 2 GmbHG von diesen zu erstatten; die Übrigen haften dafür auch bei Mitwirkung der Transaktion – von einem Fall einer Existenzgefährdung abgesehen – regelmäßig nur unter den Voraussetzungen der §§ 31 Abs. 3, 43 Abs. 3 Satz 3 GmbHG (Klarstellung gegenüber BGHZ 93, 146). Die Darlegungs- und Beweislast für diese Voraussetzungen trifft im Streitfall die GmbH."
>
> Dazu auch EWiR 1999, 835 *(Wilhelm)*.

Deswegen kommt eine Haftung der Mitgesellschafter für einen **eigenkapitalersatzrechtlichen Erstattungsanspruch** ebenfalls nur in den engeren Grenzen des – in diesem Bereich nur analog anwendbaren – § 31 Abs. 3 GmbHG in Betracht. Der für den unmittelbaren Anwendungsbereich dieser Vorschrift nunmehr entwickelte Grundsatz, dass die Mitgesellschafter, anders als der Empfänger, nicht für die verbotene Auszahlung in voller Höhe haften, solange die Stammkapitalziffer nicht wieder durch Gesellschaftsvermögen gedeckt ist, sondern dass sie nur in Höhe der Stammkapitalziffer selbst belangt werden können,

> BGH, Urt. v. 25.2.2002 – II ZR 196/00,
> BGHZ 150, 61 = ZIP 2002, 848,
> dazu EWiR 2002, 679 *(Blöse)*,

beansprucht Geltung auch im Bereich des Eigenkapitalersatzes. Wie bereits früher prognostiziert, hat der II. Zivilsenat die darüber hinausgehende, im Schrifttum geäußerte Mindermeinung verworfen, nach der die Haftung des jeweiligen Mitgesellschafters sogar auf die Höhe der von ihm übernommenen Stammeinlage beschränkt sein soll; Entsprechendes gilt für die verein-

VII. Rechtsfolgen

zelt vertretene Ansicht, zumindest die auf den in Anspruch genommenen Gesellschafter entfallende Quote sei in Abzug zu bringen.

> BGH, Urt. v. 22.9.2003 – II ZR 229/02,
> ZIP 2003, 2068,
> dazu EWiR 2004, 383 *(Wagner)*.

177 e) Unter Umständen ist der Geschäftsführer der Gesellschaft gegenüber dafür **verantwortlich**, dass aus dem Gesellschaftsvermögen in der Krise ein außenstehender Gläubiger befriedigt wird. Die Verletzung von Organpflichten liegt dabei aber nicht darin, dass ein Gesellschaftsgläubiger aus Mitteln der Gesellschaft **befriedigt** oder ihm die **Verwertung** von Sicherheiten **gestattet** wird, die ihm die GmbH zur Kreditsicherung gewährt hat. Das gilt selbst dann, wenn nicht nur die Gesellschaft, sondern zusätzlich auch ein **Gesellschafter Sicherheiten** für jene Gesellschaftsschuld gewährt hat, die nunmehr in der Krise funktionales Eigenkapital darstellen.

> BGH, Urt. v. 9.12.1991 – II ZR 43/91,
> ZIP 1992, 108:
>
> „In einem solchen Fall ist der nicht zum Kreis der Gesellschafter gehörende Kreditgläubiger ... durch die für die Gesellschafter geltenden Kapitalersatzregeln nicht gehindert, seinen Anspruch gegen die Gesellschaft geltend zu machen. Diese ist ihm gegenüber zur Erfüllung verpflichtet. Jedenfalls vor Erlass des konkursrechtlichen Veräußerungsverbots konnte die Gemeinschuldnerin ... auch nicht nach § 32a Abs. 2 GmbHG auf die Inanspruchnahme der Gesellschafter verweisen."
>
> BGH, Urt. v. 14.3.2005 – II ZR 129/03,
> ZIP 2005, 659;
>
> BGH, Urt. v. 22.12.2005 – IX ZR 190/02,
> ZIP 2006, 243;
>
> siehe ferner Rz. 96.

Der Geschäftsführer ist aber in dieser Lage gehalten, dafür zu sorgen, dass das Gesellschaftsvermögen von dem Gesellschaftsgläubiger überhaupt nicht in Anspruch genommen wird. Deswegen darf er, verhält er sich wie ein ordentlicher Geschäftsmann (§ 43 Abs. 1 GmbHG), nicht abwarten, bis durch die Befriedigung des Gesellschaftsgläubigers aus dem Gesellschaftsvermögen der **Erstattungsanspruch** gegen den Gesellschafter entsteht, sondern hat Letzteren vorab zu veranlassen, die Gesellschaft von der Kreditverbindlichkeit **freizustellen**; unterlässt er dies, haftet er entweder der Gesellschaft gegenüber nach § 43 Abs. 2 und 3 GmbHG,

> BGH, Urt. v. 9.12.1991 – II ZR 43/91,
> ZIP 1992, 108;
>
> BGH, Urt. v. 14.3.2005 – II ZR 129/03,
> ZIP 2005, 659;
>
> BGH, Urt. v. 22.12.2005 – IX ZR 190/02,
> ZIP 2006, 243,

oder bzw. und, nämlich soweit dann der Schaden der GmbH durch die Leistung eines mit Erfolg in Anspruch genommenen Mitgesellschafters entfallen ist, stattdessen diesem gegenüber nach § 31 Abs. 6 GmbHG.

3. In der Insolvenz

Die **Novellenregeln** stellen auch in der seit dem Inkrafttreten der Insolvenzordnung geltenden neuen Fassung maßgeblich auf die Insolvenzsituation ab und bleiben, wie der II. Zivilsenat schon für das 1980 erstmals kodifizierte Eigenkapitalersatzrecht entschieden hat, 178

BGH, Urt. v. 26.3.1984 – II ZR 14/84,
BGHZ 90, 370, 378 ff = ZIP 1984, 698,

auch jetzt noch hinter dem Stand der Rechtsprechungsregeln zurück, gehen teilweise aber auch darüber hinaus. Von diesen Unterschieden im Einzelnen abgesehen, sind allerdings im Grundsatz die Rechtsfolgen – Auszahlungssperre und Erstattungspflicht – identisch.

Tatbestandlich wird ein **Insolvenzverfahren** oder eine Situation vorausgesetzt, in der ein in der Einzelzwangsvollstreckung ausgefallener Gläubiger nach dem **Anfechtungsgesetz anfechten** kann. Ohne eine rechtzeitig erklärte **Anfechtung** (§§ 135, 146 InsO, § 6 AnfG) ist für die Heranziehung der Novellenregeln kein Raum. Nach dem früheren Recht hatten bei Nichtbeachtung der Anfechtungsfrist des § 41 KO die Instanzgerichte häufiger die auf Erstattung verbotener Auszahlungen gerichteten Klagen von Konkursverwaltern abgewiesen, 179

BGH, Urt. v. 20.9.1993 – II ZR 151/92,
BGHZ 123, 289 = ZIP 1993, 1614,
dazu EWiR 1993, 1217 *(Paulus)*;

BGH, Beschl. v. 20.12.1993 – II ZR 94/93,
ZIP 1994, 31 = DStR 1994, 294,
dazu EWiR 1994, 805 *(Paulus)*;

BGH, Urt. v. 6.7.1998 – II ZR 284/94,
ZIP 1998, 1437,
dazu EWiR 1998, 747 *(v. Gerkan)*;

BGH, Beschl. v. 1.3.1999 – II ZR 362/97,
DStR 1999, 553,

und dabei dem Gesichtspunkt keine hinreichende Aufmerksamkeit geschenkt, dass neben den Novellenregeln prinzipiell auch die Rechtsprechungsregeln Geltung beanspruchen. Nach dem neuen Recht ist die Lage für die Insolvenzverwalter insofern erleichtert, als nicht mehr die oftmals in der Praxis zu kurze einjährige Anfechtungsfrist gilt, sondern dem Verwalter heute wenigstens **drei Jahre** Zeit bleiben, um die erforderlichen Schritte einzuleiten (§ 146 Abs. 1 InsO i. V. m. §§ 195, 199 BGB).

VII. Rechtsfolgen

180 § 135 InsO erfasst alle Leistungen, die dem Gesellschafter in der Krise auf eine als funktionales Eigenkapital zu qualifizierende Hilfe **im letzten Jahr** vor Stellung des Insolvenzantrages erbracht worden sind. Insofern besteht eine **unwiderlegliche Vermutung**, dass diese Zahlungen gegen die Pflicht verstoßen, gebundenes Kapital nicht an die Gesellschafter auszuzahlen. Eine etwaige Besserung der Lage der Gesellschaft in der Zwischenzeit beseitigt – anders als dies bei den Rechtsprechungsregeln gilt – die Umqualifizierung nicht. Das hat der II. Zivilsenat jüngst noch einmal klargestellt und deutlich gemacht, dass es für das Durchgreifen des Erstattungsanspruchs ausreicht, wenn **irgendwann** in der Vergangenheit die von der Gesellschaft im letzten Jahr vor der Antragstellung bediente Gesellschafterdrittleistung in funktionales Eigenkapital umqualifiziert worden war; dann gilt die **unwiderlegliche Vermutung**, dass die Leistung aus dem Gesellschaftsvermögen gegen die Eigenkapitalersatzregeln verstoßen hat,

vgl. BGH, Urt. v. 30.1.2006 – II ZR 357/03, ZIP 2006, 466:

„Ist im letzten Jahr vor Anbringung des Insolvenzantrags von der Gesellschaft eine Leistung auf ein Gesellschafterdarlehen erbracht worden, das zuvor eigenkapitalersetzenden Charakter gehabt hat, ist dem Gesellschafter der Nachweis abgeschnitten, dass im Zahlungszeitpunkt das Stammkapital der Gesellschaft nachhaltig wiederhergestellt und damit die Durchsetzungssperre entfallen war; vielmehr wird der Eigenkapitalersatzcharakter zum Stichtag unwiderleglich vermutet (Bestätigung von BGHZ 90, 370, 380 f.)"

Dazu auch EWiR 2006, 247 *(Noack)*.

Der Regierungsentwurf des MoMiG, der sich die Abschaffung des Eigenkapitlersatzrechts auf die Fahnen geschrieben hat,

siehe dazu oben Rz. 19,

will über diese scharfe Haftung noch hinausgehen und jede im letzten Jahr vor der Stellung des Insolvenzantrags erbrachte Leistung der insolvenzrechtlichen Anfechtung unterwerfen; danach würden z. B. Gesellschafter-Darlehen, die nach dem gegenwärtigen Recht zu keiner Zeit eigenkapitalersetzenden Charakter besessen haben, und auf die – aus der Sicht des Gesellschafters unglücklicherweise – elf und nicht dreizehn Monate vor Insolvenzantragstellung Leistungen erbracht worden sind, anfechtbar sein, auch wenn die „Krise" erst unmittelbar im Vorfeld dieses Antrags, etwa wegen des Ausfalls eines großen Schuldners, eingetreten ist. Über die Sachgerechtigkeit einer solchen pauschalierenden Regelung darf man getrost streiten.

Siehe zur Kritik die Nachw. oben Rz. 21.

181 Auch hinsichtlich der **Höhe** des Erstattungsanspruchs gehen die Novellenregeln über den Stand der Rechtsprechungsregeln hinaus. Letztere greifen nur ein, bis der Stammkapitalnennwert wieder durch Gesellschaftsvermögen gedeckt ist; die gesetzlichen Bestimmungen erfassen dagegen die verbotene Auszahlung in der **vollen** Höhe. Wegen seiner zu funktionalem Eigenkapital umqualifizierten Drittgläubigeransprüche ist der Gesellschafter auf die – **nachrangige** (§ 39 Abs. 1 Nr. 5 InsO) – Teilnahme am Insolvenzverfahren verwiesen. Dies führt in der Insolvenzsituation, wie nach dem alten Recht, regelmäßig dazu, dass der Gesellschafter mit seiner Forderung unbefriedigt bleibt.

VIII. Rechtsformspezifisches Schutzrecht

1. Übersicht

Obwohl die ersten noch vom Reichsgericht zum Eigenkapitalersatz entschiedenen Fälle Aktiengesellschaften betroffen haben, 182

RG JW 1939, 355,

entwickelte sodann der Bundesgerichtshof seine Rechtsprechung anhand von GmbH und von GmbH & Co. KG. Für beide Rechtsformen aktivierte er das kapitalgesellschaftsrechtliche Instrumentarium der Kapitalerhaltung (zur Konstruktion in der GmbH & Co. KG unten Rz. 185 ff). Den Gesellschafterdarlehen begegnen rechtspraktisch vor allem bei diesen Gesellschaftsformen als den klassischen Trägern für kleine und mittlere Unternehmen mit geschlossenem Gesellschafterkreis.

Aber auch bei Aktiengesellschaften sind Leistungen aus Aktionärshand durchaus verbreitet – nämlich überall dort, wo die Gesellschaft als nachgeordnete Konzerngliedgesellschaft begegnet oder wo in ihrem Gesellschafterkreis Großaktionäre beteiligt sind; diese tragen nicht selten durch Aktionärsleistungen außerhalb von Einlagen zur Finanzierung der Aktiengesellschaft bei. Auf diese Aktionärsleistungen hat der Bundesgerichtshof in seinem grundlegenden Urteil „BuM/WestLB",

BGH, Urt. v. 26.3.1984 – II ZR 171/83,
BGHZ 90, 381 = ZIP 1984, 572,

die Regeln zum Eigenkapitalersatz, also das aktienrechtliche Recht der Kapitalerhaltung, übertragen – wenn auch rechtsformspezifisch modifiziert.

Ob dagegen das Eigenkapitalersatzrecht grundsätzlich auch auf jene Kommanditgesellschaften Anwendung findet, in denen eine oder mehrere natürliche Personen als Komplementäre mitwirken, ist im Schrifttum hoch umstritten, aber von der Rechtsprechung noch nicht entschieden worden.

Zur Argumentation
Hommelhoff, in: v. Gerkan/Hommelhoff, Handbuch des Kapitalersatzrechts, Rz. 1.30 ff;
Kleindiek, in: Festschrift Lutter, 2000, S. 871 ff.

Das Gleiche gilt für Genossenschaften.

Im Abschnitt „Rechtsformspezifisches Schutzrecht" haben sich gegenüber 183
der **Vorauflage** keine bemerkenswerten Veränderungen ergeben.

2. GmbH

Das Eigenkapitalersatzrecht ist von der höchstrichterlichen Rechtsprechung 184
im Ausgangspunkt für die GmbH entwickelt worden.

BGH, Urt. v. 14.12.1959 – II ZR 187/57,
BGHZ 31, 258.

Es nimmt deswegen nicht wunder, dass in der Rechtsprechung des II. Zivilsenats nach wie vor ganz überwiegend bezüglich dieser Gesellschaftsform eigenkapitalersatzrechtliche Fragen entschieden werden,

BGH, Urt. v. 12.7.1999 – II ZR 87/98,
ZIP 1999, 1524;

BGH, Urt. v. 28.6.1999 – II ZR 272/98,
ZIP 1999, 1263 = DStR 1999, 1198,
dazu EWiR 1999, 843 *(Dauner-Lieb)*;

BGH, Urt. v. 21.6.1999 – II ZR 70/98,
ZIP 1999, 1314 = DStR 1999, 1497;

BGH, Urt. v. 19.4.1999 – II ZR 16/98,
ZIP 1999, 965;

BGH, Beschl. v. 15.3.1999 – II ZR 337/97,
DStR 1999, 510;

BGH, Beschl. v. 1.3.1999 – II ZR 362/97,
DStR 1999, 553;

BGH, Urt. v. 8.2.1999 – II ZR 261/97,
DStR 1999, 810,

und dass auch die die Problematik nur partiell behandelnden gesetzlichen Bestimmungen ihren Platz im GmbHG gefunden haben.

3. GmbH & Co. KG

185 In der von der Praxis entwickelten und seit Jahrzehnten eingeführten **Mischform** zwischen Kommanditgesellschaft und GmbH, wenn also an die Stelle des nach dem Gesetz unbeschränkt mit seinem gesamten Vermögen haftenden Komplementärs eine GmbH tritt, die nur mit ihrem Gesellschaftsvermögen den Gesellschaftsgläubigern haftet, können sich Situationen ergeben, in welchen die Eigenkapitalersatzregeln zu Lasten der **Kommanditisten** Anwendung finden müssen, weil diese durch ihr Verhalten die Komplementär-GmbH in der Krise in ähnlicher Weise steuern, wie dies die Gesellschafter einer GmbH tun. Die Kommanditisten können nämlich bei dieser Organisationsstruktur durch Abzug von Mitteln aus dem Vermögen der Kommanditgesellschaft zugleich das Stammkapital der GmbH mit der Folge angreifen, dass den Gläubigern der Haftungsfonds entzogen wird.

186 Entwickelt hat der II. Zivilsenat diesen Gedanken ursprünglich nicht für das Eigenkapitalersatzrecht, sondern im unmittelbaren Anwendungsbereich der §§ 30, 31 GmbHG.

BGH, Urt. v. 29.3.1973 – II ZR 25/70,
BGHZ 60, 324.

Der Gesellschafter und Geschäftsführer der Komplementär-GmbH, welcher zugleich Kommanditist war, hatte veranlasst, dass ihn persönlich treffende Erbschaftsteuerschulden durch die bereits überschuldete Kommanditgesellschaft bezahlt wurden. Nachdem die Gesellschaft in Konkurs gefallen war, hat der Konkursverwalter den Kommanditisten auf Erstattung in Anspruch genommen; soweit es um die in das Handelsregister eingetragene Hafteinlage ging, konnte sich der Anspruch aus § 172, 171 HGB ergeben. Der II. Zivilsenat hat jedoch weitergehend geprüft, ob der Kläger den Gesellschafter nicht auch nach §§ 30, 31 GmbHG – und zwar weitergehend – belangen könne:

BGH, Urt. v. 29.3.1973 – II ZR 25/70,
BGHZ 60, 324, 328:

„Diese Vorschriften können auch eingreifen, wenn eine GmbH & Co. KG aus ihrem Vermögen Zahlungen an einen Kommanditisten leistet, der zugleich GmbH-Gesellschafter ist, ohne dass er eine entsprechende Gegenleistung in die Gesellschaftskasse erbracht hat. ... Denn nach Sinn und Zweck jener Vorschriften werden Zahlungen an eine Gesellschaft erfasst, die mittelbar das dem Stammkapitalnennwert entsprechende Vermögen der GmbH mindern.

Bei einer GmbH & Co. KG verstößt daher eine Zahlung an den Gesellschafter nicht nur dann gegen das Verbot des § 30 Abs. 1 GmbHG, wenn die GmbH ihm unmittelbar eine Leistung erbringt, die ihr Vermögen unter diesen Betrag herabsetzt, sondern auch, wenn dem Gesellschafter etwas derart aus dem Vermögen der Kommanditgesellschaft zugewendet wird, dass **im Ergebnis** das Vermögen der GmbH dem Stammkapitalnennwert nicht mehr entspricht. Das kann ... der Fall sein, wenn die im Übrigen vermögenslose GmbH ihr Kapital als Einlage in die Kommanditgesellschaft eingebracht hat und der Wert ihrer Beteiligung an der Kommanditgesellschaft infolge einer Zuwendung an den Gesellschafter unter den Stammkapitalnennwert herabsinkt. Besitzt die GmbH eigenes Reinvermögen ..., kann die Zuwendung an den Gesellschafter ... zur Aufzehrung des Stammkapitals führen, wenn sie zum Ausgleich der Passivposten, die sich aus der Haftung für die Verbindlichkeiten der Kommanditgesellschaft ergeben, infolge der Aushöhlung des Vermögens der Kommanditgesellschaft keinen gegenüber dieser mehr realisierbaren Freistellungsanspruch aktivieren kann und das Vermögen der GmbH aus diesem Grunde unter die Ziffer des Stammkapitals herabgedrückt wird."

Die Erwägungen, welche bei der GmbH & Co. KG im unmittelbaren Anwendungsbereich der **Kapitalerhaltungsvorschriften** die Haftung des Gesellschafters begründen, der Leistungen aus dem Vermögen der Kommanditgesellschaft empfangen hat, hat der II. Zivilsenat konsequent – historisch gründen die Rechtsprechungsregeln auf eine entsprechende Anwendung der §§ 30, 31 GmbHG – auch für das **Eigenkapitalersatzrecht** für durchgreifend erachtet.

BGH, Urt. v. 27.9.1976 – II ZR 162/75,
BGHZ 67, 171:

„Hat eine GmbH & Co. KG in einem Zeitpunkt, in dem sie dauernd zahlungsunfähig oder überschuldet und infolgedessen auch ihre Komplementär-GmbH konkursreif war, von einem ihrer Gesellschafter ein Darlehen erhalten, so ist

VIII. Rechtsformspezifisches Schutzrecht

dessen Rückgewähr vor einer Gesundung der Gesellschaften einer nach § 30 GmbHG verbotenen Kapitalauszahlung gleichzusetzen."

> Ferner z. B.
> BGH, Urt. v. 8.7.1985 – II ZR 269/84,
> BGHZ 95, 188 = ZIP 1985, 1198,
> dazu EWiR 1985, 793 *(Crezelius)*;
>
> BGH, Urt. v. 20.9.1993 – II ZR 151/92,
> BGHZ 123, 289, 296 = ZIP 1993, 1614;
> dazu EWiR 1993, 12 17 *(Paulus)*;
>
> BGH, Beschl. v. 29.11.1993 – II ZR 47/93,
> DStR 1994, 144 m. Anm. *Goette*;
>
> BGH, Urt. v. 6.7.1998 – II ZR 284/94,
> ZIP 1998, 1437;
> dazu EWiR 1998, 747 *(v. Gerkan)*;
>
> BGH, Beschl. v. 5.7.1999 – II ZR 260/98,
> DStR 1999, 1409 m. Anm. *Goette*.

188 Da in den zunächst von dem II. Zivilsenat entschiedenen Fällen die in Anspruch genommenen Kommanditisten zugleich auch Gesellschafter der Komplementär-GmbH gewesen waren, ist die Frage aufgekommen, ob diese doppelte Gesellschafterstellung Voraussetzung für die Anwendung der Eigenkapitalersatzregeln in diesen Fallgestaltungen ist. Diese Streitfrage hat der II. Zivilsenat gegen die seinerzeit überwiegende Ansicht im Schrifttum verneint, womit seither für die Praxis feststeht, dass auch sogenannte **„Nur-Kommanditisten"** in die eigenkapitalersatzrechtliche Finanzierungsfolgenverantwortung einbezogen sind.

> BGH, Urt. v. 19.2.1990 – II ZR 268/88,
> BGHZ 110, 342 ff:
>
> „Wird dem Kommanditisten einer GmbH & Co. KG deren Vermögen in einem Umfang ausgezahlt, dass dadurch mittelbar das Vermögen der Komplementär-GmbH unter den Nennwert des Stammkapitals herabsinkt, so liegt darin auch dann ein Verstoß gegen § 30 GmbHG, wenn der Kommanditist nicht zugleich der GmbH angehört."
>
> Ferner
> BGH, Urt. v. 27.3.1995 – II ZR 30/94,
> ZIP 1995, 736;
>
> BGH, Urt. v. 6.7.1998 – II ZR 284/94,
> ZIP 1998, 1437,
> dazu EWiR 1998, 747 *(v. Gerkan)*.

Für den Anwendungsbereich der sogenannten Novellenregeln ist die Frage in § 172a HGB ausdrücklich geregelt, die Rechtsprechungsregeln finden indessen – z. B. wenn die konkursrechtliche Anfechtungsfrist (früher § 41 KO, jetzt § 146 InsO) nicht gewahrt worden ist – daneben Anwendung.

> BGH, Urt. v. 6.7.1998 – II ZR 284/94,
> ZIP 1998, 1437.

Im Ergebnis bedeutet dies, dass **Kommanditisten**, die in der Krise der 189
Kommanditgesellschaft in der formalen Position eines außenstehenden
Dritten Hilfen gewähren oder belassen, dieselben – wie der Gesellschafter
einer GmbH in entsprechender Lage – weder insgesamt oder teilweise abziehen noch etwa die vereinbarten Zinsen oder das Nutzungsentgelt entgegennehmen dürfen und dass sie bei Verstoß gegen dieses Verbot erstattungspflichtig sind, sofern eine Leistung aus dem Vermögen der Kommanditgesellschaft unmittelbare Auswirkungen auf das den Stammkapitalnennwert der Komplementär-GmbH deckende Vermögen hat. Das ist der Fall, wenn eine der beiden folgenden **Voraussetzungen** vorliegt: Entweder hat die GmbH überhaupt kein eigenes Vermögen, sondern ist nur an der Kommanditgesellschaft beteiligt, oder der von ihr mit Rücksicht auf ihre Haftungsübernahme für die Kommanditgesellschaft zu aktivierende Freistellungsanspruch nach § 110 HGB wird durch die genannte Leistung derart entwertet, dass sich dies unmittelbar auf das die Stammkapitalziffer deckende Vermögen auswirkt.

4. GmbH & Still

Die höchstrichterliche Rechtsprechung unterscheidet hinsichtlich der Heranziehung der Eigenkapitalersatzregeln danach, ob ein **typisches** oder ein **atypisches** stilles Gesellschaftsverhältnis besteht. Der typische stille Gesellschafter ist nicht – auch nicht auf der Grundlage einer wirtschaftlichen Betrachtungsweise – an der GmbH beteiligt, sondern stellt ihr seine Einlage lediglich als außenstehender Dritter zur Verfügung; ihn trifft – ebenso wenig wie einen Darlehensgläubiger der GmbH – nicht die Verpflichtung, in der Krise zwischen Zuführung neuen haftenden Kapitals und Herbeiführung der Liquidation zu entscheiden. 190

BGH, Urt. v. 21.3.1983 – II ZR 139/82,
ZIP 1983, 561;

BGH, Urt. v. 7.11.1988 – II ZR 46/88,
BGHZ 106, 7, 9 = ZIP 1989, 95,
dazu EWiR 1989, 587 *(Koch)*.

Das Eigenkapitalersatzrecht gilt für ihn deswegen nicht.

Anders ist die Lage nach der Judikatur des II. Zivilsenats für den **atypisch** 191
stillen Gesellschafter; wenn er in der Krise ein von der Gesellschaft aufgenommenes Darlehen – z. B. als Bürge – besichert oder die Kreditsicherheit bei Auftreten der Krise stehenlässt, dann gelten zu seinen Lasten die Eigenkapitalersatzregeln.

BGH, Urt. v. 7.11.1988 – II ZR 46/88,
BGHZ 106, 7:

„Wer sich als stiller Gesellschafter am Handelsgewerbe einer GmbH beteiligt,
unterliegt den Grundsätzen zur Erhaltung des Stammkapitals ebenso wie der

VIII. Rechtsformspezifisches Schutzrecht

GmbH-Gesellschafter, wenn er – ähnlich wie dieser – die Geschicke der GmbH bestimmt sowie an Vermögen und Ertrag beteiligt ist."

Die atypische Ausgestaltung seiner Stellung führt dazu, dass seine Einlage wie Eigenkapital behandelt wird und dieselbe Pflichtenbindung hervorruft, die auch für den Gesellschafter selbst besteht.

> BGH, Urt. v. 7.11.1988 – II ZR 46/88,
> BGHZ 106, 7, 9:
>
> „Abweichend von diesem gesetzlichen Leitbild kann das stille Gesellschaftsverhältnis vertraglich in dem Sinne atypisch ausgestaltet sein, dass die stille Einlage Teil der Eigenkapitalgrundlage einer als Geschäftsherrin ... beteiligten GmbH wird und damit deren Gläubigern als Haftungsmasse zur Verfügung stehen muss. ... Der Stille kann auch mit dem Geschäftsherrn vereinbaren, dass sonstige Leistungen, die er diesem gewährt, eigenkapitalersetzenden Charakter haben sollen."

5. AG

192 Auch wenn die Prinzipien des Eigenkapitalersatzrechts vornehmlich für das Recht der GmbH und der GmbH & Co. KG entwickelt worden sind, kommt ihre Heranziehung bei anderen Gesellschaftsformen in Betracht, was der II. Zivilsenat vor allem für die **Aktiengesellschaft** praktiziert hat. In der Entscheidung „BuM" hat der Bundesgerichtshof die für die Entwicklung jener Prinzipien maßgeblichen Überlegungen folgendermaßen zusammengefasst.

> BGH, Urt. v. 26.3.1984 – II ZR 171/83,
> BGHZ 90, 381, 388 f:
>
> „... müssen die Überlegungen sein, aus denen der Senat Gesellschafterdarlehen in der GmbH unter bestimmten Voraussetzungen haftendem Eigenkapital gleichgestellt hat. Mit dieser Gleichstellung soll verhindert werden, dass ein Gesellschafter, der die Not leidende Gesellschaft nicht durch die sonst gebotene Hergabe fehlenden Eigenkapitals, sondern durch Darlehen über Wasser zu halten sucht, das damit verbundene Finanzierungsrisiko auf außenstehende Gläubiger abwälzen kann; ein solcher Gläubiger soll nicht in der Erwartung, sein Geld aufgrund besserer Informationsmöglichkeiten notfalls noch beizeiten in Sicherheit bringen zu können, auf dem Rücken der Gesellschaftsgläubiger spekulieren dürfen. Hat er das Darlehen anstelle der dringend benötigten Eigenmittel gegeben, um der Gesellschaft das Überleben zu ermöglichen, und hat er so den Anschein ausreichender Kapitalausstattung hervorgerufen, so setzt er sich entgegen Treu und Glauben und dem Zweck der gesetzlichen Kapitalerhaltungsvorschriften in Widerspruch zu seinem Verhalten, wenn er der Gesellschaft die Darlehensvaluta wieder entzieht, bevor der mit ihrer Hergabe verfolgte Zweck nachhaltig erreicht ist. ...
>
> Alle diese Überlegungen, von denen teils die eine, teils die andere in den einzelnen Entscheidungen des Senats stärker im Vordergrund steht, lassen sich im Kern auf ein und denselben Gedanken zurückführen: Es ist die Verantwortung des Gesellschafters für eine ordnungsgemäße Unternehmensfinanzierung, die ihn in der Krise zwar **nicht positiv verpflichtet,** fehlendes Kapital aus seinem Vermögen **nachzuschießen,** der er sich aber nicht in der Weise zum Nachteil der Gläubiger entziehen kann, dass er bei einer tatsächlich beabsichtigten

Finanzhilfe, anstatt sie durch die objektiv gebotene Einbringung haftenden Kapitals zu leisten, auf eine andere, ihm weniger riskant erscheinende Finanzierungsform ausweicht."

Dieser Grundgedanke, dass die gesetzlichen Kapitalschutzvorschriften nicht durch die Hergabe von Darlehen oder anderen Gesellschafterhilfen anstelle fehlenden Eigenkapitals unterlaufen werden, wenn nicht die Krise Anlass zur Einleitung der Liquidation gibt, kann ungeachtet des in der Aktiengesellschaft stärker ausgeformten Kapitalerhaltungsprinzips auch bei dieser Gesellschaftsform Beachtung verlangen. Dazu reicht es allerdings nicht, dass jemand überhaupt an dieser Gesellschaft beteiligt ist, weil der normale Aktionär mit seiner Beteiligung regelmäßig nur Anlage- nicht aber unternehmerische Interessen verfolgt. Deswegen muss festgestellt werden können, dass der betroffene Gesellschafter überhaupt zu der als Unternehmerhandeln zu qualifizierenden Entscheidung fähig ist, jene Wahl zwischen Zuführung neuen Kapitals oder Entlassung in die Liquidation zu treffen und sich stattdessen dafür entscheidet, der Gesellschaft in ihm weniger riskant erscheinender Weise in der Krise zu helfen. Dementsprechend hat der II. Zivilsenat grundsätzlich eine Beteiligung von mehr als 25 % verlangt, um zur Anwendung der Eigenkapitalersatzregeln im Aktienrecht zu gelangen. 193

BGH, Urt. v. 26.3.1985 – II ZR 171/83,
BGHZ 90, 381:

„Die vom Senat entwickelten Grundsätze über die Behandlung kapitalersetzender Gesellschafterdarlehen sind auf eine Aktiengesellschaft sinngemäß anzuwenden, wenn der Gläubiger an ihr unternehmerisch beteiligt ist. Davon ist regelmäßig bei einem Aktienbesitz von mehr als 25 % des Grundkapitals auszugehen. Bei einer darunter liegenden, aber nicht unbeträchtlichen Beteiligung kann ein Gesellschafterdarlehen als haftendes Kapital einzustufen sein, wenn die Beteiligung in Verbindung mit weiteren Umständen dem Gläubiger Einfluss auf die Unternehmensleitung sichert und er ein entsprechendes unternehmerisches Interesse erkennen lässt."

Vgl. dazu auch
BGH, Urt. v. 9.5.2005 – II ZR 66/03,
ZIP 2005, 136;

siehe hierzu schon oben Rz. 128.

Zu den geplanten Änderungen im Zuge der GmbH-Reform (MoMiG) siehe oben Rz. 20.

6. KG und Genossenschaft

Zu der im Schrifttum 194

Bayer, in: v. Gerkan/Hommelhoff, Handbuch des Kapitalersatzrechts, Rz. 11.43 ff, 11.58

erörterten Frage, ob auch auf die gesetzestypische Kommanditgesellschaft und die Genossenschaft die Eigenkapitalersatzregeln anzuwenden sind, liegt höchstrichterliche Rechtsprechung nicht vor.

Entscheidungsregister

Reichsgericht

Datum	Aktenzeichen	Fundstelle(n)	Randzahl(en)
		JW 1939, 355	182

Bundesgerichtshof

Datum	Aktenzeichen	Fundstelle(n)	Randzahl(en)
24.03.1954	II ZR 23/53	BGHZ 13, 49; BB 1954, 360; DB 1954, 344; GmbHR 1954, 75; NJW 1954, 1157	131
14.12.1959	II ZR 187/57	BGHZ 31, 258; BB 1960, 18; DB 1960, 26; GmbHR 1960, 43; NJW 1960, 285; WM 1960, 42	5, 62, 82, 184
29.03.1973	II ZR 25/70	BGHZ 60, 324; BB 1973, 580; DB 1973, 916; GmbHR 1973, 163; NJW 1973, 1036; WM 1960, 507	186
27.09.1976	II ZR 162/75	BGHZ 67, 171; BB 1976, 1528; DB 1976, 2298; GmbHR 1977, 105; NJW 1977, 104; WM 1976, 1223	22, 77, 95, 187
29.09.1977	II ZR 157/76	BGHZ 69, 274; BB 1977, 1730; DB 1977, 2370; GmbHR 1978, 64; WM 1977, 1377	82
26.11.1979	II ZR 104/77	BGHZ 75, 334; ZIP 1980, 115; BB 1980, 222; DB 1980, 297; GmbHR 1980, 28; NJW 1980, 592; WM 1980, 78	2, 54, 82, 110
24.03.1980	II ZR 213/77	BGHZ 76, 326; ZIP 1980, 361; BB 1980, 797; DB 1980, 1159; GmbHR 1980, 179; NJW 1980, 1524; WM 1980, 589	20, 22, 47, 110, 161
13.07.1981	II ZR 256/79	BGHZ 81, 252; ZIP 1981, 974; BB 1981, 1664; DB 1981, 2066; GmbHR 1982, 19; NJW 1981, 2570; WM 1981, 870	47, 65, 110, 131, 132
21.09.1981	II ZR 104/80	BGHZ 81, 311; ZIP 1981, 1200; AG 1982, 72; BB 1981, 2026; DB 1981, 2373; GmbHR 1982, 133; NJW 1982, 383; WM 1981, 1200	47, 133, 142
28.09.1981	II ZR 223/80	BGHZ 81, 365; ZIP 1981, 1332; AG 1982, 109; BB 1981, 2088; DB 1981, 2485; GmbHR 1982, 181; NJW 1982, 386; WM 1981, 1270	110, 123, 142, 150
21.03.1983	II ZR 139/82	ZIP 1983, 561; GmbHR 1984, 37; NJW 1983, 1855; WM 1983, 594	190
26.03.1984	II ZR 171/83	BGHZ 90, 381; ZIP 1984, 572; AG 1984, 181; DB 1984, 1188; NJW 1984, 1893; WM 1984, 625	7, 54, 82, 128, 182, 192, 193

Entscheidungsregister

Datum	Aktenzeichen	Fundstelle(n)	Randzahl(en)
26.03.1984	II ZR 14/84	BGHZ 90, 370; ZIP 1984, 698; BB 1984, 1067; DB 1984, 1338; GmbHR 1984, 313; NJW 1984, 1891; WM 1984, 652	82, 153, 178
10.12.1984	II ZR 308/83	BGHZ 93, 146; ZIP 1985, 279; EWiR 1985, 101 (*Priester*); DB 1985, 804; GmbHR 1985, 191; NJW 1985, 300; WM 1985, 194	176
06.05.1985	II ZR 132/84	ZIP 1985, 1075; EWiR 1985, 685 (*Fleck*); BB 1985, 1813; DB 1985, 2036; GmbHR 1985, 355; NJW 1985, 2719; WM 1985, 1028	131, 132
08.07.1985	II ZR 269/84	BGHZ 95, 188; ZIP 1985, 1198; EWiR 1985, 793 (*Crezelius*); BB 1985, 1814; DB 1985, 2292; GmbHR 1986, 21; NJW 1985, 2947; WM 1985, 1224	187
09.10.1986	II ZR 58/86	ZIP 1987, 169; EWiR 1986, 1209 (*v. Gerkan*); BB 1987, 80; DB 1987, 159; GmbHR 1987, 55; NJW 1987, 1080; WM 1986, 1554	53, 65, 99
11.05.1987	II ZR 226/86	ZIP 1987, 1113; EWiR 1987, 1099 (*K. Müller*); BB 1987, 1553; DB 1987, 390; NJW 1988, 139; WM 1987, 1040	162
28.09.1987	II ZR 28/87	ZIP 1987, 1541; EWiR 1988, 67 (*Fleck*); BB 1987, 2390; DB 1988, 38; GmbHR 1988, 58; NJW 1988, 824; WM 1987, 1488	49, 51, 52, 53, 99
21.03.1988	II ZR 238/87	BGHZ 104, 33; ZIP 1988, 638; BB 1988, 1084; DB 1988, 1262; GmbHR 1988, 301; NJW 1988, 1841; WM 1988, 750	65, 121, 131
19.09.1988	II ZR 255/87	BGHZ 105, 168; ZIP 1988, 1248; EWiR 1988, 1095 (*Fleck*); BB 1988, 2054; DB 1988, 2141; GmbHR 1989, 19; NJW 1989, 982; WM 1989, 14	127, 142, 145
07.11.1988	II ZR 46/88	BGHZ 106, 7; ZIP 1989, 25; EWiR 1989, 587 (*Koch*); BB 1989, 100; DB 1989, 218; GmbHR 1989, 152; NJW 1989, 982; WM 1989, 14	190, 191
12.12.1988	II ZR 378/87	ZIP 1989, 161; EWiR 1989, 891 (*Meyer-Landrut*); BB 1989, 316; DB 1989, 419; GmbHR 1989, 157; NJW 1989, 1722; WM 1989, 253	101
16.10.1989	II ZR 307/88	BGHZ 109, 55; ZIP 1989, 1542; EWiR 1990, 371 (*Fabritius*); BB 1989, 2350; DB 1989, 2470; GmbHR 1990, 118; NJW 1990, 516; WM 1989, 1844	56, 102, 103, 104, 105, 175
27.11.1989	II ZR 310/88	ZIP 1990, 95; EWiR 1990, 61 (*Kort*); BB 1990, 87; DB 1990, 319; GmbHR 1990, 125; NJW-RR 1990, 230; WM 1990, 100	53, 54, 99

Bundesgerichtshof

Datum	Aktenzeichen	Fundstelle(n)	Randzahl(en)
19.02.1990	II ZR 268/88	BGHZ 110, 342; ZIP 1990, 578; EWiR 1990, 479 (*Bergmann*); DB 1990, 980; GmbHR 1990, 251; NJW 1990, 1725; WM 1990, 548	129, 131, 188
22.10.1990	II ZR 238/89	ZIP 1990, 1593; EWiR 1991, 67 (*v. Gerkan*); BB 1991, 14; DB 1990, 2587; GmbHR 1991, 99; NJW 1991, 1057; WM 1990, 2112	55, 105, 144, 146
28.01.1991	II ZR 29/90	ZIP 1991, 396; EWiR 1991, 337 (*Blomeyer*); GmbHR 1991, 456; LM Nr. 27 BetrAVG; NJW-RR 1991, 746; WM 1991, 524	150
18.02.1991	II ZR 259/89	ZIP 1991, 366; EWiR 1991, 681 (*Frey*); BB 1991, 641; DB 1991, 789; GmbHR 1991, 155; NJW-RR 1991, 744; WM 1991, 678	142, 146, 150, 151
18.11.1991	II ZR 258/90	ZIP 1992, 177; EWiR 1992, 363 (*v. Gerkan*); BB 1992, 593; DB 1992, 366; GmbHR 1992, 168; NJW 1992, 1169; WM 1992, 187	53, 65, 68, 69, 73, 100, 101, 109
09.12.1991	II ZR 43/91	ZIP 1992, 108; EWiR 1992, 277 (*Hunecke*); BB 1992, 592; DB 1992, 365; GmbHR 1992, 166; NJW 1992, 1166; WM 1992, 223	100, 167, 177
16.12.1991	II ZR 294/90	ZIP 1992, 242; EWiR 1992, 279 (*Joost*); AG 1992, 123; BB 1992, 305; DB 1992, 626; GmbHR 1992, 165; NJW 1992, 1167; WM 1992, 270	142
16.12.1991	II ZR 110/91	DStR 1992, 330; EWiR 1992, 787 (*Wissmann*)	100
17.02.1992	II ZR 154/91	ZIP 1992, 618; EWiR 1992, 481 (*v. Gerkan*); BB 1992, 799; DB 1992, 981; GmbHR 1992, 296; NJW 1992, 1764; WM 1992, 650	72
09.03.1992	II ZR 168/91	ZIP 1992, 616; BB 1992, 1026; DB 1992, 981; GmbHR 1992, 367; NJW 1992, 1763; WM 1992, 816	65, 69, 70, 101, 121
13.07.1992	II ZR 251/91	BGHZ 119, 191; ZIP 1992, 1300; EWiR 1992, 999 (*v. Gerkan*); BB 1992, 1946; DB 1992, 2026; GmbHR 1992, 656; NJW 1992, 3035; WM 1992, 1655	149
13.07.1992	II ZR 269/91	BGHZ 119, 201; ZIP 1992, 1382; EWiR 1992, 1093 (*Hunecke*); BB 1992, 1898; DB 1992, 2022; GmbHR 1992, 659; NJW 1992, 2891; WM 1992, 1650	36, 37, 38, 47, 51, 52, 53
14.12.1992	II ZR 298/91	BGHZ 121, 31; ZIP 1993, 189; EWiR 1993, 155 (*Fleck*); BB 1993, 240; DB 1993, 318; GmbHR 1993, 87; NJW 1993, 392; WM 1993, 144	56, 57, 68, 75, 76, 102, 106, 109
14.12.1992	II ZR 185/92	DStR 1993, 251	73, 74, 100
01.03.1993	II ZR 197/92	DStR 1993, 614	151

Entscheidungsregister

Datum	Aktenzeichen	Fundstelle(n)	Randzahl(en)
14.06.1993	II ZR 252/92	ZIP 1993, 1072; EWiR 1993, 1207 (*v. Gerkan*); BB 1993, 1546; DB 1993, 1662; GmbHR 1993, 503; NJW 1993, 2179; WM 1993, 1414	30, 48, 102, 138, 151
20.09.1993	II ZR 151/92	BGHZ 123, 289; ZIP 1993, 1614; EWiR 1993, 1217 (*Paulus*); BB 1993, 2326; DB 1993, 2323; GmbHR 1994, 59; NJW 1993, 3265; WM 1993, 2090	100, 179, 187
29.11.1993	II ZR 47/93	DStR 1994, 144	146, 187
06.12.1993	II ZR 102/93	BGHZ 124, 282; ZIP 1994, 295; EWiR 1994, 275 (*v. Gerkan*); AG 1994, 225; BB 1994, 392; DB 1994, 570; GmbHR 1994, 176; NJW 1994, 724; WM 1994, 335	15, 32, 43
20.12.1993	II ZR 94/93	ZIP 1994, 31; EWiR 1994, 805 (*Paulus*); DStR 1994, 292	179
06.06.1994	II ZR 292/91	BGHZ 126, 181; ZIP 1994, 1103; EWiR 1994, 791 (*Wilhelm*); BB 1994, 1657; DB 1994, 1608; GmbHR 1994, 539; NJW 1994, 2220; WM 1994, 1428	6
21.02.1994	II ZR 60/93	BGHZ 125, 141; ZIP 1994, 701; EWiR 1994, 467 (*v. Gerkan*); BB 1994, 882; DB 1994, 1025; GmbHR 1994, 394; NJW 1994, 1477; WM 1994, 791	34
11.07.1994	II ZR 146/92	BGHZ 127, 1; ZIP 1994, 1261; EWiR 1994, 1201 (*Timm*); BB 1994, 2020; DB 1994, 1715; GmbHR 1994, 612; NJW 1994, 2349; WM 1994, 1530	56, 76, 102, 105, 131, 170, 172, 173, 174
11.07.1994	II ZR 162/92	BGHZ 127, 17; ZIP 1994, 1441; EWiR 1994, 1107 (*Fleck*); DB 1994, 2017; GmbHR 1994, 691; NJW 1994, 2760; WM 1994, 1663	9, 22, 24, 56, 102, 105, 170, 174
07.11.1994	II ZR 270/93	BGHZ 127, 336; ZIP 1994, 1934; EWiR 1995, 157 (*H.P. Westermann*); BB 1995, 58; DB 1995, 89; GmbHR 1995, 38; NJW 1995, 326; WM 1994, 2280	67, 69, 70, 71, 72, 99, 100
28.11.1994	II ZR 77/93	ZIP 1995, 23; EWiR 1995, 367 (*Fleck*); BB 1995, 60; DB 1995, 206; GmbHR 1995, 35; NJW 1995, 457; WM 1995, 55	30, 38, 48, 54, 68, 69, 71, 109, 111
19.12.1994	II ZR 10/94	ZIP 1995, 280; EWiR 1995, 261 (*v. Gerkan*); BB 1995, 377; DB 1995, 569; GmbHR 1995, 219; NJW 1995, 658; WM 1995, 293	57, 69, 75, 76, 106
09.01.1995	II ZR 51/94	DStR 1995, 191	71, 99
06.02.1995	II ZR 41/94	ZIP 1995, 646; EWiR 1995, 475 (*v. Gerkan*); GmbHR 1995, 381	53, 73, 100

Bundesgerichtshof

Datum	Aktenzeichen	Fundstelle(n)	Randzahl(en)
27.03.1995	II ZR 30/94	ZIP 1995, 736; BB 1995, 1049; DB 1995, 1172; GmbHR 1995, 442; NJW 1995, 1960; WM 1995, 922	176, 188
13.11.1995	II ZR 113/94	ZIP 1996, 68; EWiR 1996, 121 (*Crezelius*); BB 1996, 128; DB 1996, 266; GmbHR 1996, 111; NJW 1996, 589; WM 1996, 116	144
04.12.1995	II ZR 281/94	ZIP 1996, 275; EWiR 1996, 217 (*Fleck*); BB 1996, 1185; DB 1996, 465; GmbHR 1996, 199; NJW 1996, 270; WM 1996, 256	30, 48, 53
11.12.1995	II ZR 128/94	ZIP 1996, 273; EWiR 1996, 171 (*v. Gerkan*); BB 1996, 340; DB 1996, 420; GmbHR 1996, 198; NJW 1996, 722; WM 1996, 259	30, 48, 53, 76, 100
15.02.1996	IX ZR 245/94	ZIP 1996, 538; EWiR 1996, 501 (*v. Gerkan*); BB 1996, 708; DB 1996, 1031; DStR 1996, 877; GmbHR 1996, 285; NJW 1996, 1341; WM 1996, 588	3, 42, 99, 100, 131, 159
19.09.1996	IX ZR 249/95	BGHZ 133, 298; ZIP 1996, 1829; EWiR 1996, 1087 (*Fleck*); BB 1996, 2316; DB 1996, 2271; GmbHR 1996, 844; NJW 1996, 3203; WM 1996, 1983	54, 64, 83, 114
18.11.1996	II ZR 207/95	ZIP 1997, 115; BB 1997, 220; DStR 1997, 172; GmbHR 1997, 125; NJW 1997, 740; WM 1997, 116	100, 147, 166
02.12.1996	II ZR 243/95	DStR 1997, 461; GmbHR 1997, 501; NJW-RR 1997, 606	38, 48, 52, 159, 162
09.12.1996	II ZR 34/95	GmbHR 1997, 498; WM 1997, 576	122
28.04.1997	II ZR 20/96	ZIP 1997, 1542; EWiR 1997, 993 (*Paulus*); GmbHR 1997, 898; NJW 1997, 3021; WM 1997, 1679	34
02.06.1997	II ZR 211/95	ZIP 1997, 1648; EWiR 1997, 893 (*G. Pape*); BB 1997, 2183; DB 1997, 2069; GmbHR 1997, 890; NJW 1997, 3171; WM 1997, 1770	38, 39, 47, 50, 54, 55
16.06.1997	II ZR 154/96	ZIP 1997, 1375; EWiR 1997, 753 (*v. Gerkan*); BB 1997, 1601; NJW 1997, 3026; WM 1997, 1481	38, 56, 75, 102, 107, 110, 148, 170
29.09.1997	II ZR 245/96	ZIP 1997, 2008; EWiR 1998, 33 (*Wilken*); BB 1997, 2475; DB 1997, 2372; GmbHR 1997, 1145; NJW 1998, 233; WM 1997, 2218	37
17.11.1997	II ZR 224/96	ZIP 1998, 243; EWiR 1998, 179 (*v. Gerkan*); BB 1998, 555; DB 1998, 463; DStR 1998, 426; GmbHR 1998, 233; NJW 1998, 1143; WM 1998, 243	30, 50, 53, 65, 76, 166
15.06.1998	II ZR 17/97	ZIP 1998, 1352; NJW 1998, 3200	72, 76, 102, 133, 170

Entscheidungsregister

Datum	Aktenzeichen	Fundstelle(n)	Randzahl(en)
06.07.1998	II ZR 284/94	ZIP 1998, 1437; EWiR 1998, 747 (v. Gerkan); BB 1998, 1705; DB 1998, 1807; GmbHR 1998, 935; NJW 1998, 3273; WM 1998, 1778	96, 166, 179, 187, 188
07.12.1998	II ZR 382/96	BGHZ 140, 147; ZIP 1999, 65; EWiR 2000, 31 (v. Gerkan); BB 1999, 173; DB 1999, 206; GmbHR 1999, 175; NJW 1999, 577	32, 102, 105, 158, 159, 169, 170, 175
14.01.1999	IX ZR 208/97	BGHZ 140, 270; ZIP 1999, 289; EWiR 1999, 1005 (H. Mohrbutter); DB 1999, 475; DStR 1999, 467; NJW 1999, 1182; WM 1999, 378	99, 100
08.02.1999	II ZR 261/97	DStR 1999, 810; NJW 1999, 2123; WM 1999, 1379	151, 184
01.03.1999	II ZR 362/97	DStR 1999, 553	29, 55, 142, 146, 170, 173, 179, 184
15.03.1999	II ZR 337/97	DStR 1999, 510	147, 184
19.04.1999	II ZR 16/98	ZIP 1999, 965; EWiR 1999, 649 (v. Gerkan); BB 1999, 1289; DB 1999, 1312; GmbHR 1999, 712; NJW 1999, 2596; WM 1999, 1211	184
21.06.1999	II ZR 47/98	BGHZ 142, 92; ZIP 1999, 1352; EWiR 1999, 835 (Wilhelm); BB 1999, 1569; DB 1999, 1651; DStR 1999, 1366; GmbHR 1999, 921; WM 1999, 1565	176
21.06.1999	II ZR 70/98	ZIP 1999, 1314; BB 1999, 1675; DB 1999, 1650; DStR 1999, 1497; GmbHR 1999, 916; NJW 1999, 2822; WM 1999, 1621	131, 144, 184
28.06.1999	II ZR 272/98	BGHZ 142, 116; ZIP 1999, 1263; EWiR 1999, 843 (Dauner-Lieb); BB 1999, 1672; DB 1999, 1647; DStR 1999, 1198; GmbHR 1999, 911; NJW 1999, 2809; WM 1999, 1568	5, 114, 116, 169, 184
05.07.1999	II ZR 260/98	DStR 1999, 1409	101, 112, 142, 146, 187
12.07.1999	II ZR 87/98	ZIP 1999, 1524; BB 1999, 1887; DB 1999, 1894; NJW 1999, 3120; WM 1999, 1828	29; 33; 38, 41, 47, 49, 50, 184
29.11.1999	II ZR 273/98	BGHZ 143, 184; ZIP 2000, 184; EWiR 2000, 295 (Noack); BB 2000, 267; DB 2000, 269; NJW 2000, 668	38
31.01.2000	II ZR 309/98	ZIP 2000, 455; DB 2000, 564; DStR 2000, 527; WM 2000, 525	38, 102, 105, 169, 170, 175
29.05.2000	II ZR 118/98	BGHZ 144, 336; ZIP 2000, 1251; DB 2000, 1455; NJW 2000, 2577; WM 2000, 1445	162

Bundesgerichtshof

Datum	Aktenzeichen	Fundstelle(n)	Randzahl(en)
26.06.2000	II ZR 370/98	ZIP 2000, 1491; BB 2000, 1753; DB 2000, 1808; NJW 2000, 3565; WM 2000, 1695	69, 70, 84, 102, 105, 169
26.06.2000	II ZR 21/99	ZIP 2000, 1489; EWiR 20001, 19 (*v. Gerkan*); BB 2000, 1750; DB 2000, 1756; NJW 2000, 3278; WM 2000, 1697	84, 98, 101, 152
02.10.2000	II ZR 164/99	DStR 2001, 1537	54
27.11.2000	II ZR 179/99	ZIP 2001, 115; EWiR 2001, 379 (*v. Gerkan*); BB 2001, 166; NJW 2001, 1490; WM 2001, 202	93, 101, 137, 143, 144, 168
27.11.2000	II ZR 83/00	BGHZ 146, 105; ZIP 2001, 157; EWiR 2001, 327 (*H.P. Westermann*); BB 2001, 165; GmbHR 2001, 142; NJW 2001, 830; WM 2001, 240	163
18.12.2000	II ZR 191/99	ZIP 2001, 242; GmbHR 2001, 197; NJW 2001, 1136; WM 2001, 316	35, 55, 102, 105, 169
08.01.2001	II ZR 88/99	BGHZ 146, 264; ZIP 2001, 235; EWiR 2001, 329 (*Priester*); GmbHR 2001, 190; NJW 2001, 1280; WM 2001, 317	3, 32, 35, 43, 45, 158, 159
02.04.2001	II ZR 261/99	ZIP 2001, 839; DB 2001, 1027; WM 2001, 959	35, 39, 49, 50, 110, 131, 132
02.07.2001	II ZR 264/99	ZIP 2001, 1366; EWiR 2001, 815 (*Geilen*); BB 2001, 1599; DB 2001, 1772; GmbHR 2001, 725; WM 2001, 1522	45, 113
25.02.2002	II ZR 196/00	BGHZ 150, 61; ZIP 2002, 848; EWiR 2002, 679 (*Blöse*); BB 2002, 1012; DB 2002, 995; GmbHR 2002, 549; NJW 2002, 1803; WM 2002, 960	176
17.02.2003	II ZR 281/00	ZIP 2003, 625; BB 2003, 704; DB 2003, 760; GmbHR 2003, 466; WM 2003, 684	39, 68, 84, 109, 110
22.09.2003	II ZR 229/02	ZIP 2003, 2068; EWiR 2004, 383 (*Wagner*); BB 2003, 2423; DB 2003, 2481; GmbHR 2003, 1420; NJW 2003, 3629; WM 2003, 2238	176
23.02.2004	II ZR 207/01	ZIP 2004, 1049; BB 2004, 1240; DB 2004, 1256; GmbHR 2004, 898; WM 2004, 1075	30, 37, 38, 40; 47, 48, 49, 53, 67, 69, 70, 72, 73, 94, 96, 99, 100, 101, 161, 166
08.11.2004	II ZR 300/02	ZIP 2005, 82; DB 2005, 97; DStR 2005, 117; WM 2005, 78	44, 84, 131, 141, 158, 159
15.11.2004	II ZR 299/02	ZIP 2005, 163; EWiR 2005, 355 (*Herbst*); BB 2005, 177; DStR 2005, 119; GmbHR 2005, 230; WM 2005, 134	84, 131, 159
31.01.2005	II ZR 240/02	ZIP 2005, 484; DB 2005, 661; GmbHR 2005, 534; WM 2005, 561	175

Datum	Aktenzeichen	Fundstelle(n)	Randzahl(en)
28.02.2005	II ZR 103/02	ZIP 2005, 660; BB 2005, 846; DB 2005, 881; GmbHR 2005, 538; WM 2005, 747	98, 102, 105, 110, 142, 143, 175
07.03.2005	II ZR 138/03	ZIP 2005, 807; BB 2005, 1181; DB 2005, 1150; GmbHR 2005, 617; WM 2005, 848	29, 35, 39, 47, 48, 55
14.03.2005	II ZR 129/03	ZIP 2005, 659; EWiR 2005, 503 *(Flitsch)*; BB 2005, 908; DB 2005, 882; DStR 2005, 706; GmbHR 2005, 540; WM 2005, 540	96, 99, 166, 167, 177
09.05.2005	II ZR 66/03	ZIP 2005, 1316; BB 2005, 1758; DB 2005, 1848; DStR 2005, 1416; WM 2005, 1461	128, 139, 193
11.07.2005	II ZR 285/03	ZIP 2005, 1638; BB 2005, 2094; DB 2005, 2071; DStR 2005, 1705; GmbHR 2005, 1351; WM 2005, 1751	136, 137, 160
19.09.2005	II ZR 229/03	ZIP 2005, 2016; EWiR 2005, 883 *(v. Gerkan)*; BB 2006, 16; DB 2005, 2461; DStR 2005, 1999; GmbHR 2005, 1570; NJW 2006, 225; WM 2005, 2094	44, 84, 110, 159
21.11.2005	II ZR 277/03	BGHZ 165, 106; ZIP 2006, 279; EWiR 2006, 525 *(Westpfahl/Janjuah)*; BB 2006, 570; DB 2006, 383; DStR 2006, 384; GmbHR 2006, 311; NJW 2006, 1283; WM 2006, 399	40, 86, 90, 94
22.12.2005	IX ZR 190/02	BGHZ 165, 343; ZIP 2006, 243; BB 2006, 401; DB 2006, 326; DStR 2006, 664; GmbHR 2006, 316; NJW 2006, 908; WM 2006, 242	30, 96, 101, 167, 177
30.01.2006	II ZR 357/03	ZIP 2006, 466; EWiR 2006, 247 *(Noack)*; BB 2006, 627; DB 2006, 606; DStR 2006, 478; GmbHR 2006, 421; WM 2006, 579	84, 180
02.02.2006	IX ZR 67/02	BGHZ 166, 125; ZIP 2006, 578; DB 2006, 717; GmbHR 2006, 487; NJW 2006, 1800; WM 2006, 621	102, 105, 110, 132, 158, 174, 175
03.04.2006	II ZR 332/05	ZIP 2006, 996; BB 2006, 1178; DB 2006, 1205; GmbHR 2006, 703; WM 2006, 1150	29, 30, 40, 45, 49
10.07.2006	II ZR 238/04	ZIP 2006, 1488; BB 2006, 1759; DB 2006, 1778; DStR 2006, 1564; GmbHR 2006, 928; NJW 2006, 3279; WM 2006, 1585	163
17.07.2006	II ZR 106/05	ZIP 2006, 2130; EWiR 2007, 75 *(Thonfeld)*; BB 2006, 2547; DB 2006, 2569; DStR 2006, 2140; GmbHR 2006, 1326; WM 2006, 2171	54, 111
26.06.2006	II ZR 133/05	ZIP 2006, 2272; BB 2006, 2710; DB 2006, 2680; DStR 2007, 36; GmbHR 2007, 43; WM 2007, 20	84, 98, 131, 142, 163
09.10.2006	II ZR 303/05	ZIP 2006, 2171; BB 2007, 125; DStR 2006, 2186; GmbHR 2006, 1334; WM 2006, 2254	31, 37, 38, 39, 41
05.02.2007	II ZR 234/05	z.V.b. in BGHZ	31, 38, 41

OLG Düsseldorf

Datum	Aktenzeichen	Fundstelle(n)	Randzahl(en)
19.12.2003	I-17 U 77/03	ZIP 2004, 508; GmbHR 2005, 564	86, 90

Stichwortverzeichnis

Die Ziffern verweisen auf die Randzahlen.

Absonderungsrecht *34*
Abtretung *131*
Abzugsverbot *169*
Adressateneigenschaft *123 ff*
Aktiengesellschaft *7, 128, 182, 192 f*
Aktionärsdarlehen *7, 128*
Altgesellschafter
  s. Sanierung
Anfechtung *153, 179*
Anfechtungsfrist *179*
Angehörige, nahe *96, 126, 138, 150 f, 152*
Ankaufsverpflichtung *101, 112*
Ansatzregeln *17*
Anschaffungswert *49*
Auflösung *75*
Aufrechnungsverbot *162 f*
Ausnahme
  – Regel/Ausnahme-Verhältnis *4*
Ausschlagungsfrist *72, 133*
Ausscheiden *131*
Aussonderungsrecht *34*
Auswertung, betriebswirtschaftliche *55*
Auszahlungssperre *158, 160, 164*
  – Dauer *159*
Avalkredit *74*

Beschlagnahme *175*
Beteiligung, „maßgebliche" *144*
Beteiligungsquote
  s. Kleingesellschafter
Betriebsaufspaltung *57, 75 f, 106*
Betriebsgrundstück *106 f*
Beweislast *4*
  – Erkennbarkeit der Krise *72*
  – Kreditunwürdigkeit *50*
  – Mitgesellschafterhaftung *176*
  – Überschuldung *37*

Bewertungsregeln *15, 17, 34*
Bilanz *15 f*
  s. a. Unterbilanz
Bilanzierung eigenkapitalersetzender Leistungen *31 ff, 42, 58*
Bilanzschönung *71*
„Blankokreditwürdigkeit" *53*
Bonitätsprüfung *104*
Buchführung *71*
Bürgschaft *65, 73, 99 ff, 147*
„BuM" *182, 192 f*

Darlegungslast *4*
– Erkennbarkeit der Krise *72*
– Kreditunwürdigkeit *50, 55*
– Mitgesellschafterhaftung *176*
– ratierliche Leistungen *55*
– stille Reserven *50*
– Überschuldung *37*
Darlehen *59, 62, 77, 82 ff, 96, 152, 168*
  s. a. Gesellschafterdarlehen
„Deutschland Fernseh GmbH" *22*
Dienstleistungsversprechen *79*
„Dornier" *37*
Dritter *76, 99, 140 ff, 160*
Durchgriffshaftung *1, 5*
Durchsetzungssperre *42, 44, 158*

Ehepartner *151*
Eigenkapital *2 f, 121*
Eigenkapitalausstattung
  – völlig unzureichende *5*
Eigenkapitalbedarf *12*
Eigenkapitalersatzrisiko *99*
eigenkapitalersetzende Leistungen
  – Bilanzierung *31 ff, 42, 58*
Eigentumsübertragung *170*
Einfluss *75*

Einlage, gesplittete
  s. Finanzplankredit
Einlage, stille *131*
Einlagenähnlichkeit *114, 120 f*
Einlagengleichheit
  s. Einlagenähnlichkeit
Einstandspreis *101, 112*
Entscheidungsfrist *76*
  s. a. Überlegungsfrist
Entscheidungssituation *29, 47, 62, 65 ff, 69, 73, 75 f, 108, 117, 128, 140*
Entstrickung *24*
Erbe *72, 76, 133*
Erbtante *135*
Erfüllungsbürgschaft *74, 100*
Erhaltungsinteresse *44*
Erholung, nachhaltige *24*
Erkennbarkeit
  s. Stehenlassen
Erstattungsanspruch *160, 164 ff, 189*
Erweiterungsdarlehen *23*
EU-Auslandsgesellschaften *18 ff*
Existenzgefährdung *176*

Fehlbetrag *16*
Finanzierungsabrede *68, 109*
  s. a. Stundungsabrede
Finanzierungsbedarf *13*
Finanzierungsentscheidung *29, 47, 65 f, 73, 75, 108, 132*
Finanzierungsfreiheit *2 f, 8, 23*
Finanzierungssituation *11 ff*
Finanzierungsverantwortung *7*
Finanzierungsfolgenverantwortung *7, 9, 30, 48, 67, 69, 73, 108, 123, 132, 134, 149, 158, 171, 188*
Finanzierungsrisiko *82*
Finanzierungszusage *83, 132*
Finanzplankredit *5, 23, 60, 66, 114 ff*
Firmenwert *34*
Forderungsverrechnung *111*
Forderungsverzicht *45*

Fortbestehensprognose *17, 37 f, 48, 71*
  – positive *40*
Fortführungswert *37*
Freigabeakt *24*
Freistellung *96, 147, 167, 177, 187, 189*
Fremdkapital *2 f, 12, 77*
Frist
  s. Überlegungsfrist, Entscheidungsfrist

Garantieerklärung *101*
Gebrauchsüberlassung *53, 56 f, 75 f, 78, 80, 86, 102 ff, 107, 110, 133, 156 f, 169 ff*
Genossenschaft *182, 194*
Geschäftsführer
  – Aufwendungsersatzanspruch *165*
  – Haftung *42, 177*
  – Insolvenzantragspflicht *42, 54*
  – Kleinbeteiligung *135, 139*
  – Spesenanspruch *110, 165*
  – Tantiemeanspruch *110, 165*
  – Vergütungsanspruch *110, 165*
  – Verschulden *42*
Gesellschafterdarlehen *2, 59, 62*
Gesellschafterhilfe
  s. Gesellschafterleistung
Gesellschafterleistung *23, 47, 64, 75, 77 ff, 102, 107, 111, 159, 192*
Gesellschaftersicherheit
  s. Kreditsicherheit
Gesellschafterwechsel *131, 133*
Gewährleistungsbürgschaft *74, 100*
Gewinnauszahlungsanspruch *110, 165*
Gewinnrücklage *12, 14*
Gläubigerschutz *1, 67, 76, 82, 185*
GmbH & Co. KG *128 f, 185 ff*
GmbH & Still *190 f*
GmbH-Reform *19 ff*
Grundschuld *74, 101, 152, 168, 175*

Stichwortverzeichnis

Grundstücksbewertung 71

Haftungsdurchgriff 5
Haftungsinstrument 5
Handelsbilanz 35 ff, 55
Hausbank 53, 99
 s. a. Kreditinstitut
Hilfszusage 64, 83, 118 f, 132

Immobilien 49, 71, 101
Immobiliarsicherheit 101
Informationspflicht
 – der Geschäftsführung 14
Insolvenzantrag 6, 75
Insolvenzantragspflicht 6, 16 f, 32, 42, 54, 76
Insolvenzforderung 42
Insolvenzreife 30, 47 f, 82, 103, 153, 187
Insolvenzverschleppung 6
Insolvenzverwalter
 – Befugnisse bei Gebrauchsüberlassung 170 ff
Investitionskredit 56

Jahresbilanz 35 ff

Kapitalerhaltung 10, 153, 158, 182
Kapitalherabsetzung 116
Kapitalrücklage 12, 14
Kapitalzuführung
 – Pflicht zu ~ 8
Kaufmann, ordentlicher 47
Kaufpreisanspruch 72, 165
Kaution 101
Kenntnis
 s. Stehenlassen
Kind 138
Kleinbeteiligung
 s. Kleingesellschafter
Kleingesellschafter 87, 124 ff, 134 ff, 139

Kommanditgesellschaft 182, 194
(„Nur"-)Kommanditist 128, 188 f
Komplementär 147
Kreditfähigkeit
 s. Kreditunwürdigkeit
Kreditinstitut 53, 89, 95, 99
Kreditkonditionen 53
Kreditkündigung 53
Kreditrahmen 37, 53
Kreditsicherheit 49 f, 53, 77, 80, 86, 95 ff, 112, 156, 166, 168
 – revolvierende 96
Kreditunterlage 101
Kreditunwürdigkeit 30, 47, 51, 73, 103, 107
 s. a. Überlassungsunwürdigkeit
 – Indizien 53
 – Investitionskredit 56
 – Kriterien 53
 – Maßstab (objektiv/subjektiv) 52
 – ratierliche Leistungen 55
Krise 22 ff, 28 f
 – Darlegungslast 72
 – Beweislast 72
 – Erkennbarkeit 69 ff, 109, 133
 – Kenntnis 69
 – Überwindung 159
Krisenfinanzierung 65, 74, 115, 117, 132
Kündigungsrecht 65, 74 f, 169

„**L**agergrundstück" 78, 102
Leasing 105
Leihe 105
Leistungsversprechen 23
Liquidation 9, 62, 75, 107
Liquidationsreife 9
Liquidationswert 37
„Lufttaxi" 62, 82

Materielle Unterkapitalisierung 5
Mietnebenkosten 110, 169

Mietvertrag
 s. Gebrauchsüberlassung
Mietzinsen 55, 105
Mindesthaftkapital 2
Miteigentümer 148
MoMiG 19 ff, 46, 102, 128, 180

Nebenbürgschaften 100
Nettovermögen 15 f
Neugesellschafter
 s. Sanierung
Novellenregeln 10, 86, 97, 136,
 154, 178, 188
„Nur"-Kommanditist 128, 188 f
„Nutzfahrzeug"-Urteil 153, 178
Nutzungsdauer 172
Nutzungsentziehung 174
Nutzungsrecht 171 ff
 s. a. Gebrauchsüberlassung
 – Grundpfandrecht 175
Nutzungsrisiko 174
Nutzungsüberlassung
 s. Gebrauchsüberlassung

Pachtvertrag
 s. Gebrauchsüberlassung
Pachtzinsen 55, 105
Passivierungspflicht 31 f, 42, 43 ff
Passivbilanz 14
Pfandgläubiger 126, 149
Pfandrecht 101
Pflichtverletzung 44
Provisionsanspruch 110, 165

Quasi-Kapital 5, 11, 23, 60, 114

Rangrücktritt 11, 32, 45, 84
ratierliche Leistung 55
Rechtsklarheit 44
Rechtsprechungsregeln 10, 86,
 136, 154, 188
Rechtssicherheit 44
Regel/Ausnahme-Verhältnis 4

Risikoleistung 5, 23, 60, 114

Sanierung 80, 85 ff, 88 f, 91
Sanierungsaktionär 92
Sanierungsdarlehen 85 ff
Sanierungsgesellschafter 89
Sanierungsplan 90
Sanierungsprivileg 85, 90, 93
Sanierungswürdigkeit 88
Sanierungszweck 90
Schuldendeckungspotential 17
Schuldversprechen 65, 101
Schwellenwert 139
Sicherheit
 s. Kreditsicherheit
Sicherung
 s. Kreditsicherheit
Sicherungsnehmer 126
Sicherungsübereignung 101
Sicherungszession 101
Sicherungszweck 99, 168
Substanzwert 170
Stammkapital
 – Wiederherstellung 161 ff
Standardwirtschaftsgut 104
Startdarlehen 22
Stehenlassen 51, 59, 63, 65 ff, 84,
 99, 109 ff, 130, 133, 165
 – Erbe des Alleingesellschafters
 72
 – subjektive Elemente 68 ff
stille Reserven 35 ff, 49 f, 53, 55
Stundung 54, 80, 109, 158
Stundungsabrede 109
 s. a. Finanzierungsabrede
Substantiierungspflicht 172

Tantiemeanspruch 110, 165
Tilgungsleistungen 55
Treuhandverhältnis 146, 151

Überbrückungskredit 54, 111
Überlassungsunwürdigkeit 30, 47,
 56, 103 f, 107

Überlebensprognose
s. Fortbestehensprognose
Überlegungsfrist 76
s. a. Entscheidungsfrist
Überschuldung 16 f, 30, 62, 107
– Darlegungspflicht 35, 172
– rechnerische 35 f
– ~sbegriff, zweistufiger 31, 37 f
– ~sbilanz 33 ff, 42, 82
– ~sprüfung 17
– ~sstatus 17, 35 ff, 43 ff, 55
Umgehung 77, 123, 138, 141
Umqualifizierung 55, 62, 74, 76, 99 ff, 103, 106, 108
– Legitimation 7, 123
– Zeitpunkt 51
s. a. Stehenlassen
Unterbilanz 15, 33, 37, 42, 43, 159
– ~haftung 32
– ~rechnung 15
Unterkapitalisierung
– materielle 5, 13
– nominelle 12
Unternehmen, verbundene
s. Verbundene Unternehmen
Unternehmensfinanzierung 2
– Verantwortung für ~ 7 f
Unternehmenskauf 107

Venire contra factum proprium 9, 67, 82, 171
Veräußerungswert 37
Verbundene Unternehmen 126, 142 ff
Verkehrsgeschäft 109

Verkehrswert 34, 36, 49
Verlust 14 ff
Vermietung
s. Gebrauchsüberlassung
Verpachtung
s. Gebrauchsüberlassung
Verpfändung 101
Verrechnungsabrede 162 f
Verstrickung 26, 78
Verwertungserlös 34
Verzicht 162 f
Vorbelastungsbilanz 32
Vorgesellschaft 1

Wahl
s. Entscheidungssituation, Finanzierungsentscheidung
Warengeschäft 110
Wertersatzanspruch 173 f
Witwe 135

Zahlungsunfähigkeit 25, 28 ff, 55, 62, 82
– drohende 32
Zahlungszielüberschreitung 54, 111
Zeitpunkt der Hilfeleistung 59 ff
Zerschlagungswert 34, 36, 41
Zinsleistungen 55, 164
Zuführungsgebot 169
Zusage
s. Hilfszusage
Zwangsverwaltung 175
Zweistufiges Schutzsystem 10